JN450997

제3판

사회복지행정론

이덕희 · 김 구 · 박서영 · 박서춘
이은영 · 이진용 · 한승협

창지사

머리말

최근 우리나라의 사회복지는 전대미문의 급격한 변화 양상을 보이고 있다. 2015년 초판이 나온 뒤 사회복지행정과 관련된 변화 양상을 수용하기 위해서 중복된 내용이나 개정된 내용을 재정리하는 데 각별한 노력을 기울였다.

우리나라는 IMF 이후 다양한 사회문제들이 발생하고 심각성이 더해 감에 따라 사회복지자원의 분배나 운영에 있어서 효과성과 효율성을 기할 사회복지행정의 필요성이 요구되었다. 사회복지행정은 사회복지환경의 변화로 나타난 다양한 복지욕구와 그 욕구를 충족시키기 위한 많은 활동들을 체계화하고 효율적으로 조정하여 목표달성을 이루도록 하는 것이다. 또한 사회복지정책을 사회복지서비스로 전환하여 클라이언트에게 보다 효과적이고 효율적인 서비스를 제공하기 위한 가장 기초적이며 전문적인 지식과 기술을 습득하게 하는 과목으로, 이러한 측면에서 사회복지행정에 관한 체계적인 인사 · 재정 · 정보 등의 관리가 필요하게 된 것이다.

특히 현대 사회복지의 주체는 국가 중심에서 지방정부 · 지역사회 · 사회복지시설 등의 지역 중심으로 확대되고 있고, 사회복지행정의 영역 또한 과거에는 국가 중심에 국한되었으나, 이제는 지역의 사회복지행정도 중요한 영역으로 자리매김하고 있다.

사회복지행정은 이제 우리나라에서도 사회복지학의 주요 과목이 되었고, 2003년부터 시행되는 사회복지사 1급 국가시험 과목에는 필수과목 중의 하나로 포함되어 있으며, 대학의 사회복지 전공교과목들에 대한 규정에서도 필수과목들 가운데 하나로 지정되고 있다.

본서를 집필한 저자들은 오랫동안 대학에서 사회복지행정론을 강의하면서 학생들에게 가르쳐 온 내용을 바탕으로 사회복지행정의 이론과 실제 영역을 적절히 조합하여 집필함으로써 사회복지행정을 이해하기 쉽고 현장에서 응용할 수 있으며 전체적인 논리에 적합한 내용으로 기술하였다. 본서의 구성은 한국사회복지교육협의회에서 발행한 「2012년도 사회복지학 교과목지침서」에 근거하여 총 13장의 내용으로 1장 사회복지행정의 개념과 특수성, 2장 사회복지행정의 역사와 영역, 3장 사회복지조직이론, 4장 사회복지조직, 5장 사회복지조직의 환경과 조직문화, 6장 사회복지서비스 전달체계, 7장 리더십, 8장 인적자원관리, 9장 재정관리, 10장 사회복지조직의 마케팅과 홍보, 11장 기획과 정보관리, 12장 사회복지프로그램, 13장 사회복지평가로 구성하였다.

본서의 출간이 사회복지를 공부하는 학생, 사회복지전담공무원 및 사회복지사 1급 국가시험 준비생은 물론 사회복지시설 등 복지 관련 기관에 종사하는 모든 사람들에게 도움이 되고, 귀중한 기본 자료가 되기를 바라는 마음으로 수정하고 보완하였음에도 불구하고 아직도 부족함이 많다.

집필상 부족한 부분과 한계점 등에 대해서는 꾸준히 수정 · 보완해 나갈 것을 약속드리며 출판을 맡아 수고해 주신 공동 저자, 그리고 창지사의 노고에 진심으로 감사드린다.

2022년 8월

저자 일동

차례

chapter 01

사회복지행정의 개념과 특수성

1. 사회복지행정의 개념
2. 사회복지행정의 필요성
3. 사회복지행정의 특성

1 사회복지행정의 개념

1) 사회복지행정의 의의

복잡화된 현대사회에서 사회복지적 기능을 효율적으로 달성하기 위해서는 체계적이고 공식적인 실천 활동이 중요시되고 있다. 다양화된 사회복지욕구와 사회문제들을 해결하기 위해서 공공전달체계와 민간전달체계와의 공동의 조직적인 노력이 필요하다. 따라서 사회복지행정을 통해 그 활동이 진행되고 성과가 달성될 수 있다. 사회복지행정이란 '사회복지기관에서 사회복지서비스대상자나 국민의 복지증진을 위하여 어떠한 목적을 설정하고 그것을 달성하기 위해 노력해 나가는 조직 내에서 이루어지는 합리적인 협동행위'라 할 수 있다.

또한 사회복지행정은 수립된 사회복지정책을 보다 효과적으로 기획 · 실천 · 평가하도록 지원해주는 사회복지의 중요한 방법 가운데 하나이며, 궁극적으로 사람들의 사회적 기능을 강화하는 데 목적을 두고 있다(성규탁, 1993). 여러 분야의 공통점은 사회복지 및 의료 · 보건 · 교육 · 심리적 서비스와 연관된 휴먼서비스(human services)를 제공하는 전문직이 중심적 위치를 차지하고 있다는 점이다.

사회복지행정이란 '관리자를 포함한 모든 조직구성원의 체계화된 조정과 협력활동을 통해 설정된 조직의 사회복지정책을 인적 · 물적자원의 관리를 포함한 사회복지실천 개입방법을 통해 사회복지서비스로 전환하는 과정'으로 정의 할 수 있다(오세영, 2018). 사회복지행정은 인간의 욕구충족과 관련된 정책의 결정, 조직의 관리, 서비스의 제공 등에 관한 모든 활동을 관리하는 것이다. 그중에서도 인간의 개별적이고 구체적인 욕구의 충족이라는 서비스 활동은 최종적이며 핵심적이라고 할 수 있다. 사회복지행정의 주된 관심사는 역시 개별적인 욕구라고 할 수 있고 이러한 개별적 · 구체적 욕구에 대한 강조가 사회복지행정의 성격을 결정짓는 데 중요한 역할을 한다고 볼 수 있다(이준영, 2019).

윌렌스키와 르보(Wilensky & Lebeaux)는 협의의 개념으로 잔여적 사회복지와 광의적 개념으로 제도적 사회복지로 구분하고 있다. 이러한 구분은 사회복지서비스의 공급주체에 의한 구분으로 잔여적(residual) 사회복지는 공급주체가 가족이나 시장이 되는 경우이고, 제도적(institutional) 사회복지는 공급주체가 국가인 경우이다(Wilensky & Lebeaux, 1965). 티트머스(Titmuss)는 단순히 사회복지기관이나 시설의 행정과는 달리 사회적 서비스의 관리운영이며, 사회복지서비스를 대상자에게 전달되도록 인적 조직과 기구 및 서비스의 선택 문제를 검토하는 것이라 하였다. 스키드모어(Skidmore)는 사회복지기관의 사회적 정책을 사회적 서비스로 전달되도록 전환시키기 위해 사회적 과정을 활용하는 기관 요원들의 활동으로 정의하여 사회사업행정으로 규정하였다. 패티(Patti)는 조직의 목적과 목표달성을 위해 관리담당자들이 활용하는 일련의 상호 의존적인 과업과 기능 및 관련 활동들로 구성된 하나의 체계적인 개입활동이라 정의하여 사회복지실천의 한 방법으로 규정하였다. 따라서 사회복지행정은 사회복지조직의 다양한 활동을 통하여 조직의 목적을 달성하기 위한 조직구성원과의 총제적인 행정적 업무를 총칭한다고 할 수 있다. 트래커(Trecker)는 지역사회가 필요로 하는 서비스와 사업을 제공하려는 의도로 이용가능한 모든 자원을 주민들이 사용할 수 있도록 그들의 에너지를 방출하고 관련시키면서 주민들과 같이 일하는 과정이라 하였으며, 다음과 같이 행정의 개념을 정리하고 있다.

① 행정이란 지속적이며 동적인 과정이다.
② 이 과정은 공통의 목적달성을 위하여 활용된다.
③ 인적 · 물적 자원의 기반을 강화함으로써 공통의 목표를 달성하도록 한다.
④ 조정과 협력은 인적 · 물적 자원의 기반을 강화하는 매체가 된다.
⑤ 이러한 개념의 핵심 요소는 기획, 조직 및 리더십이다.

〈표 1-1〉 사회복지행정에 대한 정의

구분	사회복지행정의 정의
키드네이 (Kidneigh, 1950)	사회복지정책을 서비스로 전환하는 과정으로, 정책을 구체적인 사회복지서비스로 전환시키고 그 경험을 다시 정책 수행에 반영하도록 제의하는 양방향의 과정 속에 있는 것
던햄 (Dunham, 1962)	사회복지기관의 직접적 서비스 제공을 위해 필요하거나 부수적인 활동을 지지하거나 촉진시키는 과정
슈와르츠 (Schwartz, 1970)	사회사업조직의 구성원에게 계획된 개입을 하여 사회복지서비스를 촉진시키고 이를 잘 전달하도록 하는 과정
한랜 (Hanlan, 1978)	개별사회사업, 집단사회사업, 지역사회조직사업과 같은 지식과 기술을 조합하여 이루어진 실천방법
김종섭(1976)	사회복지행정 조직의 관리적 측면과 정책적 기능, 기술적 측면까지 포함한 정치권력을 배경으로 한 사회문제해결과 복지증진을 위한 인간의 합리적 · 협동적 노력
황성철 외(2005)	서비스로 전환시키는 사회복지조직의 목표달성을 위한 조직구성원의 협력적인 활동의 체계와 과정
김치용 외(2006)	공사의 사회복지기관에서 클라이언트나 국민의 복지증진을 위한 어떠한 목적을 설정하고 그것을 달성하기 위하여 관련된 인간의 협동적 노력과정
박차상 외(2008)	공공기관과 민간기관이 사회문제를 해결하기 위하여 사회복지정책을 형성하고 이를 구체화하는 일련의 과정

출처: 임상록 외(2010).

협의의 사회복지행정은 '민간부문에서 사회복지실천목표를 달성하기 위한 여러 가지 인적자원 및 물적 자원을 동원하여 조직적인 노력을 통하여 사회복지서비스를 제공하는 활동'을 말한다. 이 개념은 미시적 접근의 형태이자 사회사업 실천방법의 하나로서 사회사업행정(social work administration)이라고 할 수 있으며, 민간의 사회복지조직이 목표달성을 위해 수행되고 있다.

광의의 사회복지행정은 '중앙정부나 지방정부의 복지관련 행정 전반을 포함하는 공공복지행정'이다. 거시적 접근 방법으로 클라이언트의 직접적인 서비스제공 보다는 사회과학적 이론과 관리를 통하여 일반적인 사회정책을 실천현장의 사회복지서비스를 전개하는 총체적인 활동을 말한다.

〈표 1-2〉 사회복지행정의 구분

협의의 사회복지행정	구분	광의의 사회복지행정
사회복지실천의 한 방법으로 관리자의 행정관리	개념	공공 및 민간기관을 포함한 사회복지조직 구성원들의 총체적 활동
사회사업행정으로 사회사업의 3대 방법과 같은 사회복지실천 방법	내용	인간의 사회적 기능을 향상시키려는 사회과학적 관리과업
• 서비스 전달의 효과성과 효율성 문제 • 서비스의 접근성과 전문성 문제 • 서비스의 경쟁성 • 서비스 중복과 조정 문제 • 재정의 불확실성	주요문제	• 중앙정부와 지방정부의 연계 강화 • 공공기관(중앙정부와 지방자치단체)과 민간단체의 연계체계 미흡

출처: 강종수(2011).

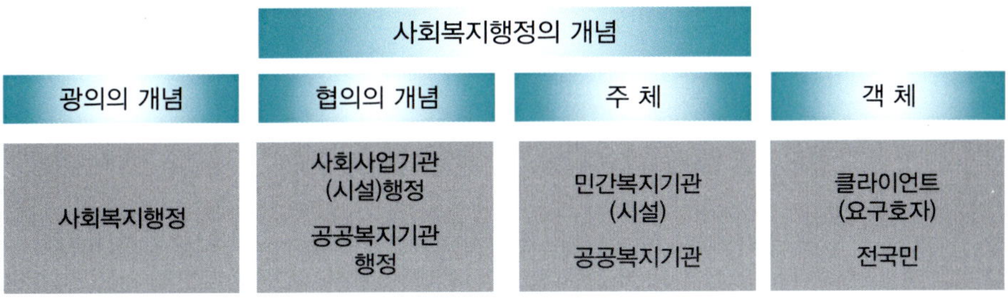

[그림 1-1] 사회복지행정의 개념

행정의 개념규정에 의한 사회복지행정의 유형을 사회복지행정의 개념 요소 가운데 행정의 개념을 어떻게 파악하는가에 따라 다음과 같이 구분해 볼 수 있다.

첫째, 사회복지행정은 주체나 객체에 관계없이 사회복지기관에서 나타나는 행정현상에 초점을 두고 관리하는 일련의 기술적 과정 내지 협동적 집단 활동으로 파악하는 견해이다(Friedlander & Apte, 1974).

둘째, 사회사업기관(시설)행정은 사회복지행정의 주체를 민간 복지기관으로 간주하고 객체를 클라이언트로 한정시켜 클라이언트에 대한 복지기관의 서비스 제공에 필요한 전문적인 과정으로 이해하는 개념 규정이다.

셋째, 공공 사회복지행정은 사회복지행정의 주체를 공공 복지기관으로 간주하고, 그 객체를 클라이언트를 포함한 전 국민으로 파악하며, 사회 전체적인 입장에서 문제해결을 하는 과정이나 기술로 이해하는 개념 규정이다. 이러한 개념 규정은 사회복지행정을 공공 행정기관과 연관시켜 국가공권력이나 정치권력을 사회복지 분야에 동원할 수 있음을 나타낸다.

2) 사회복지행정의 구분

사회복지행정 관련 용어들을 중심으로 전문직과의 관련성 정도에 따라 그 개념을 다르게 파악하고 있다. 김영종(2001)은 각 사회는 여건에 따라 사회복지전문직과의 관계를 각기 달리 설정하고 있으며 크게 세 가지로 사회사업행정, 사회복지행정, 사회행정으로 나누어 볼 수 있다. 트랙커(Trecker)는 '사회사업행정은 그 지역사회가 필요로 하는 서비스와 사업을 제공하려는 의도로 이용 가능한 모든 자원을 주민들이 사용할 수 있도록 그들의 에너지를 방출하고 관련시키면서 주민들과 같이 일하는 과정'이라고 정의하고 있다. 티트머스(Titmuss)는 '사회복지행정은 사회적 제반 서비스를 대상자에게 전달되도록 공급하는 인적 조직과 기구 및 서비스의 선택 문제를 검토하는 것'으로, 스키드모어(Skidmore)는 '사회복지기관의 사회적 정책을 사회적 서비스로 전환하기 위해 사회적 과정을 활용하는 직원들의 활동'이라고 정의하고 있다.

〈표 1-3〉 사회복지행정의 세 가지 개념

구분	사회사업행정	사회복지행정	사회행정
관점	전문직 (실천과 많은 관련이 있음)	전문직과 외부사회 시각의 혼합	전체 사회적 시각
기능	잔여적 기능 (보충적)	잔여적 - 제도적 기능 혼합	제도적 기능 (사회적 책임, 개혁)
지식과 기술	전문직의 기존 3대 사회사업방법론의 기초	휴먼서비스조직의 경영에 필요한 사회 과학적 지식	전체 사회적 욕구와 자원 배분에 관한 지식
개인과 환경	개인의 치료에 관심	개인과 환경의 상호작용	구조, 환경의 변화

출처: 김영종(2001).

사회사업행정은 사회사업전문직의 관점에서 사회사업실천을 관리하는 것에 관심을 둔다. 사회사업전문직의 영향력이 강했던 1970년대 이전 미국의 경우가 여기에 해당된다고 볼 수 있다. 주로 클라이언트에게 서비스를 직접 전달하는 조직, 즉 사회복지시설에서 일어나고 있는 활동들을 관리하는 것이라고 할 수 있으며, 특히 미시적인 관점에서 프로그램의 개발과 관리에 초점을 두고 있다고 볼 수 있다(김영종, 2001). 사회복지행정은 개방적이고 동태적인 관점에서 사회복지를 이해하고 있다는 점에서 차이가 있다. 사회복지행정은 미시적 관점에서 조직 내 관리뿐만 아니라 거시적 관점에서 조직 간 관리를 포함하며 복지행정의 대상인 정부정책결정과정과 사회사업행정의 프로그램 및 인력관리를 연속선상에서 보는 입장이다(이준영, 2019).

사회행정의 개념은 영국이 채택한 것으로서 20세기 초 개혁적 사회정책의 영향력이 강하였으며, 사회행정은 전체 사회적 관점에서 사회복지가 어떤 기능을 수행하는가와 제도적 사회복지에 관심을 가지고 있다.

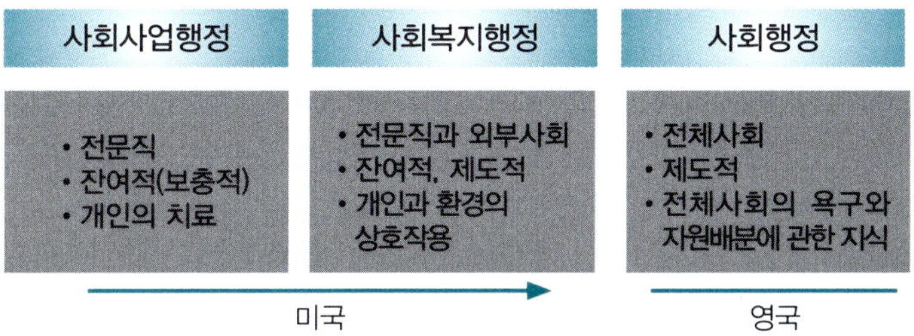

[그림 1-2] 사회복지행정의 세 가지 개념

3) 사회복지행정의 이념

사회복지행정의 이념은 사회복지행정이 추구하는 기본적인 방향과 궁극적 가치를 말하며 사회복지현장에서 사회복지행정가에게 요구되는 활동규범이나 행동규범이라 할 수 있다. 사회복지행정은 사회복지의 효과적이고 효율적인 목적을 달성하고자 하는 면을 강조하고 있다. 사회복지행정의 이념은 매우 다양하며 일반적으로 제시되는 행정이념과도 공통적으로 연결되는 부분이 있다. 사회복지행정에서 추구하는 이념은 다음과 같이 정리할 수 있다.

〈표 1-4〉 사회복지행정의 이념

원 칙	개 념	내 용
합법성	행정활동은 법률을 준수하여 합법적으로 실행되어야 한다.	• 합법성의 범위 내에서만 전문가의 재량권 인정 합법성이 강조될수록 행정의 예측성과 안정성이 도모됨 예) 사회복지사업법, 사회복지법인 재무회계규칙
효율성	최소한의 자원과 시간을 투입해 최대의 성과를 거두어야 한다.	• 투입/산출비의 적정화, 업무의 전문화, 업무의 전문직업화 • 양과 관련된 방법과 수단에 관한 개념 • 경제성의 원리라고도 함
효과성	목표달성 또는 지역사회의 욕구나 소망에 부응해야 한다.	• 산출이 당초의 목표를 어느 정도 달성했느냐 여부 • 질과 관련된 합목적적인 개념 • 효율성을 강조하면 효과성이 떨어질 수 있고, 반대의 경우도 가능
민주성	클라이언트를 위하고 그들의 뜻에 따라 서비스가 전달되어야 한다.	• 주민참여, 공개성과 공익성, 과정의 민주화 등이 포함 예) 사회복지시설의 운영위원회 설치
형평성	비용과 혜택이 여러 집단에 평등하게 배분되어야 한다.	• 서비스 공급의 지역 간, 남녀 간, 계층 간 평등
대응성	정책 결과는 특정 집단의 욕구, 선호, 가치 등에 부합되어야 한다.	• 정책목표가 달성되어도 수혜자 만족도가 낮으면 대응성은 떨어짐
접근성	서비스를 받고자 하는 사람이 항상 쉽게 이용할 수 있어야 한다.	• 지리적, 물질적 심리적으로 접근용이 • 편익성이라고도 함

출처: 강종수(2011).

오늘날 사회복지행정의 이념은 사안에 따라 서로 대립되고 있다. 가장 대표적인 사례로 사회복지서비스의 대상을 선정하는 데 있어서 선별주의와 보편주의와의 선택의 문제라 할 수 있다. 선별주의는 대상자의 영역을 사회적 · 경제적 기준 등에 따라 선별하여 서비스를 제공하는 것을 말하며 자산조사를 통하여 필요가 있다고 인정된 사람들만을 대상으로 한다. 보편주의는 전 국민을 대상으로 하며 모두가 사회복지서비스의 수혜대상자로 접근하는 것을 말한다.

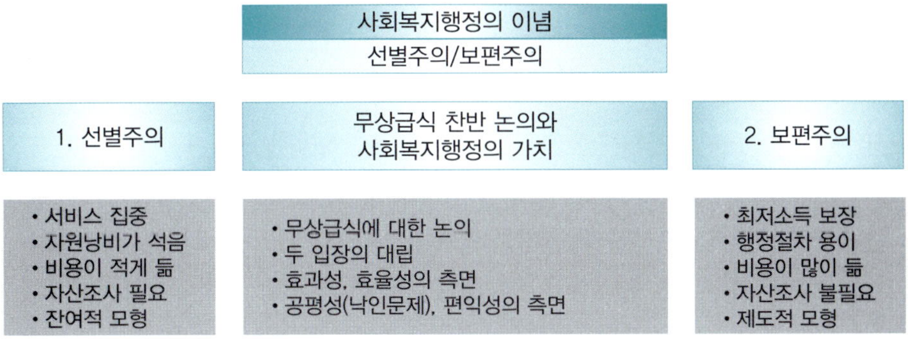

[그림 1-3] 사회복지행정의 이념

4) 사회복지행정과 일반행정

행정은 사회복지조직뿐만 아니라 기업조직, 정부조직, 교육조직 등 모든 유형의 조직에서 이루어지며 모든 유형의 조직에 행정이 존재하고, 이때 각 조직에는 공통의 일반적 보편적 행정 원리가 적용된다(임정문외, 2017). 일반적으로 우리 사회에서 행정(administration)이란 공공행정(public administration)을 지칭한다. 공공행정은 정부조직에서 이루어지는 행정과정이지만 행정은 기업, 학교, 병원 등 다른 조직에서도 존재한다(황성철 외, 2009). 사회복지조직은 휴먼서비스를 제공함에 따라, 일반행정의 원리와 방법이 동일하게 적용되기에는 한계가 있다. 따라서 사회복지행정과 일반행정의 공통점과 차이점은 다음과 같이 나누어 볼 수 있다.

(1) 공통점

조직이란 어떠한 목적을 달성하기 위해서 구조화된 분업체계로써, 국가조직이든 사회복지조직이든 일반조직이든 어떤 목적을 달성하기 위해서는 여러 가지 기능이 요구된다. 다음은 조직의 목적을 달성하기 위해서 요구되는 기능이며 사회복지행정과 일반행정과의 공통점이다.

첫째, 행정은 문제해결의 과정으로 인력, 재정, 프로그램 및 서비스를 전달하며 대안을 모색하고 평가하는 문제해결과정이라고 할 수 있다.

둘째, 행정은 상호작용하는 부분들이 모여서 이루어지는 체계이며 미래의 바람직한 상태를 구현하기 위한 것이다.

셋째, 행정은 대안 선택에 있어서 가치판단을 사용하여 창의적인 지식 및 활용으로 이루어진다.

넷째, 행정은 조직 내 개인과 집단의 목표달성을 위한 조력의 과정이 필요하다.

다섯째, 행정은 인적, 물적 자원을 동원하고 조직화하여 최적의 서비스를 생산할 수 있도록 하며 인력을 배치하고 예산을 관리하는 등의 과정을 수행한다.

여섯째, 행정은 모든 부분에서 공공 의지(public will)의 실현에 주목한다.

(2) 차이점

일반행정은 효율성을 매우 강조하기 때문에 비용을 줄이는 것이 가장 중요한 관심사이다. 또한 일반행정은 관료제의 원칙에 따라 이루어진다. 즉, 정책의 집행에 관련된 정보수집 및 의사결정과 관련된 비용을 최소화하기 위해 합리적인 규정을 미리 정해 놓고 이에 따라 행동함으로써 매번 의사결정을 위해 정보를 수집하거나 토론할 필요를 없게 한 것이다(이준영, 2019).

사회복지행정은 기업이나 정부에서 이루어지는 행정과 원리, 기술면에서 공통점도 있지만, 본질적으로 휴먼서비스(human service) 조직이라는 사회복지조직 고유의 특성으로 인하여 다른 행정과의 차이점도 크다. 각 조직이 추구하는 가치와 목표, 업무활동은 서로 다르므로 각 조직의 특성은 행정의 본질을 규정하는 데 중요한 개연성을 가질 수밖에 없다(임정문외, 2017).

휴먼서비스조직은 조직의 원료가 인간이며, 도덕적 가치판단이 필요하고, 클라이언트와 일선 직원과의 관계가 효과성과 효율성에 중요한 요인이 되는 등 여타의 조직들과 다른 특징을 가지고 있다.

첫째, 사회복지행정은 변화되어야 할 속성을 가지고 있는 클라이언트와 접촉하여 활동하므로 주된 활동 대상은 사람이라는 것이다.

둘째, 사회복지행정은 지역사회 내 클라이언트의 욕구충족을 위한 독특한 성격의 서비스를 산출하며 일반행정에 비할 수 없는 지식을 요구하며 환경관리의 문제가 중요하다.

셋째, 사회복지행정은 전문 사회복지사의 직무수행 역량에 크게 의존적이며, 행정전문가와 조직관리자 외에 모든 구성원들이 참여를 독려한다.

넷째, 사회복지행정가는 사회복지조직의 운영에 있어서 지역사회에 대한 책임감을 가지고 있어야 하며 지역사회와 밀접한 관련이 있어야 한다.

다섯째, 사회복지조직의 크기, 범위, 구조 및 프로그램의 형태는 광범위하고 다양하다.

〈표 1-5〉 사회복지행정과 일반행정의 차이점

구분	사회복지행정	일반행정
대상	• 지역사회의 인지된 욕구 충족(사회문제 해결)	• 전국민 혹은 일정한 지역주민의 욕구충족(공공복리)
서비스 종류	• 손상된 사회적 기능 회복 • 사회적 · 개인적 자원의 제공 • 사회적 역기능 예방	• 국가 또는 지방자치단체 유지 업무 • 공공정책 입안 및 집행 • 대민업무
구성 및 활동	• 이사회가 집행	• 업무에 따라 중앙부서나 지방자치단체의 해당 부서가 집행
조직형태	• 다양하고 광범위 • 법령에 위반하지 않는 한 원칙적으로 자유로운 활동	• 법령에 의거 조직되고 명확한 업무 • 법적 제약이 큼
행정가의 책임	• 조직의 내부운영을 지역사회와 연계한 책임(정당성, 자원 확보)	• 전체국민 혹은 지역주민에 대한 책임(선거를 통한 신임)
자원활용 선택	• 수시로 끊임없이 선택	• 법령에 따른 업무한도 내에서 활용
재정문제	• 조직의 생존을 위해 적자운영 지양	• 법령에 따라 적자예산 가능
서비스 성격	• 전문 사회사업적 성격(노인복지, 아동복지, 장애인복지 등)	• 전문 관리적 성격(주택문제, 환경문제 등)
행정참여도	• 조직의 모든 직원이 의사결정	• 직급, 직위에 따른 참여

출처: 우종모 외(2004).

2 사회복지행정의 필요성

사회복지행정이 왜 필요한가에 대한 논의는 사회복지행정의 개념을 이해하기 위한 기초과제로 사회복지를 둘러싼 거시환경 측면에서 사회복지행정의 필요성은 사회복지와 관련된 다양한 요구가 출현하여 그러한 요구를 충족하기 위한 다양한 활동이 나타났고, 이러한 다양한 활동을 조정하고 조직화하여 사회복지의 전체 목적에 부합하도록 유도하려는 노력의 일환으로 사회복지행정이 필요하였다(임정문 외, 2017). 사회복지행정의 필요성은 산업화와 도시화로 인하여 복잡화된 현대사회에서 빈곤, 의료, 주택 등 많은 문제를 야기하여 사회에 대한 복지제도의 정책적인 개입이 요구되기 시작하였다. 다양한 사회문제를 해결해 나가기 위하여 사회 체계 내에서 인적자원과 물적 자원의 효율적인 활용을 통하여 사회문제를 해결해 나가기 위한 조직적인 활동으로 사회복지행정의 필요성이 대두되고 한정적인 자원을 고려했을 때, 사회복지행정은 클라이언트에게 요구되는 서비스를 적시에 제공하고 그 효율성을 극대화 시키는 것이 필요하다. 사회복지행정의 필요성이나 중요성을 다음과 같이 들 수 있다(장인협 · 이정호, 1993).

첫째, 인간의 복지에 대한 관심은 시대와 국가 또는 사회를 막론하고 공통적인 것이었으나 이러한 복지에의 관심사로서 사회적인 의미를 가지고 있다. 산업화로 인한 사회변동의 영향으로 사회문제를 야기시켜 위협을 초래하였다. 소득보장, 의료보장, 고용, 주택 등의 사회문제를 해결하기 위해서 노력하고 있다.

둘째, 행정의 의미를 조직관리를 통한 합리적 협동행위로 본다면 사회복지활동은 기관이나 시설에서 효과성을 기대할 수 있다. 사회복지활동의 목표는 인적 · 물적 자원의 효과적인 관리를 통해서 성취될 수 있는 것이다.

셋째, 사회적 서비스 조직체들은 막대한 재정이 소요되며 국가 예산의 많은 부분을 차지해 감에 따라서 복지재정 부분의 효율성을 높일 수 있는 행정관리가 요청되고 있다.

사회복지행정은 사회복지환경의 변화로 나타난 다양한 복지욕구와 그 욕구를 충족시키기 위한 많은 활동들을 체계화하고 효율적으로 조정하여 목표달성을 이루도록 하는 것으로 무분별한 서비스 난립의 방지, 공적자원의 효율적 사용, 대상자의 욕구해결을 위한 충족 등을 통해 사회복지조직의 효과적인 목표를 달성하는 것이다.

윌렌스키와 르보(Wilensky & Lebeaux)는 사회복지가 공식적 조직에 의한 활동임을 강조하고 있다. 오늘날의 사회복지활동은 이러한 조직적인 틀을 갖추고 지속적이며 체계적으로 이루어져야 하며 다양한 분야에의 사회복지사 활동을 통해 이루어지고 있으며 가장 기본적인 조직이 사회복지조직에서의 활동이라 할 수 있다.

사회복지조직에서 사회복지행정이 없다면 효과성 및 효율성을 떠나 사회복지서비스 현장에 접근하기 어려우므로, 사회복지조직에서 행정의 필요성과 중요성은 매우 크다고 할 수 있으며, 행정 없는 사회복지 활동의 어려움을 바인바흐(Weinbach)는 다음과 같이 설명하고 있다.

① 클라이언트와 직원들은 기분 내키는 대로 나타나기도 하고 사라지기도 할 수 있다.
② 직원들은 매일 업무를 시작할 때 하고자 하는 것을 결정할 것이며 그들의 업무는 다른 직원들과의 어떤 유기적 관련 없이도 이루어질 수 있다.
③ 아무도 자신의 업무 또는 다른 사람의 업무에 대해 책임을 지지 않을 것이다.
④ 아무도 다른 사람의 업무 또는 어떠한 프로그램 및 서비스를 평가하지 않을 것이다.
⑤ 아무도 지역사회 내에서 조직의 현재 역할에 대해 알지 못할 것이고 조직의 미래에도 관심을 갖지 않을 것이다.
⑥ 아무도 다른 직원과 어떤 정보를 함께 나누려 하지 않을 것이다.
⑦ 어떤 확실한 지도자도 없을 것이며 또한 직원들에 대한 분명한 역할 기대도 없을 것이다. 모든 결정은 일방적으로 될 것이다.
⑧ 행동을 지도할 목표도 사명도 없을 것이다. 모든 행동은 제멋대로 될 것이다.
⑨ 직원들의 지식과 기술을 향상시키는 것을 도울 어떤 수단도 없을 것이다.
⑩ 과업의 위임도 전혀 없을 것이다.

사회복지행정이란 이러한 상태가 발생하지 않도록 하는 장치이며 조직이 실현하고자 하는 이념에 따라 목표를 설정하고 효과적으로 달성하기 위해서는 이러한 장치가 필요할 뿐만 아니라 매우 중요하다는 것을 역설적으로 나타내고 있다.

3 사회복지행정의 특성

1) 사회복지조직과 행정의 특징

사회복지행정은 일반적이고 추상적인 사회복지정책을 구체적이고 개별적인 서비스로 전환하는 과정에 있는 조직들의 활동을 관리하는 것이다. 또한 인간에 의한 인간을 위한 구체적이고 개별적인 서비스를 효과적 · 효율적으로 제공하기 위한 것이다(이준영, 2019).

패티(Patti)는 관리자의 기능과 임무에 초점을 두고 사회복지행정의 특징에 대하여 언급하고 있는데 이를 기초로 다음과 같이 사회복지행정의 특징을 요약할 수 있다.

① 사회복지행정은 정치와 제도에 관련되지만 행정가는 다수의 어려운 도덕적 딜레마와 선택에 직면하는 경우가 많다.

② 사회복지행정의 관리 실무는 외부의 기대와 선호에 의한 영향력과 매개, 화해에 관심을 가진다. 사회복지조직은 기관 프로그램의 발전과 유지에 필요한 자원을 위해 다양한 집단에 의존한다.

③ 사회복지행정은 차별받고 외면당하는 집단이 공공의 관심과 지원을 받을 수 있도록 옹호한다. 지역사회의 사회적 약자들을 대변하고 보호하지 못한다면 사회복지조직은 자원과 협동을 얻을 수 없고 사회복지사들은 이해와 존경도 얻지 못할 것이다.

④ 사회복지행정은 클라이언트들이 보다 많은 전문가들로부터 급여를 받을 수 있도록 자원을 집중하고 다른 기관들과 협동하여 협력을 증진시킨다. 인간에 대한 보호와 변화는 기관들의 네트워크에 의해 협동적으로 산출되기 때문에 휴먼서비스 관리는 통합적인 협동을 발전시키고 유지하는 것이 필요하다.

⑤ 사회복지행정은 조직구성원, 서포터, 자원봉사자들의 도덕적 수행을 촉진하는 가치와 목표를 정교하게 만든다. 사회복지조직 내에서 사회복지사와 다른 전문가들의 업무 수행은 개인적 인성, 조직 분위기, 문화, 구조 등 많은 다른 요소들에 의해서 규정되는 것으로 알고 있지만, 동기화의 가장 중요한 자원 중 하나는 목적에 대한 신념이다.

⑥ 사회복지행정은 기금을 제공하는 기관에 의해 부과된 측정 가능한 기준에 대응하여 조직의 업무 수행을 측정하려 한다. 사회복지행정은 소비자의 선택과 특수화되는 업무 수행에 대한 기대에 부응하는 서비스 기술을 발전시킨다.

⑦ 사회복지행정은 기관의 업무 수행과 재산권을 확립하도록 지원하며 임파워 과정을 발전시키고 신체적 · 심리적 건강을 도모하는 환경을 유지하려 한다. 사회복지행정은 만족과 동기화를 증진시키고, 기관의 서비스 전달 가능성을 감소시키지 않는 환경을 만들어준다.

⑧ 사회복지행정은 서비스 수단선택과 전달에 클라이언트가 능동적으로 관여할 수 있도록 주의를 기울인다. 최근 사회서비스 소비자는 변화 창조의 핵심적 부분으로 인식되고 있고 변화를 함께 만들어내고 있다.

사회복지조직관리를 중심으로 사회복지행정의 특성을 살펴보면 다음과 같다(오세영, 2009).

첫째, 일반적으로 사회복지조직은 민간서비스와 공적서비스를 혼합하여 제공하기 때문에 목표가 모호하다. 또한 정부, 민간후원자, 서비스 이용자와 가족, 전문가, 다른 서비스 기관의 직원 등 이해관계자 사이의 타협에 의해 형성되는 경우가 많다. 비교적 분명한 조직목표가 설정되어 있어도 위정자나 일반 사회의 지지가 결여되는 경우가 흔히 있다. 특히, 사회복지조직이 클라이언트에게 어떤 서비스를 주고 어떻게 변화시킬 것인가에 대해서 사회적인 지지가 결여되고 합의된 요구가 없기 때문에 조직의 목표추구활동이 매우 어렵다.

둘째, 사회복지조직은 효과성 및 효율성 측정의 척도가 부족하다. 사회복지조직은 인간을 원료로 하고 있다. 클라이언트는 도덕적 가치를 지닌 인간이고 인간을 다루는 지식과 기술은 완전할 수 없다. 따라서 사회복지서비스를 표준화하기가 어렵고, 서비스 제공과 기법의 사용에 대한 효과성 및 효율성을 평가하는 것이 어렵고 부정확하다.

셋째, 사회복지조직은 과업환경 속에서 운영되고 있다. 과업환경은 누가 클라이언트가 되어야 하고, 어떤 과정을 거쳐 어떤 목적으로 서비스가 제공되어야 하는가에 관해서 다양하고 때로는 상호 모순적인 기대를 갖는 조직과 집단으로 구성된다.

넷째, 사회복지조직은 과업 환경적 요구의 다양성만큼 조직 내부 구성원의 관점과 요구도 다양하다. 클라이언트들의 요구와 기관의 방침은 마찰이 있는 경우에 갈등해소와 조정이 필요하다. 또한 사회복지조직은 다양한 전문직종의 사람들이 혼재되어 있어 전문분야에 따른 강조점이 서로 다르기 때문에 조정이 필요하다. 따라서 사회복지행정가는 다양한 클라이언트 개인과 집단의 요구와 상호 모순되는 견해를 조정해야 한다.

사회복지조직이나 기관도 하나의 조직체이기 때문에 다른 관료제 조직과 유사한 속성을 가지고 있다. 모든 조직체들은 사회적 환경 속에서 합법성을 획득하려 활동하고 노력한다. 이러한 활동과 노력은 사회 속에서 필요한 자원을 획득하고, 지지를 얻기 위하여 노력하게 되는데, 나름대로의 목적을 달성하기 위해서는 내부구조를 체계화하여 관리 · 운영할 수 있는 기술을 확보해야 한다.

따라서 사회복지행정의 특성을 구체적으로 살펴보면 다음과 같다.

① 사회복지업무에서는 일반행정에서 고려되는 능률성이나 경제성이라는 행정이념보다 형평성, 사회정의, 서비스의 효과성을 우선적으로 고려한다.

② 일반행정의 경우 대상이 사람과 제도적일 수 있으나, 사회복지행정의 경우 오직 사람만을 대상으로 하며, 인간을 이해할 수 있는 실천기술이 매우 중요

한 부분을 차지한다. 즉, 인간관계적 기법을 기본원리로 하고 있다.

③ 사회복지행정의 대상이 되는 문제는 주로 사회문제라고 인식되며, 도움을 필요로 하는 클라이언트의 욕구가 다양하기 때문에 사회복지행정이 추구하는 목표는 다양할 수밖에 없다.

④ 사회복지행정은 이윤추구나 권력을 목적으로 하는 것이 아니라 욕구충족의 우선순위와 제한된 자원을 보다 효율적으로 배분하는 일련의 과정으로서 클라이언트, 지역사회 주민의 권리, 공공의 책임, 전문인력의 관리 등 포괄적인 영역을 포함한다.

2) 사회복지행정의 기능과 과정

사회복지행정의 기능은 구체적으로 어떤 영역에서 하는 일에 따라 밀접한 관련을 가지고 있다. 일반적인 사회복지조직을 비롯하여 정부조직, 기업, 학교, 병원 등 많은 조직에서 추구하는 목표와 조직의 구조, 활용기술에서 차이가 있지만 각각의 조직에서 추구하는 본래의 기본목표를 달성하기 위한 각 조직에서 접근하는 절차와 방법 등은 기본적으로 일반적이고 보편적인 관리기능을 활용하며 공유하고 있다.

홍현미라 외(2014)는 사회복지행정의 기능은 사회복지행정이 구체적으로 어떠한 영역에서 무슨 일을 하는 것인지와 관련된다고 하였다. 더 이상 사회복지행정이 단순히 정책에 의해 정해진 바를 집행하거나, 혹은 전문적 서비스 제공 지원을 위한 보조만 하는 즉, 사회복지행정을 독자적 영역이 없는 채 임상의 하위분야로 인식하지 않는다. 사회복지행정은 조직을 통해 사회복지정책에서 제시하는 방향과 목적달성을 위한 집행체계로서 보다 효과적이며 효율적인 전달체계가 되기 위한 기능을 담당한다. 사회복지서비스를 대상자 또는 이용자에게 제공하는 절차와 구조를 만들어 이들에 대한 문제해결과 욕구충족을 지원하는 기능을 담당하며, 외부환경과 유기적인 상호작용을 통해 조직의 목표와 전략을 수립하고 인적자원관리, 재정관리, 홍보와 마케팅, 정보관리 등 조직관리의 기능을 수행한다.

사회복지행정이 이루어지는 행정과정은 'POSDCoRBE'로 설명할 수 있다. 사회복지행정과정의 보편적 관리기능을 살펴보면 다음과 같다.

① 사회복지기획행정(Planning)은 사회복지조직의 목표와 전략 및 목표달성을 위한 일련의 활동과 방법을 결정하는 기능이다. 기획은 기관의 목표설정, 목표달성을 위한 과업이나 활동, 과업 수행을 위한 방법의 결정을 말한다.

② 사회복지조직행정(Organization)은 사회복지조직의 하위구조와 직무의 할당 및 역할과 책임을 명확히 하는 공식적 구조의 설정으로 사회복지조직의 관리를 결정하는 기능이다. 사회복지조직의 구조는 일반적으로 정관의 규정, 운영지침에 기술되어 있다.

③ 사회복지인사행정(Staffing)은 사회복지조직 직원의 채용과 훈련, 직원배치, 근무조건, 교육, 동기부여, 업적평가, 해고 등 인사관리를 진행하는 기능이다. 행정책임자는 직원의 임면에 대한 책임과 교육 및 훈련, 우호적인 활동조건의 조성에도 책임을 지며 구성원 간에 개방적인 의사소통의 망을 유지하고 갈등을 해소해야 한다.

④ 사회복지통제행정(Directing)은 사회복지조직에서 합리적인 의사결정에 의한 업무지시와 책임과 권한을 효과적으로 위임하는 기능이다. 사회복지기관의 행정책임자는 기관을 효과적으로 지시하는 지도자로서 합리적인 결정을 내리는 능력, 헌신적인 태도, 도와주는 능력, 위임하는 능력과 동시에 개인과 집단의 창의성을 고취하는 능력을 갖춰야 한다.

⑤ 사회복지조정행정(Coordinating)은 사회복지조직의 부서와 사업 등 기관 활동의 다양한 요소들을 상호 연결하여 조정하며 효과적인 의사소통을 원활하게 하는 기능이다. 조정은 기관 활동을 다양하게 상호 유기적으로 연결시켜 주는 중요한 기능으로 기관 내 여러 부서와 구성원들 간의 효과적인 의사소통의 통로를 확보해야 한다.

⑥ 사회복지보고행정(Reporting)은 사회복지기관의 의사결정사항, 회계관리, 업무나 사업 등 기관 내 활동에 대한 기록의 유지 및 보고기능이라 할 수 있다.

사회복지행정책임자는 보고의 기능을 수행하기 위해 기관의 직원, 이사회, 운영위원회 및 유관기관에 대하여 기관에서 발생하는 상황을 유기적으로 알려야 한다. 행정책임자는 기록의 유지, 정기적인 감사, 조사연구 등의 활동을 해야 한다.

⑦ 사회복지재무행정(Budgeting)은 사회복지기관 운영에 필요한 재정규모의 예측과 재원마련, 예산계획, 예산의 할당, 예산집행 및 회계 등의 기능을 관리한다. 사회복지기관의 재정은 기관 운용에 필요한 요소로서 예산상의 관점에서 투명해야 하며 장기적인 목표와 현재의 운영계획에 기초하여 수립되어야 하며 재정상의 운영을 통제하는 전반적인 책임을 진다.

⑧ 사회복지평가행정(Evaluation)은 사회복지기관의 목표와 사업 및 활동 목표에 비추어 결과를 사정하고 그 효과성과 효율성을 측정한다. 평가는 기관의 목표에 따라 전반적인 활동결과를 사정하는 과정으로 기관의 서비스가 수행되어진 정도와 가용한 자원과 기관의 서비스가 수행되어진 정도를 평가하는 효과성과 효율성 척도를 활용하여 효과적인 평가가 진행될 수 있도록 평가활동을 자유롭게 수행할 수 있는 분위기를 조성해야 한다.

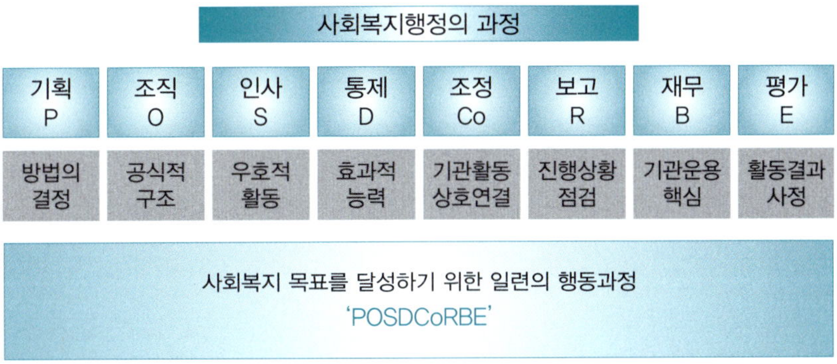

[그림 1-4] 사회복지행정의 과정

chapter 02

사회복지행정의 역사와 영역

1 미국 사회복지행정의 발전

1) 사회복지행정의 인식기

남북전쟁, 대규모 이민자의 유입, 그리고 산업화 등의 영향으로 인해 빈곤, 실업, 범죄, 위생, 아동유기 등의 사회문제가 급증한 미국은 이에 대한 대책으로 민간복지사업 확충에 주력하게 되었다. 민간 중심의 활동과 관련하여, 전통적으로 미국은 영국식 사회복지제도를 답습하여 지방과 교회를 중심으로 소극적인 빈민구호활동을 해 왔고, 사회적 불안과 유럽의 사회적 혁명운동의 위험성을 제거하기 위해 대도시 사업가와 지배층이 민간자선활동에 주력하게 되었다(황성철 외, 2010).

19세기 말부터 20세기 초까지 미국의 사회복지는 개별사회사업(case work)이 주도하였으므로 사회복지행정은 전문적 실천형태로 실질적 인정을 받았다기보다는 인식되기 시작한 시기로 볼 수 있다. 당시 사회복지전문직은 빈민들의 사회적 조건을 개선하고, 사회사업 시설들을 합리적으로 관리하는 등 행정에 무관심하기 어려운 상황이었기 때문에 조직을 합리적으로 운영할 수 있는 방법을 필요로 하게 되었다(Lubove, 1965).

사회복지행정의 시작은 구빈시설의 무능과 부패에 대한 반작용으로 출발했던 자선조직협회(Charity Organization Society: COS)였다. 자선조직협회(COS)는 민간비영리기관의 리더십으로 운영되었고 '과학적 자선(scientific charity)'을 지향하였다. 부유한 재계의 리더들이 자선조직협회(COS)를 주도하였기 때문에 기업 경영의 노하우를 비영리기관에 접목시켰고, 직원을 채용하여 수급여부에 대한 조사를 담당하게 하는 한편 리더들은 운영과 재정의 책임을 지는 형태로 운영되었다.

1869년 영국에서 자선조직협회(COS)가 시작된 것을 계기로, 미국에서 1877년에 버팔로에서 자선조직협회가 조직되어 미국 전역으로 확대되었다(Day, 2007). 1차 세계대전 이후 경제 대공황 이전까지 미국의 산업화와 도시화 과정에서 나타나는 문제에 효과적으로 대처하기 위해 자선조직협회(COS)의 역할은 더 강화되었으며 지역공동모금회(Community Chest)와 지역사회복지기관협의회(Council of Society Agencies)가 20세기 초에 창설되었다.

또한 1914년 사회복지행정이 처음으로 사회사업 교과과정에 등장한 이래, 1923년 미국사회사업대학협의회가 사회복지행정을 사회사업 교과에 선택과목으로 포함시켰다. 이어서 1929년 열린 밀포드(Milford)회의에서 사회복지행정은 개별사회사업, 집단사회사업, 지역사회복지 등과 함께 기본적인 실천방법으로 인정받게 되었다.

자선조직협회(COS)는 자선단체들 간의 조정과 협력을 도모함으로써 낭비와 비효율을 방지하고자 하였고, 협회의 직원들을 위한 훈련프로그램을 발전시켰다는 점에서 사회복지행정에서 중요한 의미를 갖는다. 특히 당시 자선사업가에 대한 교육과 관련하여, 빈민이나 이민가정을 접한 경험이 없는 직원들에게 사회진단방법을 가르칠 필요가 있었고 지역자원에 대한 분석능력도 필요한 상황이었다. 이에 1898년 Edward Devine은 뉴욕 자선여름학교를 개설하였는데 이 학교는 1910년에 2년 과정의 사회복지사 양성기관으로 발전했다.

자선조직협회(COS)와 더불어 사회복지행정의 출발을 함께한 또 하나의 조직은 인보관(Settlement Movement)이다. 미국 최초의 인보관은 1887년 뉴욕에 설립된 인보길드(the Neighborhood Guild)이고 영국의 토인비홀을 모델로 하여 1889년에 시카고에서 헐 하우스(Hull House)가 건립되며 미국 전역으로 확대되었다. 자선조직협회(COS)와 마찬가지로 인보관 운동가들도 학교를 설립하였는데, 1901년 시카고 인보관과 시카고대학 사회학과가 공동으로 특별과정을 개설하였다. 그리고 이 과정은 1920년에 시카고대학 사회사업대학원으로 발전하게 되었다.

1920년대에 이르자 민간사회복지기관의 조직을 효과적으로 변화시키고자 하는 움직임이 생겼다. 즉, 사회복지기관의 집행부와 이사회의 관계를 명확히 하여 이사회는 정책을 수립하고, 집행부는 사회복지기관의 업무에 대한 책임을 갖자는 내용이었다. 당시 지역사회모금 캠페인이 크게 확대되었고 이에 따른 집행부의 역할에 변화가 필요하였다. 모금 캠페인에서 집행부는 기관을 대표하게 되었으며, 기업의 조직관리방법을 모델로 하여 기관을 운영하는 변화가 일어나게 되었다(Austin, 2000).

한편, 1920년대 들어 사회복지행정에 대한 교육도 변화가 발생했는데, 사회복지기관의 매니저를 양성하는 과정과 정책이나 행정을 교육하는 과정이 필요하다는 목소리가 커지기 시작했다. 이 무렵 사회사업 교육기관의 교과내용을 협의·조정하기 위한 사회사업교육협의회(the Council of Social Work Education: CSWE)와 사회복지사의 자격을 관리하고 이익을 대변하는 사회복지사협회(the National Association of Social Work: NASW)가 창설되었다.

사실상 미국의 사회복지행정은 19세기 후반부터 20세기 초반까지 지속적으로 실천 기술을 발전시키지는 못했으며 행정의 전문적 규범, 가치, 원리를 정립하지 못한 시기였다. 다만 사회복지행정의 필요성을 인식하기 시작한 시기였다고 볼 수 있다(신복기 외, 2008).

2) 사회복지행정의 정립기

1930년대의 미국은 공공복지행정이 대규모로 확충되어 공공부조와 사회복지서비스를 제공할 사회복지사를 채용하여 정부에서 본격적인 공공복지행정을 시작한 시기였다(황성철 외, 2010). 동시에 지역사회사업이 개발되어 개별사회사업과 병존하던 시기였다. 이 시기에는 경제대공황에 따른 대량실업과 빈곤문제가 발생했는데, 지방정부의 소극적인 빈민구호 프로그램으로는 이러한 문제를 해결하기 어려운 상황이었다. 이에 연방정부는 연방긴급구호청(Federal Emergency Relief Administration: FERA)을 1934년에 설립하고 1935년 사회보장법(Social Security Act)을 제정하여 다양한 사회복지서비스 프로그램을 제도화하였고 이는 사회복지에 대한 책임을 연방정부가 맡게 된 계기가 되었다(김인혁 외, 2012).

따라서 공공복지분야에서 사회복지사로 근무하려는 수요가 급증하면서 기존의 대학원 졸업생만으로는 공급이 부족하여 학부과정에서도 사회복지사를 배출하였다. 그런데 대학의 기존 교육과정은 민간기관의 개별사회사업 중심으로 되어 있었기 때문에 공공복지행정가에게 적절하지 않다는 문제가 제기되었다(Patti, 1983).

이러한 상황에서 1930년대 말경에는 민간사회복지기관의 행정가와 공공복지행정가 모델이 확립되었다(Austin, 2000). 지역공동모금회(Community Chest)의 확대로 인해 민간사회복지기관의 수가 급증하면서 부각된 민간사회복지기관의 행정가는 대학원에서 수여하는 전문자격증을 가진 개별사회사업 실천의 경험을 보유함으로써 중소규모의 사회복지기관을 이끌고 관리하였다. 그리고 공공복지행정가는 실천경험이 없는 일반행정가 출신으로 대규모 조직을 이끌고 인사권과 재정권을 행사하는 관리자였다.

1940년대에는 제2차 세계대전 이후 전쟁후유증으로 정신질환자가 급증함에 따라 정신분석이론이 지배적 이론이 되었다. 따라서 사회복지행정을 사회사업의 가치와 규범에 맞추는 작업이 진행되었으나 여전히 사회복지행정에 대한 전문교육과정이나 전문성 확보를 고취시키는 데에는 한계가 있었다(박선태 외, 2012).

1950년대에 들어서면서 사회복지의 기본적인 가치, 지식, 기술의 토대에 일반행정의 이론과 기법을 접목시켜 사회복지행정을 체계화하려는 움직임이 있었다. 결과적으로 사회복지행정은 일반행정과 뚜렷하게 구분되는 속성이 있다는 것이 인정되었고 개별사회사업에서 사용하는 대인관계기술이 행정에 적용되어 리더십과 동기부여에 활용되었다.

1960년대에는 ‘빈곤과의 전쟁(War on Poverty)’을 선포한 연방정부의 공공부조 프로그램 개혁과 지역사회 중심의 다양한 사회복지기관이 출현하면서 사회복지행정에 큰 변화가 일어나게 되었다. AFDC(Aid to Families with Dependent Children), Head start program, food stamp, medicare와 medicaid 등의 수혜자 범위가 확대되었고 사회사업가의 상담에도 비용을 지불하게 되어 공공복지행정가와 사회사업가의 인력수요 및 활동을 더욱 촉진시켰다. 또한 흑인인권운동, 반전운동, 복지권운동 등 각종 민주화 운동으로 인해 사회행동기관(social action agencies)이 출현했고 지역사회정신보건원(community mental health centers: CMHC)이 설치되면서 이러한 기관을 관리 · 운영하는 사회복지행정가의 필요성이 증가하였다. 이들은 자선조직협회(COS)와 인보관(Settlement Movement) 행정가들의 보수적인 행정방식을 비판하였고 이에 기존의 행정가들은 행정을 정치와 구별하는 정치행정 이원론적 입장을 취하면서 대응하였다.

이 시기에 사회복지사의 교육과 연구에 있어서도 사회복지행정의 중요성이 강조되면서 발전하였다. 1952년에 사회사업교육협의회(Council on Social Work Education: CSWE)의 대학원 교과과정에 조직과 행정에 관한 지식이 포함되어야 한다는 규정이 삽입되었다. 그리고 1960년 미국 사회복지사협회(NASW)는 사회복지행정과 지역사회조직을 연구하는 연구소를 후원하여 학자와 행정가들이 사회복지행정과 조직에 관한 연구를 수행하게 하였고 1963년에는 사회복지행정위원회(Council on Social Work Administration)를 설립하였다(Patti, 1983).

이와 같이 사회복지행정의 실천영역, 개념, 이론, 원칙들이 정립됨으로써 행정이 보조적인 것이 아닌 독립적인 영역으로 확립되었으며(Trecker, 1977), 사회복지행정의 확립은 사회복지행정에 대한 교육기반 형성과 함께 사회사업방법론에서 사회복지행정이 자리를 잡는 데 공헌하였다.

3) 사회복지행정의 정체기

1960년대의 미국사회는 빈곤문제, 인종차별문제, 도시문제와 같은 사회문제가 증가하였으나 낙관주의의 영향으로 인하여 정부가 사회문제를 효과적으로 해결할 수 있을 것으로 기대하고 있었다. 경제적 풍요를 바탕으로 정치적 · 경제적 · 사회적 제도들을 혁신하여 빈곤문제를 비롯한 대규모 사회문제들을 효과적으로 해결할 수 있다는 신념이 있었고 당시의 미국은 이러한 신념을 실천하기 위해 대규모 사회복지 프로그램들을 계획하였다. 그러나 정부의 사회정책과 사회복지 프로그램이 별로 효과를 거두지 못했고 베트남 전쟁으로 재정 자원의 부족을 경험하게 되었다. 따라서 1960년대에 사회복지행정의 실천영역 및 이론적 기초가 정립되었음에도 불구하고 사회복지기관들이 빈곤문제를 비롯한 사회문제를 적절히 해결하는 역할을 수행하지 못했다는 국민들의 불신과 문제제기로 비판받았고 기관활동의 효과성에 대한 비판이 제기되었으며, 행정 지식의 발전보다는 전통적인 사회사업의 전문적 가치에 더욱 충실하려는 경향이 잔존하고 있었다(김영종, 2010). 따라서 사회복지행정에 대한 대안으로 지역사회조직사업이 획기적으로 발달하게 되어 상대적으로 사회복지행정의 발달을 정체시키는 결과를 가져왔다(신복기, 1984).

국민들의 불신으로 건전하게 활동해 오던 사회복지기관까지도 사회적 비판의 표적이 되었고 사회복지기관들이 클라이언트에게 봉사할 책임을 태만히 하고 변화에 적절히 대처하지 못한다는 비판이 가해졌다. 사회복지조직 및 기관에 대한 불신이 사회복지행정가에 대한 불신으로 이어졌고 이는 결국 사회복지행정의 정체로 이어진 것이다.

따라서 지역사회조직사업은 당시의 사회문제를 해결하기 위한 매력적인 대안으로 인식되었고 실제로 지역사회조직사업은 많은 사회문제 해결에 직접적으로 응용되었고 많은 성과를 거두었다(Dunham, 1962). 사회복지행정에 대한 대안으로서의 지역사회조직사업의 획기적 발달은 사회복지행정의 발달을 정체시키는 결과를 가져왔음에도 불구하고 지역사회조직사업의 발달과 사회복지행정의 발달은 결코 상호배타적인 것은 아니었다. 지역사회조직사업의 지식을 기초로 하여 사회복지행정의 지식이 확장된 것도 있었고 중복된 부분이 많았던 것도 사실이었다.

4) 사회복지행정의 발달기

1960년대에 비약적으로 확대된 정부의 사회복지 프로그램들은 1970년대 들어서면서 더욱 세분화되고 지속적으로 성장하였다. 미국 연방정부의 사회복지 프로그램 확대와 다양화는 사회복지행정가에 대한 교육과 훈련의 필요성과 직결되었다. 그 결과 연방정부의 지원을 받아 미국공공복지협회(American Public Welfare Association)는 민간사회복지행정가와 공공사회복지행정가를 대상으로 보수교육 및 훈련을 실시하였다(Austin, 2000).

이와 같은 사회복지 프로그램의 팽창과 다양화는 사회복지 프로그램의 책임성과 효과성에 대한 논의를 촉발시키게 되었고, 사회복지서비스가 확대됨으로써 수혜자들의 복지의존성을 심화시킬 수 있다는 사회적 우려를 낳았다. Fischer는 1960년대의 사회사업을 주도한 개별사회사업이 전혀 효과적이지 않다는 연구결과를 발표하였고 그 이후 사회복지실천의 효과성 여부에 관한 논란이 계속되었다.

따라서 사회복지의 관심은 효율성, 효과성, 책임성으로 변화하기 시작했다(황성철 외, 2010).

1970년대 이후 사회복지행정은 학문적으로 정체성이 확립된 시기로, 이 시기에 전문학술도서가 대량으로 출간되었다. 1970년 CSWE(사회사업교육협의회)에서는 'Social Work Administration: A Recource Book'을 출간하면서 사회복지행정에 대한 이론을 체계화하였고, 1976년에 최초의 전문학술지인 'Administration in Social Work'이 출간되었으며 사회복지행정에 관련된 교재는 1970년대 후반부터 발간되기 시작하였다.

한편, 1980년대가 되자 이른바 신자유주의가 태동하면서 연방정부의 예산이 크게 삭감되고 정부에서 직영하던 프로그램들이 민영화되는 경향이 나타났다(이진, 2009). 사회복지 프로그램의 민영화가 심화되어감에 따라 민간사회복지기관 관리자에 대한 수요도 팽창했고 직무수행에서의 능력은 얼마나 많은 정부의 지원을 유치하는가에 달려 있었다. 이와 같은 분위기는 효율성과 효과성을 더욱 강조하는 사회적 분위기를 이끌었고 사회복지행정가의 자격요건이 사회복지학으로는 충분하지 않고 프로그램 평가, 비용-효과분석, 자원동원 등의 분야에 능력과 자격을 갖춘 관리자가 각광을 받게 되었다. 그 결과 사회복지행정의 전공교과과정을 운영하는 대학의 수가 증가하게 되었고 1975년 전체 84개 사회복지대학 중 19개가 사회복지행정에 관한 교과과정을 운영하였으며, 1991년에는 59개 대학 중 44개로 증가하였다(McNutt, 1995). 이와 같이 사회복지행정에 대한 교육이 확산됨에 따라 학문적 관심도 높아져 CSWE(사회사업교육협의회), NASW(사회복지사협회), NCSW(전국사회복지협의회) 등의 후원을 받은 전문직협회를 중심으로 행정실천에 관한 논문들이 발표되기 시작했다.

또한 1985년 사회복지사협회(NASW)에서 사회복지관리자 네트워크(the Network for Social Work Manager)가 구성되어 전문사회복지관리자 자격증(Academy of Certified Social Work Manager)을 부여하게 되었고, 1987년에는 대학에서 사회복지행정을 가르치는 교수들이 사회행정과 지역사회조직협회(Association for Community Organization and Social Administration)를 결성하여 심포지엄을 개최하기 시작했다.

1990년대가 되면서 미국은 경제성장률이 낮아지고 사회계층 간의 소득불평등은 더욱 확대되어 민간사회복지기관이 다양한 복지욕구에 대응하는 데 있어 자원부족현상을 겪게 되었다. 사회복지서비스의 민영화와 상업화는 1990년대에 이르러 더욱 강화되었으며 사회복지기관의 관리자는 정부지원, 후원금, 클라이언트가 지불하는 이용료 등 자원획득의 통로를 다변화해야 하는 상황에 직면하였다(Hasenfeld, 1983). 1990년대의 미국 사회복지행정과 관련한 사회복지환경은 첫째, 기획에서 서비스 전달을 직접 담당했던 거대 공공관료조직들의 퇴조, 둘째, 계약이나 서비스 구입 등의 방법을 통한 민간부문의 직접 서비스 전달에서의 역할증대, 셋째, 민간과 공공의 엄격한 조직적 구분의 퇴조, 넷째, 서비스의 목적 실현을 위해서는 느슨하게 연결되어 있는 다양한 서비스 조직들을 연계할 서비스 전달체계의 통합이 필요하다는 인식 확산, 다섯째, 사회복지서비스의 책임성에 대한 구체적인 행정실천 등이었다(김영종, 2000).

5) 사회복지행정의 모색기

1990년대 이후의 미국 사회복지행정에서 강조되는 것은 재정관리와 마케팅이었다. 안정적인 재정확보가 무엇보다 중요한 과제였기 때문에 비용절감의 경영이 강조되고 공격적인 마케팅과 홍보를 강화하게 되었다. 사회복지조직의 환경변화는 전통적인 관료조직구조에서 수평적 구조로 변화시켜 여러 형태의 팀제와 특별전담조직(Task Force team)을 형성하여 하부조직들이 유기적인 네트워크를 구성하도록 만들었다.

1996년부터 단행된 복지개혁은 복지의존을 감소시키고 개인의 책임과 근로를 통한 자립을 주요 내용으로 하는 '개인책임 및 노동기회 조정법' 제정을 통해 공공부조제도를 근본적으로 변화시켰다. 이 시기부터 미국의 공공부조제도는 'work force'의 경향을 보이게 되었다(김인혁 외, 2012). 2006년 제2차 복지개혁이 단행되면서 정부지출을 억제하기 위한 방안으로 근로활동 관련 기준 및 관리를 강화하고, 주정부의 책임성을 강조하게 되었다. 공공서비스를 민영화, 지방화, 시장화하려는 신자유주의의 기조를 유지하면서 사회복지전달체계는 더욱 다원화되었고 다원화는 사회복지서비스 공급의 주체를 다양하게 하면서 사회복지공급의 전달체계를 복잡하게 만들게 되었다. 즉, 서비스 전달체계에서 공공과 민간 조직이라는 전통적인 구분을 파괴하는 복합적인 조직 형태들이 등장하기 시작했고 전통적인 중앙집중식 공공관료조직들은 점차 기능적 혹은 지리적으로 탈집중화되고 느슨하게 연결되는 공공서비스 조직들로 대체되기 시작했다. 또한 전통적인 민간 기관들의 규모가 점점 커지는 현상이 계속되었고 서비스 네트워크에 대한 관심도 커지게 되었다.

한편, 1990년대 미국 사회복지조직의 관리 및 사회복지행정에 있어서 사회복지조직의 합병과 연합이 가시화되었다. 공공복지행정체계가 지속적으로 민영화되는 가운데, 영세한 민간사회복지조직들은 보다 경쟁력 있는 대규모 조직으로 합병과 협력으로 공동사업과 클라이언트 확보 전략을 세우게 되었다(Kettner & Martin, 1993).

최근 미국의 사회복지행정은 컴퓨터의 발명과 지식정보화 사회의 도래로 인한 도전을 받고 있다. 따라서 사회복지행정도 복지정보체계를 개발하고 활용하여 지식정보화 사회와 조화를 이룰 수 있도록 해야 한다는 인식이 강해지고 있다(배은영 외, 2012). 1998년 사회복지인증학회의 설립과 인증 프로그램의 창설을 통한 사회복지행정가의 관리 기술을 위한 방안들과(Patti, 1983) 사회복지사의 활동과 클라이언트 성과의 연결, 실천가 교육과 행정가 교육의 불균형 극복을 위한 방안이 모색되고 있다(신복기 외, 2012).

〈표 2-1〉 미국 사회복지행정의 역사

시기	기간	내용
인식기	19세기 말~1930년대 초반	· 사회복지행정에 대한 최초 관심 · 사회사업교과과정에 최초로 행정 등장 · 사회복지행정을 실천적 보조방법으로 인식 · 사회사업대학협의회에서 행정이 과목에 포함
정립기	1930년대 중반~1950년대 후반	· 연방긴급구호청 설립 · 사회보장법 제정 · 사회복지행정의 개념과 기초 정립 · 행정이 독립적 영역으로 확립
정체기	1960년대	· 사회복지행정에 관한 논문 발표 · 사회사업행정위원회 창설 · 사회복지기관에 대한 불신 · 지역사회조직사업의 발달
발달기	1970년대~1990년대 중반	· 프로그램 비용 부담에 직면 · 대학에서 사회복지행정 과목 교육 · 사회복지행정 관련 문헌과 잡지 출현 · 정부의 사회복지역할 축소
모색기	1990년대 후반~현재	· 신자유주의 기조 · 민간의 사회복지행정 참여 증가 · 조정, 연계, 책임성 이행 기술의 강조

2 한국 사회복지행정의 발전

1) 사회복지행정의 도입기

1950년대 이전에는 조선총독부 사회과가 설치되어 사회복지행정이 수행되었지만 시혜적인 활동에 국한되었으므로 공적인 사회복지행정으로 보기 어려웠으며 해방 이후 미군정 기간 동안 월남피난민과 전재민(戰災民)을 대상으로 긴급구호가 이루어졌으므로 사회복지현장에서 사회복지행정의 필요성은 거의 인식되지 못하였다.

1948년 합법적인 정부로서 제1공화국이 출범하게 되지만 한국전쟁으로 극도의 혼란 상태에 놓이게 되었고 경제적 어려움으로 인해 사회복지정책에 대한 배려는 거의 없었다고 볼 수 있다. 전쟁으로 인해 초래된 막대한 수의 난민에 대한 구호가 1950년대 이래 한국 사회복지의 절대과제가 되었다. 우리나라에 근대적 의미의 사회복지행정이 도입된 것은 제1공화국 이후부터라고 볼 수 있으며 제1공화국은 미군정 당시 보건후생부와 노동부를 병합하여 사회부를 설치하고 보건, 위생, 노동, 부녀 행정을 관장하였다. 이후 1955년 보건사회부를 통해 우리나라의 사회, 복지, 보건, 부녀 행정을 총괄하게 하였다. 당시 제헌헌법 제19조를 통해 월남피난민과 전쟁고아 및 피해자의 긴급구호를 실시하였으나 현대적 사회복지개념에 입각한 행정은 이루어지지 않았다. 그럼에도 불구하고 열악한 육아시설을 보완하기 위해 노력했고 전쟁고아의 수요보호시설 확충과 시설의 운영 및 지도감독을 위한 '후생시설 운영요령'을 제정하였다(구자헌, 1984).

한편 6 · 25 전쟁 이후 급증한 전쟁피해자들을 위한 외국의 원조기관들이 현대적인 민간사회복지기관들을 설립하면서 사회복지행정 실천의 장이 마련되었다. 이들 외원 기관에 대해서 정부는 별다른 규제를 가하지 않았고 자유로운 활동을 허용했으나 1963년에는 '외국민간원조단체에 관한 법률'을 만들어 형식적인 규제를 하였다. 외원 단체들은 외원단체협의회(Korea Association of Voluntary Agencies: KAVA)라는 연합체를 결성하여 활동하였는데 실제로 외국의 민간 원조단체들이 한국 정부의 보건사회부보다 사회복지활동에 더 많은 재원을 사용했으며 당시 대부분의 민간 사회복지시설들은 외원단체에 거의 전적으로 의지하여 운영되었다. 이들 외원기관들은 단순히 물질적 지원에 그치지 않고 구호활동과 관련한 조직 체제와 기술을 들여와 서구식 전문 사회사업 개념과 실천방법을 알렸고 사회사업이 곧 사회복지로 인식되게 하였다. 그러나 이들 외원기관들은 전쟁피해자인 고아, 과부, 무의탁 노인, 빈민들에 대한 긴급구호에 주력하였기 때문에 조직적인 원조활동과 전문적 사회복지활동을 수행할 수 없는 상태였다(최성재 · 남기민, 2000).

이 시기는 사회복지가 학문으로서 한국에 도입되었다는 점에서 의의가 크다. 학문으로서의 사회복지는 1947년 이화여자대학교에 기독교사회사업학과가 설립되면서 시작되었고 이후 1953년 중앙신학교(현 강남대학교), 1958년 이화여자대학교와 서울대학교에 사회복지교육을 위한 사회사업학과가 설치되었다. 실제로 서울대학교는 사회사업학과 개설이래 사회사업행정을 교과목으로 개설해 오고 있다. 1956년에는 사회복지 전문인력 단기양성소인 국립중앙사회사업종사자훈련소(현 보건사회연구원)가 창설되었다.

결론적으로 제1 · 2공화국 시기에는 전후 경제, 사회, 정치가 취약하고 혼란스러웠지만 외형적으로는 외원단체의 자선구호활동, 전문 사회사업교육기관 설치 등 민간사회사업은 활발했던 반면, 사회복시행정상으로는 일세와 비균정시내 사회복지의 틀을 벗어나지 못했던 시기라고 볼 수 있다. 특히 정부수립 후 계획되었던 사회정책은 전쟁으로 인해 무산되어 응급정책으로 전락했고 외국원조는 긍정적 측면이 있었음에도 불구하고 우리 사회에 의존적 구제방식을 심화시켜 사회의 자립이 지연되는 결과를 초래하였다(한동일 외, 2012).

1960년대에는 군사정부가 경제개발정책을 강력히 추진한 시기로, 사회복지에 투자할 자원이 절대적으로 부족했고 여전히 민간복지기관들은 외국의 원조에 의지할 수밖에 없는 상황이었다. 당시 군사정부는 생활 무능력자들에 대한 생계보호를 체계적으로 시행하기 위해 1961년 생활보호법을 제정하였고 65세 이상의 노인과 18세 미만의 아동, 불구폐질자 등 근로능력이 없는 저소득층에 대한 공적 부조를 위주로 하는 생활보호행정 중심으로 사회복지행정이 이루어졌다. 생활보호법을 시작으로 군사원호보상법, 국가유공자와 월남귀순용사특별법, 재해구호법, 자활지도사업에 관한 임시조치법 등의 제도를 확립하고 아동복리법, 윤락행위방지법, 공무원연금법, 선원보험법, 군인연금법, 산업재해보상법, 의료보험법 등의 관련법률을 제정하는 등 1960년대는 근대적인 사회보장제도를 확립하는 사회복지정책의 기초가 정립되었다(장천식, 2007).

1952년에 창립된 한국사회사업연합회가 1961년 한국사회복지사업연합회로 명칭을 바꾸었고 1965년 한국사회사업학교협의회가 창립되었으며 1967년에는 한국사회사업가협회가 창립되었다. 또한 1960년대에는 7개의 대학이 새로 사회사업학과를 설치하여 신설된 학과에서 대부분 사회복지행정을 교과목으로 채택하였다(황성철 외, 2010).

1970년대가 되면서 정부의 경제개발정책의 효과가 서서히 나타나게 되어 국가의 재정능력 향상과 함께 외국원조단체들이 원조를 줄이거나 철수를 시작하게 되었다. 따라서 민간사회복지시설은 시설운영에 필요한 자원결핍의 문제가 발생하게 되었다. 1970년 사회복지사업법이 제정되어 사회복지사업의 정의와 범위를 명확히 하고 민간사회복지사업이 주체가 되어 사회복지법인 제도를 도입함으로써 민간사회복지사업의 체계가 확립되었다. 또한 국가와 지방자치단체가 법인을 보조함과 동시에 지도감독의 권한이 강화됨으로써 민관 공동의 사회복지행정 발전의 토대가 마련되었다고 볼 수 있다.

한편 1970년대 말이 되자 총 137개 대학에서 사회사업을 교육하게 되었음에도 불구하고 각 대학마다 사회복지행정의 중요성을 강조하는 정도가 달랐고 사회복지행정을 전공필수로 인정하는 대학은 절반 정도 밖에 되지 않았다(남세진, 1979).

1950년대 이후부터 1970년대까지의 시기는 한국사회복지행정의 발달에서 차지하는 의미가 매우 크다. 한국 사회복지조직의 주요한 원형이 형성되었으며 이는 오늘까지도 한국 사회복지행정의 흐름에 영향을 주고 있기 때문이다(김영종, 2010).

2) 사회복지행정의 발달기

한국에서 사회복지행정이 본격적으로 전개된 것은 1980년대 이후부터로, 각종 사회복지기관이 탄생하고 공공복지행정체계가 마련되었다.

1980년대 들어 한국의 정치적 상황은 사회복지 욕구가 분출되는 계기를 만들었다. 경제개발 위주의 국가정책이 사회개발을 동시에 강조하는 방향으로 옮겨갔기 때문이다. 이에 따라 사회복지에 투자되는 정부자원에 대한 우선순위가 높아지고 복지의 공급량이 증가되는 결과가 나타났다. 정부에서는 노인복지법, 장애인복지법, 아동복지법 등을 제정하고 민주주의의 정착, 정의사회의 구현, 복지국가의 건설, 그리고 교육개혁과 문화 창달 등을 국정지표로 제시하였다. 이후 제6공화국에서는 사회복지가 주요한 현안으로 떠오르게 되었는데 첫째, 국민연금제도, 최저임금제도, 그리고 전국민의료보험제도의 실시 등 소득 및 의료보장의 확대가 이루어지기 시작했고 둘째, 1988년 장애인올림픽 이후 장애인종합대책이 마련되고 장애인 고용촉진 등에 관한 법률을 제정하여 장애인복지에 대한 변화를 시도하였으며, 셋째, 영유아보육법이 제정되어 영유아보육사업이 부각되고, 넷째, 재가복지를 중시하여 재가복지봉사센터가 급격히 증가했으며 다섯째, 1987년부터 사회복지전문요원을 동사무소에 배치하는 등 사회복지제도의 발전이 이루어지게 되었다.

사회복지전문요원은 처음에는 별정직 7급으로 특채되었고 1990년대까지 6대도시 동사무소에 324명이 배치되어 차후 연차적으로 전국 읍면동사무소에 2,900여 명이 임용배치되어 생활보호업무와 사회복지서비스업무를 담당하는 공공복지행정의 체계를 마련하였다.

이 시기의 사회복지행정은 이전과 비교해서 진일보한 측면을 보이고 있으나 다양한 사회복지 욕구를 가진 국민들의 인간다운 생활보장 목적을 달성하는 데는 한계가 있었으며 당시 심화되었던 국민생활의 불안정과 계층 간의 갈등해소 및 융화에는 큰 공헌을 하지 못했다. 다만 그 당시까지 사회복지행정에서 주목받지 못했던 사회복지서비스 행정에 대한 관심을 환기시키고 그 범위를 확대시켰다는 데 특징이 있었다.

한편 1980년대 후반에는 한국형의 복지모형론도 등장하였다. 한국형 복지모형은 국가개입을 최소화하고 가족의 기능을 강화하며 요보호자 자신의 자조와 재활을 강조하고 자원봉사의 참여를 장려하는 것이 주요 내용이었다. 사회복지관은 1980년대 후반 정부의 사회복지관 지원정책에 따라 1988년 정부의 사회복지관운영 국고보조사업지침이 만들어지고, 이에 의거해 39개 사회복지관이 신설되면서 비약적인 발전을 맞이하였다. 그 무렵 정부가 사회복지관 신설을 적극 지원한 이유는 영구임대아파트 단지 등 저소득층 주민 밀집지역의 사회복지욕구의 해결을 위해 민간 사회복지관을 활용하자는 데 있었다. 사회복지관은 사회복지서비스 전달체계의 최일선 민간조직으로 발전해 저소득층 지역주민의 사회복지 욕구 해결뿐만 아니라 다양한 사회문제를 예방할 수 있는 역량을 갖추고 있어 이용계층도 다양해졌다. 그러나 사회복지관이 정부의 지원을 받으면서 민간기관으로서의 독자성과 자율성이 약화되었고 또 기존의 동사무소로 지역사회의 교육문화업무가 이관되었고 기존 사회복지관의 역할과 기능을 놓고 서로 경쟁하게 되었다. 그리고 각 시군에 자원봉사센터가 신설되어 자원봉사 관련 업무도 빼앗기는 등 많은 도전을 받게 되었다(한국사회복지관협회, 2004).

아울러 각 대학에서 사회사업과라는 명칭이 사회복지학과로 바뀌었으며 대학의 사회복지학과 설립이 집중적으로 이루어졌다. 이 시기에는 사회복지행정에 관한 단행본과 교재가 출현하게 되었는데 주로 행정학계에서 복지행정의 관점에서 교재를 발간하였고 사회복지학에 기초한 사회복지행정 교재는 1988년 연세대학교 사회사업학과에서 '사회복지행정론'이 처음 출간되었다. 사회복지행정이 실제적으로 중요성을 인정받고 사회복지행정에 관한 연구활동도 활성화된 시기는 1990년대 이후부터이다.

1983년에 사회복지사업법이 개정되면서 사회복지사 자격증 제도가 확립되고 1980년대 말 국가공무원 임용에서 5급 사회직이 신설되어 사회복지행정에 대한 관심이 고조되었다. 한국에서 처음으로 사회복지서비스 전달체계의 개선과 시범복지사무소 설치 운영을 제시한 것은 1981년 제5차 경제사회발전 5개년 계획에서였다. 이후 1992년 사회복지사업법 개정으로 복지전담행정기구 설치에 관한 근거가 마련되었고 1995년에 이르러서야 비로소 사회보장기본법 제정으로 사회보장 전달체계에 대한 규정이 제시되었다. 이에 보건복지사무소 시범사업을 실시하여 복지행정체계 개편 및 복지전달체계 개선을 위한 정책추진의 실마리가 마련되었다.

1990년대에는 지방자치의 전면적인 실시로 중대한 정치 질서의 변화가 있었는데 이는 사회복지서비스 전달의 체계적 관리에 대한 필요성을 한층 높였다. 사회복지서비스의 기획 · 전달 · 평가에 이르는 제반 과정이 과거 중앙집중식의 획일적 구조에서부터 다양한 정부차원의 다원적 구조로 전환되었고 사회복지서비스 공급자 역할에서도 전통적인 공공과 민간의 구분도 점차 약해지기 시작했다. 민간과 공공 복합 형태의 프로그램과 조직들의 등장은 지방자치제로 인한 다원적 공공 체계로의 변화와 함께 사회복지서비스 전달체계의 관리에 대한 관심을 높였다.

1993년에 등장한 문민정부는 신경제 5개년 계획의 영향으로 사회복지와 관련해서 소극적으로 대처하다가 1995년에 들어와서 성장 위주의 정책에서 벗어나 삶의 질과 생산적인 국민복지에 관심을 기울이고자 하였다. 문민정부 이후 사회보험제도가 정비되었는데 전 국민을 대상으로 국민연금제도가 확대 실시되었고 전 사업장에 대한 고용보험제도의 적용, 의료보험의 통합으로 인한 국민건강보험제도의 출발 등으로 4대 보험제도가 정착되었다. 또한 공공부조제도로서 국민기초생활보장제도가 도입되었고 사회복지서비스 관련 법의 제정 및 개정으로 각종 사회복지서비스의 발전을 모색하였다.

3) 사회복지행정의 재편기

1997년 사회복지사업법 전면개정과 IMF 구제금융체제하에 들어가면서 사회복지환경은 급변하였고 이에 따라 사회복지행정의 중요성은 크게 확산되었다. 사회복지사업법 개정에서 시설 평가제도가 도입되었고 사회복지시설은 3년에 1회 이상 평가를 받도록 되어 있었다. 합리적 기획과 평가 기법들에 대한 관심과 욕구는 대개 사회복지 기관에서 중간관리자급의 역할로 이해되었으며 이들을 위한 교육수요가 상당 부분 발생하였다. 이는 현장에서 학계에 대한 강력한 요구로 드러났고 사회복지행정학이 이에 가장 적극적으로 대처했다. 그리고 1998년 '사회복지공동모금법'에 의한 공동모금제도의 도입이 이루어져 민간사회복지조직과 재정의 자율성이 강화되는 방향으로 발전하였다.

2000년대에 들어와 인구의 저출산과 고령화의 사회적 급변현상에 따른 환경변화와 복지수요의 증대에 정부 차원의 많은 노력을 하였다. 특히 2000년부터 실시된 시설 평가제도의 도입과 정부 보조금 지원에 있어서 사회복지행정의 책임성에 대한 요구가 강화되었다. 즉 사회복지조직들이 제공하는 서비스가 이용자들에게 바람직한 변화를 가져왔다는 효과성과 그 비용의 효율성이 확보될 때 정당성이 담보되었다. 사회복지시설 평가제도의 시행은 사회복지기관의 조직 및 시설관리, 인사 및 재정관리, 프로그램 관리, 지역사회와의 관계 등 사회복지행정이 다루어야 할 영역을 구체화하였고 실천현장에서 객관적 자료를 마련하는 토대가 되었다. 또한 사회복지사 1급 국가시험제도에 대비하여 사회복지대학교육협의회는 사회복지학 교과목지침서를 발간하여 대학에서 가르쳐야 할 사회복지학의 공통영역을 제시하였다(박경일, 2005).

그리고 2000년에 도입된 국민기초생활보장제도는 우리나라 사회복지행정의 역사에 획기적인 전환점이 되었다. 과거 시혜대상으로서의 보호대상자들이 수급권자가 되어 권리성이 강화되었고 수급범위의 확대로 인해 그 수가 급증하고 있을 뿐만 아니라 신청자들의 소득과 재산을 정확히 파악하고 자활지원계획과 연계한 적절한 서비스를 제공하기 위해서는 체계적인 사회복지행정의 발전 없이는 불가능했다. 동시에 수급권자의 공정한 관리와 자활지원계획과 연계한 적절한 서비스의 제공 등은 체계적인 사회복지행정의 발전이라는 과제를 제시하였다. 특히 1999년 '사회복지행정학회'가 창립되었고 '한국사회복지행정학' 학술지가 발간되는 등 사회복지학계에서 사회복지행정의 위상이 제고되는 시기였다(남일재 외, 2011). 2001년에 보건복지사무소 시범사업을 폐지하고 지역사회복지협의체를 시범적으로 구성하여 지역 사회복지에 관한 전반적인 사항을 다루는 거버넌스 실천기구로서 복지자원의 확충, 효율화, 서비스 간 연계를 도모하고 서비스 대상자의 욕구충족 및 문제해결을 위한 지역의 역량 강화를 위해 운영되었다. 또한 2002년에는 사회복지 분야를 담당할 인력의 전문성을 보다 강화하기 위하여 사회복지사 자격제도를 개선하여 2003년부터 국가시험에 합격한 자에 한하여 1급 자격증을 교부하도록 했다.

참여정부는 공공복지 전달체계의 문제점에 대한 방안으로 사회복지사무소 설치 등 사회복지전달체계 개편을 제안했고 사회복지사무소 시범사업이 실시되었다. 이후 사회복지사무소 시범사업이 중지된 후 행정자치부에 의해 주민생활지원서비스로 전달체계가 개편되었고 사회안전망 확충에 따른 복지예산의 효율적 집행, 국민의 복지체감도를 높이는 맞춤서비스 제공을 위하여 종래 복잡하고 비효율적인 공급자 위주의 복지서비스 체계를 수요자 중심의 맞춤형 통합서비스 전달체계로 개편하고자 한 것으로 지방행정의 틀을 복지 중심으로 바꾸고 민관 협력의 거버넌스 체계를 갖추어 참여복지를 실현하고자 하였다(신복기 외, 2012).

보건복지부는 조직의 서비스 질 제고와 개인발전을 위하여 고객 만족(CS)교육을 실시하고 보건복지행정 환경에 탄력적 대응과 자율과 성과 중심의 조직으로 전환하기 위해 보건복지부 조직을 '본부-팀'제로 개편했으며 공공서비스에 대한 국민 만족도 조사를 시행하였다. 또한 보건복지인력개발원에서 교육훈련과 성과평가를 통한 서비스 질 관리를 추구하고 복지담당 직원 교육훈련을 실시하게 되었다(박경일, 2007).

2007년 사회복지사업법의 개정에서 사회복지업무를 효율적으로 처리하기 위해 사회복지업무 전자화 규정을 신설하여 사회복지행정 정보체계 구축의 기반을 형성하였고 아울러 지방자치단체의 복지사업 평가결과를 반영한 인센티브 지원의 법적 근거도 마련하였다. 또한 사회복지서비스에 대한 수요나 공급이 급속히 증가하고 있음에도 불구하고 서비스 질에 대한 평가가 제대로 이루어지지 못하고 있어 이에 대한 개선과 사회복지서비스에 대한 국가적 표준 설정 및 지방자치단체의 사회복지서비스 평가와 이를 수행하기 위한 사회복지사업관리센터 설립의 근거를 마련하였다. 이와 함께 '사회복지통합관리망'을 구축하여 지방자치단체에서 집행하는 120여 개의 복지급여와 서비스인력을 개인별, 가구별로 통합 관리하고, 사회적 문제가 되고 있던 복지급여 부정 및 중복 수급은 물론 서비스 누락을 차단함으로써 수요자 중심의 전달체계를 통해 국민의 복지 체감도를 높이고자 하였으며 2010년 1월부터 사회복지시설 신고 · 변동 관리, 온라인 보고, 보조금 및 각종 복지급여 지급의 전자처리 등을 사회복지 통합관리망을 통해 수행하고 있다(박선태 외, 2012).

2000년대 이후 복지혼합(welfare mix)이라 불리는 사회복지 공급의 다원화는 필연적으로 사회복지 수행체계의 다선화와 복잡화를 초래하고 있다. 2006년부터 시작된 사회서비스 바우처 사업이나 2008년 시행된 노인장기요양보험 등은 사회복지서비스의 공급질서를 변화시켰다. 이들 서비스 영역에서는 영리 부문의 참여와 시장화가 장려되는 경향이 나타났고 이러한 현상은 사회복지행정 지식의 확대를 필요로 하게 되었다(김영종, 2010).

이후 태아에서 노후까지의 맞춤형 · 통합형 복지와 경제성장을 통한 복지 분야 지원을 의미하는 '기다리지 않고 찾아가는' 능동적 복지를 지향하게 되었다(최병호, 2014). 2012년 4월에는 시군구에 희망복지지원단을 설치하면서 지역단위 수요자 중심의 서비스 전달체계를 구축하였고, 2013년에는 사회보장 정보시스템을 완전히 개통하였으며 2015년 7월에는 사회보장정보원을 출범시켰다. 또한 2016년부터 동주민센터를 행정복지센터로 변경하여 복지기능을 강화하는 '동 복지 허브화'를 추진하고 있다(강혜규 · 남영진, 2018). 그뿐만 아니라 읍면동 지역사회보장협의체를 구축하여 민관협력을 더욱 강화해 나가고 있으며 2018년부터 동에 맞춤형 복지팀을 설치하여 동 복지 허브화를 전면 실시 중이다. 2019년 이후에는 사회서비스의 공공성을 강화하고 서비스의 품질 향상을 위해 사회서비스원을 설립하여 운영하고 있다.

〈표 2-2〉 한국 사회복지행정의 역사

도입기	1950년대~1970년대	· 사회부 신설 · 중앙신학교에 사회사업학과 신설 · 외원기관 유입으로 사회복지행정의 장 마련 · 국립중앙사회사업 종사자 훈련소 창설 · 사회복지사업법 제정
발달기	1980년대~1990년대 중반	· 사회복지서비스 행정 대두 · 생계보호에서 자활보호로 행정 영역 확장 · 사회복지전문요원 배치 · 사회복지전담공무원과 복지사무전담기구 설치 · 지방자치제도 실시로 중앙과 지방의 역할이 분담
재편기	1990년대 후반~현재	· 시설 설치주체의 다양화와 평가제 도입 · 국민기초생활보장법 제정 · 보건복지부 조직 개편 · 사회복지사 1급 국가시험 실시 · 전문사회복지사 자격제도 신설 · 찾아가는 동주민센터 · 희망복지지원단 설치 · 사회보장 정보시스템 개통, 사회보장정보원 출범 · 동 복지 허브화, 읍면동 지역사회보장협의체 발족 · 사회서비스원 설립

SOCIAL WELFARE ADMINISTRATION

chapter 03

사회복지조직이론

1. 사회복지조직이론의 유형
2. 전통적(고전) 조직이론
3. 현대적 조직이론

1 사회복지조직이론의 유형

사회복지행정이론의 핵심은 조직이론이다. 왜냐하면 조직을 전제하지 않고는 성립될 수 없는 개념이기 때문이다.

조직을 어떻게 이해하는지는 조직을 보는 관점과 시각에 따라 달라지므로 사회복지조직과 관련된 이론 역시 여러 가지가 있다.

슈타인(Stein)은 사회복지행정을 사회복지조직이 조정과 협력활동의 체계를 통해서 목표를 설정하고 달성하는 과정이라고 정의했다. 사회복지행정은 사회복지조직을 효율적으로 관리하기 위한 것으로 행정의 한 부류이며, 따라서 사회복지조직을 보다 체계적으로 관리하기 위해서는 조직관리의 원칙이 당연히 적용된다.

유명한 조직이론가인 스코트(Scott, 1987)은 다양한 조직이론은 크게 세 가지의 체계적(systematic) 시각 또는 관점으로 수렴될 수 있다고 보았다. 즉, 조직은 목표, 구조, 참여자, 기술, 환경의 기본요소를 갖춘 체계로 보아 비록 제각기 다른 조직이론은 강조점을 달리하지만 이러한 조직의 구성요소를 갖춘 하나의 체계(system)로 보는 데에는 일치한다는 점에 착안하여 조직이론을 분류하였다.

그래서 과학적 관리론과 관료제 이론을 조직목표의 구체성과 공식을 강조하는 측면에서 합리체계관점(rational systems perspective)에 속하는 이론으로 분류하고, 조직의 인간적 측면과 비공식조직의 중요성을 특별히 강조하는 인간관계이론과 제도적 접근을 자연체계관점(natural systems perspective)에 속하는 것으로 보았으며, 조직구조와 내부적 활동에 크게 영향을 주는 요소를 환경으로 보아 환경과 조직과의 관계를 강조하는 상황 이론과 Weick의 조직이론 등을 개방체계관점(opens systems perspective)에 포함되는 이론으로 분류하였다. 이런 관점들을 통합하려는 노력을 보인 통합적 관점의 이론으로는 Etzioni의 구조주의 이론, Lawrence와 Lorsch의 상황적합이론, Thompson의 조직이론 등이 포함된다고 보았다.

〈표 3-1〉 스코트의 조직이론 분류체계

이론적 관점	주요 학파 및 이론
합리체계관점	Taylor의 과학적 관리론, Weber의 관료제 이론
자연체계관점	Mayo의 인간관계이론, Selznick의 제도적 접근
개방체계관점	상황이론, Weick의 조직이론
통합적 관점	Etzioni의 구조주의 이론, Thompson의 조직이론 Lawrence와 Larsch의 상황적합이론

출처: 황성철 외(2014: 66).

2 전통적(고전) 조직이론

고전모형의 기본가정은 조직구성원들은 주로 경제적으로 동기 부여된다는 것이다. 조직이 개인에게 경제적으로 보상할 수 있다면 개인의 목표와 조직의 목표가 일치할 수 있다고 본다.

조직은 합리적 체계로써 기계처럼 움직일 수 있다고 가정한다. 조직의 실체적 기능보다 이상적 조직의 형태에 대한 예측을 중점적으로 본다. 이러한 고전모형은 과학적 관리학파, 공공행정학파, 관료제 모형 세 가지로 나뉜다.

1) 과학적 관리론

과학적 관리론은 조직의 최상 목표로써 합리성과 효율성을 강조한다. 과학적 관리론의 창시자인 F. W. Taylor(1856~1915)는 작업의 효과성과 효율성을 향상하기 위해서 몇 가지 제안을 하였다. 그는 'Shop Management'에서 작업의 효율이 노동의 분업, 작업유인 및 시간의 효율적 사용에 의해서 얻어질 수 있다고 했다. 또한 기능적 관리(funcional management)를 주장하였는데, 이것은 작업을 작은 단위로 세분화시키고, 과학적 분석과 객관적 기준에 따라 작업자들이 수행할 수 있는 범위를 정해줌으로써 업무의 역할과 책임을 수량적으로 할당한다는 가정에서 출발한다. 따라서 작업자들은 표준화된 작업 매뉴얼에 따라 공식적 기준에 의한 통제, 그리고 합리적 임금 동기를 따를 뿐, 비공식적인 인간관계를 비롯한 작업 외적 요인은 제외한다.

과학적 관리론은 효율성과 생산성 증진을 위해 몇 가지 단계를 전제로 한다.

첫째, 조직이 적정수준으로 달성되려면 객관적 기준과 목표가 규정되어 있어야 한다.

둘째, 목표성취에 필요한 조직적 과정을 나타내는 모델을 개발한다. 이 모델은 조직 내 활동의 분석과 측정에 기초한다.

셋째, 조직 내 어떠한 활동이 목표달성을 가능케 하는지를 결정하기 위해 수학적 방법을 이용한다.

넷째, 가장 중요한 것으로 이 모델이 제공하는 최선의 해결책과 일치하도록 조직활동을 재구성하는 것이다.

이러한 과학적 관리론은 대규모 조직관리에 있어서 관료제와 더불어 매우 유용하다. 그렇지만 과학적 관리론은 생산성과 관리의 향상에 지대한 기여를 한 반면, 사회복지조직과 같은 인간서비스 조직에 대한 과학적 관리론의 적절성을 평가함에 있어서 다음과 같은 한계를 인식할 필요가 있다(Hasenfeld, 1985: 21).

첫째, 과학적 관리론은 조직의 폐쇄체계를 다룬다. 즉, 과학적 관리론은 조직의 많은 외적 영향과 다른 조직 및 사람들과의 관계의 필요성을 무시한다. 둘째, 과학적 관리론은 조직구성원들 사이 권력배분에 영향을 미치는 내적 · 외적 · 정치적 과정을 무시한다. 셋째, 이 이론은 구성원들을 금전 이외에는 아무런 동기나 관심을 가지지 않는 존재라 가정하면서 인간에 대한 기계적 견해를 갖게 한다.

결국 과학적 관리론은 조직의 능률과 생산성만을 강조하여 인간적 접근을 소홀히 하고 인간의 개성이나 잠재력, 정서적 · 사회심리적 측면을 무시한 채 단지 기계적 부품으로 취급하는 한계를 가지고 있다.

2) 행정관리론

행정관리론(administrative management)은 조직의 임무와 목적을 성취하기 위해 과업을 쪼개고 구조화하기에 최적의 방법을 먼저 모델화하고 그에 따라 필요한 조직구조를 설계하는 과정을 추구하였다. 대표적 학자로는 Gulick, Urwick, Fayol, Railey 등이 있으며, Taylor의 생산성 · 효율성 주장과는 달리 조직의 행정관리기능 향상에 초점을 뒀다.

Fayol은 1916년 'General and Industrial Management'에서 생산성 향상을 위한 과학적 관리의 원칙을 ① 작업의 분배, ② 권한과 책임, ③ 기강, ④ 명령의 통일성, ⑤ 지시의 통일성, ⑥ 개인적 이익을 일반 이익에 종속시킴, ⑦ 보상, ⑧ 중앙집중화, ⑨ 위계계통, ⑩ 질서, ⑪ 공평성, ⑫ 인사의 안정성, ⑬ 창의성, ⑭ 단체정신 등 열네 가지를 제안하였다. 이 열네 가지 원칙은 행정가에게 높은 수준의 관리기능을 수행하는 것을 돕도록 설계되어 있는 점과 인간의 동기부여를 위해 Taylor의 보상원리를 수용했다는 점이 특징이다.

그 후 Gulick은 이에 영향을 받아 조직행정의 관리기능을 POSDCRB라는 일곱가지로 표현했다. 즉, ① Planning(기획: 목표달성을 위한 행동 결정), ② Organizning(조직화: 필요한 부서 조직), ③ Staffing(인사관리: 인력채용), ④ Directing(지휘, 지도), ⑤ Coordinating(조정: 업무연계), ⑥ Reporting(보고: 상급자에게 보고), ⑦ Budgeting(예산)이다. 이러한 원칙은 합리적 조직화를 위해 영향력 있는 것으로 평가되어왔으며 조직을 만드는 데 있어 기초가 되었다.

행정관리론은 몇 가지 측면에서 비판받고 있다.

첫째, 이러한 이론이 개인적 동기, 리더십, 비공식집단 등과 같은 조직 내에서의 인간적 요소들을 무시했다는 것이다. 둘째, 사회복지조직에 이 이론을 적용하는 데에는 한계가 있다.

3) 관료제 이론

베버(Max Weber)가 제시한 이상적 관료제형으로써 과학적 관리론과 비슷하다. 관료제에 정당성을 부여하는 권한의 양식이 합법적이며 합리적이며 관료제 내에서는 정당한 권한에 의해 내려지는 명령에 순응하기 위해 합리적 수단이 사용된다.

고도의 전문화, 계층적 권한 구조, 조직구성원 간의 비정의적 관계, 실적과 기술적 지식에 따른 관리 임명, 직무권한의 사전명시, 정책과 행정 결정의 분리, 그 밖의 제반 관계를 지배하는 규칙, 그리고 최대한 효율적인 달성을 위한 조직의 구조조정에서 합리적 규칙을 중시한다.

관료제의 특징을 살펴보면 다음과 같다.

① 노동은 규정된 권위 및 책임에 따라 구분되며 공식적 임무로 합법화된다.
② 직책과 직위는 권위의 서열에 따라 조직되어 명령체계를 이룬다.
③ 구성원들은 공식적인 시험이나 훈련, 교육을 통해서 획득한 전문적 자격을 기준으로 선발되어야 한다.
④ 관리들은 임명된다.
⑤ 행정관리들은 직업적 관리들이다(임금).
⑥ 그들이 운영하는 단위조직의 소유자가 아니다.
⑦ 행정관리는 그의 공식적 임무수행에 있어 엄격한 규칙, 규율 및 통제를 받는다.
⑧ 인간의 개성보다 공적 지위에 기반을 둔 위계적 권위 구조이다.
⑨ 이러한 지위에 따른 권위를 규정하는 규칙 체계이다.
⑩ 각기의 독특한 사례를 다루기 위한 조직과 규정의 상세한 체계이다.
⑪ 명확하고 고도로 전문화된 업무상의 분업을 가져온다.
⑫ 비인격적 사회관계.
⑬ 기술적 자격에 기반을 둔 신분보장과 함께 유급직원에 의한 관료의 충원.

베버는 행정의 관료화가 완전히 성취될 경우 권력관계의 형태는 확고부동하게 확립된다고 하였다. 즉, 관료제 조직을 사회체계에서 자원과 권력을 동원하는 가장 효율적 도구라 보았다. 그는 현대사회의 본질적 특성을 합법적 권위의 우월성으로 보았다. 따라서 관료제의 속성은 합법적이고 합리적인 규칙과 최대한의 효율성 추구에서 찾아볼 수 있다.

반면에 관료제는 몇 가지 역기능과 바람직하지 못한 결과를 수반하기도 한다. 규칙과 비인간화를 상소함으로써 오히려 지나치게 형식 위주이며 유연성이 부족하여 비효율적이게 될 수 있다. 또한 시간의 흐름에 따라 전체조직의 목적과 다른 하위부서들 자체의 관심거리와 목적이 생겨나게 되는데 이때 하위단위의 목표를 우선시 하게 됨으로써 전체 조직의 목적달성을 위한 효율성이 저하될 때도 있다. 더불어 관료제의 규칙은 기능적일 때도 있지만 한편으로는 조직에 대한 사명감 없이 형식적으로 참여하는 결과도 초래했다.

〈표 3-2〉 관료제의 특성에 따른 순기능과 역기능

관료제의 특성	순기능	역기능
권위의 위계구조	엄격한 지시이행과 조정	의사소통의 저해
규칙과 규정	지속성과 통일성	경직성과 목표전치
사적 감정 배제	합리성 확보	직원의 사기저하
분업	전문성 강화	직무에 대한 권태
경력지향성	유인체계	연공과 업적 간 갈등

출처: Hey & Miskel(1987), pp.114~115.

사회복지행정조직의 증가와 함께 그 규모가 커지고 복잡해졌고 이를 위해 관료제를 발전시키고 있으며 이는 현대사회의 한 모습으로 강조되고 있다. 그러나 이러한 관료제의 특성이 사회복지조직 내에 작용할 경우 사회복지에 종사하는 실천가들은 규칙과 규제에 지나친 의존, 서비스 전달 과정에서 직원과 클라이언트의 비인간화, 클라이언트에게 효과적 서비스를 전달하는 데에 필요한 유연성의 결여, 그리고 직원의 자질평가과정에서 비인격적이고 무감각한 성장측정방법에의 의존

현상 등이 나타날 수 있다(장천식, 2007: 64).

관료제의 폐해와 여러 지적에도 불구하고 복잡한 현대사회에서 관료제는 조직을 구축하는 데 있어 필요불가결한 존재이다. 그 결과 휴먼서비스의 이념과 목적을 실현하기 위한 도구로서의 사회복지조직에서도 관료제적 조직양상이 나타날 수밖에 없다. 효율성과 인간화의 대조되는 성향 사이 어떻게 균형을 맞출 것인가는 복지행정의 주요 관심사이자 중요한 도전으로 남아있다.

3 현대적 조직이론

1) 인간관계모형

인간관계모형(human relations model)은 미국의 하버드대학교의 Mayo(1933) 등이 미국 시카고 지역에 위치한 서부전기회사 Hawthorne 공장의 실험적 연구에 의해 개발된 조직모형이다. 이 연구자들이 초기에 갖고 있었던 주된 관심은 공장의 작업조건, 예를 들어 불의 밝기가 작업생산성에 어떤 영향을 미치는가와 같은 것이었다. 연구결과 기대한 대로 공장의 불이 밝은 작업반의 생산성이 그렇지 아니한 작업반의 생산성보다 높은 것을 확인했다. 그러나 놀랍게도 어떤 작업반에서는 불의 밝기를 낮추어도 생산성이 꾸준히 향상되고 있다는 사실을 발견했다.

따라서 연구자들은 과학적 관리론에서 제시하는 바와 같이 직무를 과학적으로 분석하고 일정한 절차를 중요시 하는 '기술성 합리성(technical rationality)'만이 생산성을 극대화 하는 절대적 요소가 아니라는 사실을 인식했다. 즉, 조직의 목표달성에는 기술적 요인과 함께 사회적 요인(social factor)인 조직원 사이의 인간관계에 보다 큰 관심을 두기 시작했다.

이 실험을 통해 Mayo는 다음과 같은 연구 결과를 얻었다(황성철 외, 2014: 76).

첫째, 직원의 생산성 향상을 좌우하는 것은 근로조건과 환경이 아니라 작업반 내 동료와 상사와의 인간관계에 의해서 좌우된다.

둘째, 조직의 직원은 개인으로서 일하기보다는 비공식적 집단의 성원으로 행동하며 이러한 집단 내의 인간관계는 비합리적이며 정서적인 요소에 따라 이루어진다.

셋째, 조직에는 공식적 부서와는 다른 비공식적 집단이 존재하며 이러한 비공식적 집단이 개인의 태도와 생산성에 영향을 준다.

넷째, 조직에서 개인은 경제적 동기에 입각한 합리적 행동보다는 비경제적 동기인 심리적 · 사회적 욕구 등에 따라 행동한다.

인간관계이론을 발전시킨 대표적 인물로는 인간의 5단계 욕구이론(need hierarchy theory)를 주장한 Maslow이다. Maslow는 인간의 기본욕구를 5단계로 설명하였는데 ① 가장 기본적인 단계인 생리적 욕구(음식, 물 등 생존에 필수적인 것을 취하고 싶은 욕구), ② 안전의 욕구(외부로부터 자신을 보호하고 싶은 욕구), ③ 소속(애정)의 욕구(집단에 소속해 타인과 교류하고 싶은 욕구), ④ 존경의 욕구(명성, 명예의 욕구), ⑤ 자아실현욕구(자신의 일에서 최고가 싶은 욕구)로서 순차적으로 인간의 욕구가 진행된다는 것이다.

맥그레거(Douglas McGregor)는 'The Human Side of Enterprise'에서 경영의 효과성과 효율성에 뛰어난 이론적 기여를 한 X이론과 Y이론을 제시하며 인간관계이론을 이어나갔다. 이 두 가지 이론은 직원을 대하는 관리자의 기본적 시각 차이에 따라 전혀 다른 관리방법이 고안될 수 있다는 이론이다.

X이론은 지시와 통제가 행해지는 전통적 관리이론으로서 인간의 본성과 행위에 관해 다음과 같이 가정한다.

첫째, 평범한 인간은 본래적으로 일을 싫어하며 가능하면 일을 하지 않으려고 한다.

둘째, 일에 대한 이러한 인간의 속성 때문에 조직의 목표를 성취하려면 대부분의 사람들은 강제와 통제 및 지시를 받아야 한다.

셋째, 평범한 인간은 지시받기를 좋아하고 책임을 회피하고자 하며 야망보다는 안정을 추구한다.

이와 대조적으로 인간관계론의 관점을 가지는 Y이론은 인간의 권리와 제안이 고무되고 지지되며 민주적 참여가 이루어지는 작업상황과 분위기를 강조한다.

Y이론과 관련되는 기본적 가정은 다음과 같다.

첫째, 작업에서 육체적 · 정신적 노력의 지출은 놀이나 휴식처럼 자연스러운 것이다.

둘째, 외적인 통제와 처벌의 위협은 조직의 목표를 달성하는 유일한 수단이 아니다. 인간은 자신이 헌신하고 있는 목표에 기여하기 위하여 자기통제와 자기 지시를 행한다.

셋째, 목표에 대한 헌신은 그 목표와 관련된 보상의 기능을 한다. 가장 중요한 것은 자기실현 욕구와 자아 만족으로 이는 조직의 목표를 지향하는 노력의 직접적 산물이 될 수 있다.

넷째, 평범한 인간은 적절한 조건 하에서 자기 책임을 인정하며 스스로 추구한다.

다섯째, 대부분 사람들은 조직의 문제해결에 있어 비교적 높은 수준의 창의성과 상상력을 발휘할 수 있다.

여섯째, 현대 산업생활의 상황 하에서 인간의 지적 잠재력은 아직 부분적으로만 활용된다.

즉, X이론에 의하면 직원은 근본적으로 일을 싫어하고 이기적이며 변화에 저항적이어서 관리자의 엄격한 지시와 통제가 있어야 조직의 효율성이 확보된다고 생각하기 때문에 고전적 조직관리 모형과 그 맥락을 같이 한다. 반면 Y이론은 직원은 각자의 업무를 자연스럽게 받아들이며 자신의 책임 하에 스스로 일의 방향을 정하고 창의적으로 활동하며 조직을 목표를 달성하기 위해 노력하기 때문에 관리자는 그들의 능력과 가능성을 믿고 자율성을 부여하는 민주적 의사결정이 필요하다는 것이다.

이 모형은 조직이 복잡한 사회적 체제라고 밝힌 점, 조직 내의 인간에 대한 이해를 시작했다는 점에서 그 가치가 인정되지만 조직에 미치는 환경의 중요성을 간과하고 인간의 정서적 측면만을 지나치게 강조하였으며, 경험적 연구결과를 보면 사회심리적 욕구의 실효성이 경제적 요인만큼 크지 않다는 사실 등이 비판의 대상이 된다(우종모 외, 2007: 104).

사회복지행정에서는 휴먼서비스(human service)의 특성상 인간관계이론은 중요하다. 사회복지종사자(worker)와 클라이언트(client) 사이에 서로 대면하여 문제를 해결해 나가는 대인적 상호작용이 서비스 과정의 주요 핵심이기 때문이다. 이에 사회복지종사자와 클라이언트와의 상호작용 관계를 향상시키려는 노력이 필요하나. 즉, 대인관계기술, 클라이언트의 노력을 유도해 내거나 동기를 유발시키는 상호관계, 복지종사자 간의 상호 간 믿음과 도움에 인간관계모형은 크게 기여할 수 있을 것이다.

이러한 인간관계이론이 사회복지조직에서 크게 각광받는 이유는 두 가지 측면에서 설명할 수 있다. 우선 인간관계이론이 조직에서 인간을 단순한 목표달성의 수단이 아니라 인간 자체를 목적으로 본다는 점에서 인도주의적 견해를 갖고 있기에 사회복지의 철학과 기본 이념에 부합한다. 또한 조직환경에서 직원의 조직에 대한 태도와 동료직원과의 관계가 직접적으로 클라이언트 관계에 영향을 주기 때문에 더욱 사회복지조직의 조직구성원에게 잘 적용된다(황성철 외, 2004: 78 재인용).

이런 인간관계모형을 토대로 리더십 연구, 직무확장, 인간관계 훈련기법 등이 발전하였다.

2) 구조주의 모형

구조주의 모형(structuralist model)은 고전 모형과 인간관계모형의 절충점 정도로 생각할 수 있다. 구조주의 모형은 인간관계 모형에 대한 비판과 한계로부터 발생했으며 구조주의자에 의하면 인간관계적 접근은 조직에 대한 시각이 편협하며 그 때문에 관리자를 유리하게 하고 근로자를 잘못하고 있다고 말한다(Etzioni, 1964: 41).

구조주의 모형은 합리성 · 공식성에 중점을 두는 전통적 조직이론과 비합리성 ·

비공식성에 중점을 두는 인간관계를 조직이론으로 종합하여 조직의 포괄적 준거 기준틀을 제시한다. Etzioni는 조직을 '특정한 목표추구를 위하여 의도적으로 구성되는 사회적 단위'라 보며, 조직은 환경과 상호작용을 하는 개방체제라는 입장을 띈다. 따라서 조직변동과정에서 불확실성을 감소하는 방안을 중시하며, 업무의 사회적 기술성을 강조한다.

갈등에 대한 시각도 고전모형 및 인간관계 모형과 대조적이다. 갈등은 문제를 노출시키고 그에 따라 해결책을 갖게 함으로써 사회적 기능을 달성할 수 있다고 본다. 갈등에 직면함으로써 권력을 사용하게 하고 조직체계를 현실적 상황에 적응하도록 하며 궁극적으로 조직의 변화를 가져올 수 있기에 갈등의 표출을 강조한다.

구조주의 모형은 인간적 요소를 충분히 고려하지 않았다는 비판을 받긴 하지만 구조주의 모형은 광범위한 조직의 문제를 설명하고 해결하는 데 유용한 모형이라 볼 수 있다.

3) 체계 모형

체계란 상호작용하는 부분들로 구성된 전체, 즉 '부분들 간에 관계를 맺고 있는 일련의 단위들'로 정의된다.

기존의 고전모형들은 조직을 폐쇄적으로 인식했으나 사회학의 구조기능주의(structural functionalism)와 일반체계이론(General System theory)이 조직에 적용된 뒤에는 조직을 개방된 체계로 인식하기 시작하였다.

체계 모형(Systems Model)은 앞서 논의한 고전 모형, 인간관계 모형, 구조주의 모형이라는 세 가지 기본 모형이 하나로 통일될 수 있다는 가정에 기초를 두고 있다. 조직 내의 갈등이나 분과적 요소보다는 조직의 통합과 상호의존성을 강조한다. 또한 조직은 내 · 외부적으로 조직을 구성하거나 영향을 주는 요소 간의 균형과 평형을 이루어야 한다는 것을 전제로 하고 있다.

Neugeboren(1985)의 체계 모형에 의하면 조직은 다섯 가지 하위체계(생산 하위체계, 유지 하위체계, 관리 하위체계, 경계 하위체계, 적응 하위체계)로 구성되어 있고,

조직이 최적으로 기능하기 위해서는 조직의 목표에 따라 모든 하위체계가 제 기능을 발휘해야 한다고 하였다.

첫째, 생산 하위체계로써, 사회복지조직에서 이 체계는 클라이언트에게 서비스를 제공하는 것이다. 이 체계는 모든 사회복지조직의 기본적 역할을 담당한다.

둘째, 유지 하위체계이다. 이것은 조직의 계속성을 확보하고, 조직을 안정 상태로 유지하는 것이다. 이를 위해서 조직활동을 공식화시키는 것, 보상체계를 확립하고 구성원을 교육, 훈련시키는 것이 필요하다.

셋째, 경계 하위체계이다. 사회복지조직의 외부환경에 대한 의존도를 고려한다면 경계하위체계는 사회복지조직의 생존과 발전을 위해 필요한 체계가 된다. 특히 외부환경의 변화에 대한 적절한 반응과 대응은 조직의 목표달성과 조직 유지를 위해 필요하다.

넷째, 적응 하위체계이다. 이 하위체계는 환경의 욕구에 반응하여 조직을 변화시킬 필요성을 인식하고 실체 조직 변화를 위한 최적의 대안을 찾기 위해 연구하고 평가해 나간다. 즉, 사회복지조직에 대한 내 · 외부 평가는 조직의 적응능력을 강화시키는 역할을 한다고 볼 수 있다.

마지막으로 관리 하위체계는 앞서 제시한 네 하위체계를 조정하고 통합한다. 따라서 조직구성원 간 혹은 부서 간 갈등해결과 조정, 적절한 업무환경의 제공, 외부환경의 영향에 대한 조직의 대응책을 모색하기 위해 노력하는 것 등이 중요한 업무가 된다.

체제이론의 관점은 구성단위를 나눔으로써 조직을 더 쉽게 이해하고 조직관리 및 경영의 문제가 일어날 경우 구성부문에 집중함으로써 문제의 진단과 처방에 효과적인 방법을 제공한다.

체제이론에서 사회복지행정이란 복지행정의 목적달성과 클라이언트 만족을 목표로 한 공공체계에서 다양한 하위시스템이 결합한 전체시스템으로 이해하며 다양한 관리이론을 통합한 것으로 볼 수 있다. 그러나 이론의 추상화수준이 지나치게 높아 구체적 연구방향의 제시가 어렵고 고려해야 하는 변수가 너무 많이 관련되어 있으며 불명확하다는 점이 지적된다(강용규 외, 2007: 71).

4) 개연성 이론

앞서 소개한 폐쇄체계 이론들의 한계를 극복하기 위해 20세기 후반에 개방체계 관점이 등장했으며 개연성 이론(Contingency theory)도 그 중 하나다. 개연성 이론은 조직의 양식과 과정을 고정화시키지 않고, '상황적(situational)'으로 둔다. 조직을 구조화하는 최선의 길은 조직 환경에 의거한다는 인식이다.

개방체계 관점에서 개연성 이론은 조직의 환경과 기술이 조직 구조에 어떤 영향을 미치는지에 관심을 갖는다. 조직의 효과성은 조직의 환경과 기술에 의해 제시되는 요구들이 조직의 내부 구조와 어느 정도 일치하는지에 따라 결정되는 것이라고 본다. 이 관점은 보편적으로 효과적인 조직 구조란 없으며 조직의 효과성은 외부 조건들의 개연성에 적합하게 반응할 때 나타나는 것으로 간주한다.

조직(체계)의 환경이 안정적인지, 동질적인지에 따라 조직에 미치는 영향은 다르게 나타난다. 안정적이고 동질적인 조직 환경에서는, 조직들은 단위 분화를 제한하고 표준화된 규칙을 통해 반응하는 것이 효과적이다. 반면에 불안정하고 이질적인 환경에서는 높은 수준의 단위 분화와 탈집중적 의사결정 구조로 반응하는 것이 적합하다. 대체로 휴먼서비스 분야는 후자의 경우에 속한다고 보지만, 그 안에서도 서비스의 성격에 따른 정도 차이가 나타날 수 있다.

이처럼 개연성 이론 접근은 조직 내부의 획일적 합리성 추구라는 한계에서 벗어나려 했지만, 그럼에도 보다 확대된 개방체계 관점에서 보자면 여전히 한계를 가진다. 이 이론적 접근의 일차적 한계는 조직의 환경과 구조, 기술을 결정주의 방식으로 규정한다는 것에 있다. 또한 환경적 특성에 대한 고려가 클라이언트 속성에 관련된 제한된 범위에서만 이루어진다는 한계도 있다. 사회복지조직의 상황에서 환경은 단순히 클라이언트에 한정되지 않고, 다양한 조직 내외 이해집단들의 이념적, 정치적, 경제적 요소를 포괄하는 것으로 간주되어야 한다.

이와 같은 몇몇 원천적 한계들에도 불구하고, 개연성 이론은 조직의 이해와 관리를 위해 특징적으로 중요한 요소들을 단순화시켜 선별해 줄 수 있다는 장점이 있다. 그런 측면에서 사회복지행정이 사회복지조직을 이해하는 중요한 지식 기반으로 삼을 수 있다.

5) 총체적 품질관리(TQM)

총체적 품질관리(TQM: Total Quality Management)는 조직운영, 제품, 서비스의 지속적인 개선을 통해 고품질과 경쟁력을 확보하기 위한 전 종업원의 체계적 노력을 말한다. TQM은 단순히 제품기능의 결함을 발견하고 그것을 제거하는 것 이상으로, 1990년 이후 품질 향상을 달성하기 위해 기업의 혁신적 경영기법으로 활용되고 있다. TQM은 프로세스(process)를 평가하기 위해 분석하며, 지속적으로 개선을 추구한다. 또한 조직이 변화할 때에도 일관성에 맞게 변화하며, 지속적으로 교육을 시킨다.

총체적 품질관리(TQM)는 1960년대 우주항공부품 납품을 위한 무결점운동에서 출발하여 수많은 제품의 엄격한 품질기준을 충족시키면서 기업의 제조 및 품질관리 비용을 줄이기 위해 고안되었고 이후 1970년대 일본 기업의 품질혁신과정에서 발달하여 전사적 품질관리(Total Quality Countrol: TQC)를 내세운 일본기업의 약진으로 이어졌다. 총체적 품질관리(TQM)는 일본 기업들이 산출물의 결함을 제거하여 소비자 만족을 극대화하는 조직관리 방법을 효과적으로 사용하고 있다는 데 착안하여 1980년대 초반부터 미국 기업에도 적용하기 시작한 경영이론이며 기법이다.

TQM은 단순한 제품이나 서비스의 결함을 발견하여 그것을 제거하는 데에서 나아가 총체적으로 소비자가 만족할 수 있도록 제품과 서비스를 향상시키는 혁신적인 조직관리와 경영기법으로 이해해야 한다.

스위스(Swiss)는 TQM의 일곱 가지 주요원리를 다음과 같이 제시하였다. ① 서비스의 질은 궁극적으로 고객이 결정한다. ② 서비스의 질은 제공 과정보다는 서비스의 계획단계부터 고려된다. ③ 서비스의 변이(variation) 가능성을 사전에 방지하는 것이 고품질의 서비스 산출에 중요하다. ④ 고품질의 서비스는 개인의 노력보다는 조직의 다양한 직원의 협력적 활동 결과로 나타난다. ⑤ 투입과 과정에 대한 지속적인 개선노력이 질적 우월성을 가져다준다. ⑥ 질적 개선은 직원들의 적극적인 참여를 통해 이루어진다. ⑦ 전체 조직의 사명감이 투철해야 질적 개선이 이루어질 수 있다(황성철 외, 2014).

미국과 영국은 TQM 기법을 1980년대 후반부터 공공행정 분야와 서비스 조직들에 적용함으로써 서비스 질의 향상과 고객 만족을 추구하고자 하였으며, 최근에는 사회복지조직들이 이 기법을 도입하기 시작하였다. Martin은 사회복지조직들이 TQM에 관심을 가지는 이유로서 다음의 네 가지를 제시한다(Martin, 1993; 최재성 · 남기민, 2006: 99에서 재인용).

첫째, 사회복지조직은 클라이언트, 일반 대중, 후원자로부터 신뢰성을 상실하는 품질의 위기를 경험한다는 것이다.

둘째, 양질의 서비스는 기관이 필요로 하는 고객을 확보할 수 있도록 해주며 이는 잃어버린 신뢰성을 회복하는 계기를 만들 수 있게 해준다는 것이다.

셋째, 양질의 서비스 확보는 추가적 비용을 필요로 하는 것은 아니라는 인식이다.

넷째, 품질관리는 전통적 사회복지의 가치와 양립한다는 사실이다.

Martin은 이러한 이유로 인해 사회복지조직에서 TQM이 절실히 필요하다고 하며 기업보다 사회복지조직에 오히려 더 적합한 경영기법이라고 주장한다. 사회복지조직의 생존이 바로 기관에서 제공하는 서비스의 질에 달려있기 때문이며, 서비스 질의 향상에 있어서 물적 요소보다는 인적 요소가 더욱 중요하기 때문이다. 그 때문에 미국과 캐나다의 아동을 위한 재가복지 및 지역사회서비스, 보건 및 의료시설, 재활서비스기관, 공공복지서비스기관 등에서 적용되기 시작하였다.

6) 목표관리(MBO)

Drucker에 의해 제창된 목표관리(MBO: Management By Objectives)란 '생산활동의 단기적 목표를 명확하고 체계 있게 설정하여 그에 따라 생산활동을 수행하도록 하며 활동의 결과를 평가, 환류시키는 관리체계'를 의미한다.

목표관리는 이론적 관점에서 볼 때 3단계를 거친다. ① 목표를 설정하는 과정(setting objectives), ② 목표를 달성하는 과정(tracking progress), 그리고 ③ 결과를 평가하는 과정(evaluating result)이 그것이다. 이러한 과정의 제반 의사결정 과정에 구성원을 참여시킴으로써 직무만족도를 상승시키고자 한다. 또한 결과를 평가하는 과정에서는 피드백을 통해 전 과정과 결과를 평가하여 조직의 문제해결능력 및 개개인의 직무수행능력을 향상시키고자 한다.

MBO 이론은 사회복지조직에서 사회복지사들로 하여금 목표를 성취하기 위해 함께 일하는 공동 작업을 구조화하고 실행하는 팀 개념을 가져다주었으며, 사회복지기관의 업무나 목적달성을 위한 정확한 업무 수행 평가를 통하여 그들의 업무에 대해 더욱 높은 책임감을 가지도록 하였다.

한편 사회복지조직에서 MBO 이론 적용의 한계점은 다음과 같다. 첫째, 목표와 성과의 측정이 어렵다. 둘째, 단기적 목표와 계량적 측정이 쉬운 업무에만 주력하게 된다. 셋째, 목표관리를 도입하는 데 시간이 많이 걸리고 운영절차가 번잡하다. 넷째, 관리 상황이 유동적이기 때문에 MBO가 성과를 거두기 어렵다(신복기 외, 2012: 103).

7) 학습조직이론

조직의 역량을 강화시키는 방안의 하나로 학습조직이론이 부상하였다. 학습을 통한 조직능력 증가방법을 말하는 것으로 창시자인 Senge(1990)는 학습조직이란 '조직 구성원들이 진실로 원하는 성과를 달성하도록 지속적으로 역량을 확대시키고, 새롭고 포용력 있는 사고를 함양하며, 집중된 열의가 자유롭게 설정되고, 학습방법을 서로 공유하면서 지속적으로 배우는 조직'이라고 정의하였다(양승일 · 정혁진, 2009).

따라서 그는 어떤 조직이 학습조직화 되면 다음과 같은 조직의 주요영역이 임파워된다고 보았다. ① 개인적 통제감(Personal mastery), ② 정신적 모델(Mental model), ③ 비전 공유, ④ 팀 학습, ⑤ 체계적 사고와 같은 조직의 주요 역량이 강화된다고 보았다.

Lewis와 그 동료들(2001: 94)은 학습조직은 팀이나 대화를 사용하고 휴먼서비스의 원칙과 양립하는 것처럼 보이며, 인간 봉사조직의 성장을 위한 기회를 제시해 준다고 하였다. 따라서 학습조직이론은 사회복지조직과 인력을 임파워시켜서 클라이언트 집단에 효과적인 서비스를 제공하는 방안으로 제시되는 조직이론이며 조직구성원이 새롭고 확대된 사고패턴을 가지고, 집단적 목표와 열망이 자유롭게 선정되고, 함께 학습하는 방법을 지속적으로 배우는 조직을 의미한다.

학습조직을 사회복지행정에서 활용해 본다면, 사회복지사가 전문직을 수행하는 데 있어 질 높은 서비스를 제공하기 위해서는 끊임없이 학습해야 한다.

사회복지사들이 함께 배우며 지식을 공유함으로써 자신의 성장은 물론이고 조직 전체의 발전을 도모하는 데 도움을 줄 수 있다는 점에서 사회복지사가 전문직을 수행하는 데 반드시 필요한 조직인 것이다.

SOCIAL WELFARE ADMINISTRATION

chapter 04

사회복지조직

1. 사회복지조직의 개념
2. 사회복지조직의 원리
3. 조직의 구조와 유형

SOCIAL WELFARE ADMINISTRATION

1 사회복지조직의 개념

1) 개념

조직은 복수의 직원이 모여서 목적달성을 위해 협동하는 구조이며 조직기능을 다할 수 있도록 팀워크가 이루어져야 한다. 관리자는 조직 이념과 방침을 주지시키고 분명한 커뮤니케이션과 역할분담, 적절한 인재배치, 작업 사이의 상호연계가 가능한 체제를 만들어야 한다. 특히 클라이언트 욕구에 맞는 서비스 개선이 신속히 이루어지도록 현장의 사회복지사에게 적절하게 권한이 위임될 필요가 있다.

사회복지조직(social welfare organization)의 개념은 학자들의 접근입장차이로 다양하게 정의되고 있는데, 먼저 기존에 연구된 개념정의를 간략히 살펴보면 다음과 같다.

Etzioni(1964: 4)는 조직을 '일정한 환경 하에서 특정 목표를 달성할 목적으로 구조화된 계획적 단위'로 정의하였고, Skidmore는 조직의 두 가지 중요한 의미로 정적인 상태를 의미하는 '기관의 구조(the structure of agency)'와 동적인 과정을 의미하는 '조직화되어 가는 과정(the process of being or becoming organized)'으로 정의하였다. Weber(1968)는 계속적이고 의도적인 특정한 종류의 활동체제라고 규정하였고, Skidmore(1990)는 사람, 과정, 자원을 가장 질서 있고 효율적으로 배열하는 활동으로서 공동 목표를 향한 사람들의 활동과정으로 정의하였으며, Barker(1995)는 결정된 목표를 성취하기 위해 제도화된 전략들을 동원하는 것이라고 규정하였다.

조직이 무엇인가에 관여하는 많은 학자들에 의하여 다양한 견해가 있다. 여기서는 이러한 견해들을 종합하여, 조직이란 '일정한 환경 하에서 일정한 목적을 추구하기 위하여 복수의 인간들에 의하여 구성되어 일정한 분업구조 및 규범을 가진 지속적인 사회적 실체'라고 정의한다(최창호, 2002: 394-395).

이러한 정의에 기초하여 그 특징을 살펴보면 다음과 같다.

첫째, 조직은 일정한 환경 속에 존재하며, 그 환경과 상호 의존적 존재를 가진다.

둘째, 조직은 달성하고자 하는 목표를 가진다.

셋째, 조직은 복수의 인간들에 의하여 구성된다.

넷째, 목표달성을 위하여 과업을 여러 부분요소가 분담하는 일정한 분업체계를 가진다.

다섯째, 조직에는 그 조직 활동을 규제하는 그 조직 고유의 규범이 있다.

여섯째, 조직에는 그 조직을 다른 조직 및 환경과 구별하게 하는 경계가 있다.

일곱째, 조직은 어느 정도의 지속성을 가진다.

여덟째, 사회적인 기능과 존재성을 인정받고 있는 사회적인 실체이다.

아홉째, 조직에는 공식적인 측면과 동시에 비공식적인 측면도 공존한다.

사회복지행정조직도 공동의 목적을 달성하기 위하여 구성된 일정한 구조를 지닌 사회적 단위라는 점에서 일반행정조직과 유사한 특징을 갖는다. 다만, 사회복지행정조직은 공동목표가 사회복지라고 명확하게 규정되어 있다는 점에서 일반행정조직과는 차이가 있다.

2) 사회복지조직의 특성

사회복지조직은 일반조직과 마찬가지로 목적 면에서 공공성을 지니고 있고, 공공목적을 달성하기 위한 인적·물적 제 변수의 효율적인 조직이나 관리라는 점에서 공통적인 특성을 가지고 있으면서, 인간을 대상으로 하기 때문에 다음과 같은 고유의 특성이 있다(hasenfeld, 성규탁 역, 1985: 12-16).

첫째, 조직의 '원료(raw material)'가 도덕적 가치를 부여받은 인간이라는 사실이 조직활동의 대부분에 영향을 미친다. 사회복지조직이 사용하는 서비스 기술은 도덕적으로 정당화되어야 한다. 왜냐하면 클라이언트와 관련된 모든 활동은 중대한 도덕적 결과를 초래하기 때문이다.

둘째, 사회복지조직의 목표는 모호하고 애매하여 이에 따른 문제점을 가진다. 인간을 대상으로 하는 사회복지조직은 조직의 목표에 대하여 상이한 가치관과 규범을 가진 사람 간에 구체적인 합의를 찾기가 어렵다.

셋째, 사회복지조직을 둘러싸고 있는 도덕적 모호성으로 환경과의 관계에 많은 어려움이 야기된다. 사회복지조직에 후원하는 외부 조직은 각자의 가치관과 목적을 달성하려고 하며, 운영자금을 외부의 재정원천에 의존하고 있기 때문에 환경의 변화에 쉽게 영향을 받는다.

넷째, 사회복지조직은 바람직한 산출물을 얻기 위한 지식과 기술이 불완전하다. 그 이유는 다음 세 가지의 상호 관련된 요인에서 비롯된다.

① 인간의 속성은 개인에 따라 다르기 때문에 조직의 '원료'로서의 인간은 변동적이고 불안정하다.

② 사람들이 기능을 하는 방법과 이들을 변화시키는 방법에 대한 지식이 단편적이고 불완전하다.

③ 사회복지기관이 변화시키고자 하는 많은 속성들은 관찰 또는 측정할 수가 없다.

다섯째, 사회복지조직의 핵심적인 활동은 요원과 클라이언트의 관계로 구성되어 있으며 그 관계의 질이 조직의 성패를 좌우하는 중요한 결정요인이 된다. 따라서 일선 요원의 직위와 역할이 매우 중요하다.

여섯째, 사회복지조직의 효과성을 확실하고 타당하게 측정할 표준척도가 없다. 이것은 앞에서 살펴본 조직목표의 다양성과 모호성, 서비스기술의 불완전성, 인간속성의 관찰과 측정의 어려움 등 때문이다.

2 사회복지조직의 원리

사회복지조직의 원리란 조직을 관리함에 있어서 준거하여야 할 기준을 뜻한다(장인협 · 이정호, 1993: 135-137). 행정학 초기의 과학적 관리론자들은 이 원리를 지키지 않으면 안 되는 금과옥조(金科玉條)로 인식했던 데 비하여 그 후 인간관계론자들은 이 원리를 엄밀한 검증도 거치지 않은 하나의 '격언(proverb)'에 불과하다고 비판하고(Simon, 1987: 146-180) 있으나 조직의 관리나 편성에 참고할 하나의 참고

기준은 된다(최창호, 2002: 419).

사회복지행정조직은 다른 어떤 조직보다 클라이언트 중심 서비스 제공의 성격이 강하기 때문에 조직을 보다 합리적으로 구조화하고 능률적으로 관리해야 할 필요성이 대두된다. 그러기 위해서 몇 가지 조직의 원리를 살펴보면 다음과 같다.

1) 계층제의 원리

계층제(hierarchy)란 권한과 책임의 정도에 따라 조직 구성원 간에 권한과 책임을 배분하고 수직적인 지휘 · 복종체계의 확립을 뜻한다.

일반적으로 계층의 수준이 높을수록 대외관계, 정책결정, 장기계획 등의 업무를 수행하고, 계층의 수준이 낮을수록 집행 · 실시하는 구체적인 업무를 수행한다. 또한 전문화된 조직일수록 그 권한은 약화되고 영향력의 범위가 좁아진다.

계층제의 원리는 긍정적 기능과 부정적 기능으로 구분할 수 있다.

(1) 긍정적 기능

① 상의하달의 통로 및 하의상달의 통로로서의 기능
② 권한과 책임의 명확한 구분 통로로서의 기능
③ 조직의 지휘 감독을 통한 조직의 질서와 통일성의 확보 기능
④ 상위자에 의한 동렬자 간의 해결 곤란한 갈등 해결 및 조정 기능
⑤ 승진을 통한 사기의 진작 기능

(2) 부정적 기능

① 상하위자 간 권력의 지나친 불균형은 하위자의 근무의욕 저하 초래
② 상사가 꺼리는 바른말을 기피함으로써 의사전달 왜곡 초래
③ 경직된 상하관계는 창의성을 요하는 문제나 새로운 문제에 직면하게 될 때 하급자가 능동적으로 대처하기보다는 최고책임자의 결정만을 기다리는 안일하고 소극적인 부정적 태도를 배양할 가능성

2) 명령통일의 원리

사회복지조직의 원리로서 명령통일(unity of command)의 원리는 조직에 있어서 한 사람의 직속상관으로부터 명령을 받고 보고해야 한다는 것으로서, 국에는 국장, 과에는 과장 등 오직 한 사람이 존재하여야 한다는 것이다.

본 원리 역시 장점과 단점이 존재하는데, 조직적인 활동과 의사전달의 혼란을 방지하고 책임소재를 분명히 할 수 있는 등의 장점이 있는 반면, 업무의 상호연관성이 높아져 수평적인 업무협력 등의 광역행정이 필요한 시점에서 이 원칙만을 추구하게 되면 비능률적이고 낮은 수준의 전문성이 구축될 수 있는 등의 단점이 있다.

3) 통솔범위의 원리

통솔범위의 원리(span of control)란 한 사람의 상관이 부하를 관리하는 데는 지휘의 한계가 있기 때문에 적정수의 부하나 하부조직을 가져야 한다는 원칙이다. 통솔범위는 그 조직의 여러 가지 조건에 따라 다르며, 직무의 성질, 감독자의 능력, 피감독자의 질, 지리적 분산도, 조직의 역사, 조직관리의 상태, 관리기술의 수준 등이 통솔범위에 영향을 미치는 요인이 된다.

4) 분업(전문화)의 원리

분업 또는 전문화(divison of work or specialization)의 원리는 업무를 종류와 성질별로 나누어 능률을 향상시키기 위해 전문분야별로 조직구성원에게 한 가지의 주된 업무를 분담시키는 원리이다. 조직의 규모가 확대되고 업무처리의 전문성이 증가할수록 더욱 요구된다. 즉, 사람의 성격, 기술에 차이가 있고 능력에 한계가 있기 때문에 분업에 의한 전문화가 필요하며 또한 작업능률을 향상시키고 업무의 지식 및 기술의 발전을 기할 수 있는 장점이 있다. 그러나 개인의 업무 수행에 대한 흥미 상실을 유발시킬 수 있으며, 지나친 분업으로 조직 내 단위 간의 조정을 어렵게 하고, 더 많은 비용을 들게 할 수 있다.

5) 조정의 원리

조정(coordination)의 원리란 조직이 공동목적을 달성하기 위하여 행동의 통일을 기하도록 집단적 노력을 질서 있게 배열해야 한다는 원리이다. 조직이 대규모화되고 복잡할수록 그 목적을 효과적으로 달성하기 위해 조직의 각 단위의 기능은 분업화, 전문화됨에 따라 각 단위가 목적을 상실하고 파편화되는 폐단을 초래하게 된다. 이러한 폐단을 방지하기 위해서 각 구성원의 개별적 노력을 통합화하는 기능이 필요하며 이 통합화를 조정이라고 한다.

이러한 조정은 조직단위의 권한과 책임의 한계를 명확히 하거나 조정을 전담하는 기구 설치, 의사소통의 촉진 및 조직 내의 계층제 구조를 통하여 원활히 할 수 있다.

6) 부성조직편성의 원리

부성조직편성(部省組織編成)의 원리는 합리적이고 능률적인 조직의 운영을 위한 조직편성의 기준 및 방법에 관한 원리이다. 일반적으로 부성조직의 편성기준으로는 ① 목적(purpose) · 기능(function), ② 과정(process), ③ 수혜자(clientele) · 취급물(material), ④ 지역(territory) · 장소(place)의 네 가지를 들 수 있다.

첫째, 부성조직은 목적 및 기능에 따라 편성할 수 있다. 목적 · 기능에 따른 부성조직의 편성방법은 동일 종류에 속하는 모든 기능은 동일부성에 소속시키고, 각 부성은 타 부성의 업무에 관여해서는 안 된다는 원리에 따른 것이다. 이 원리에 따른 예를 들면, 교육, 지도, 취업 등의 목적에 따라 교육부, 생활지도부, 취업부 등의 조직편성을 할 수 있다. 이는 부성 간에 목적과 책임 한계가 명확해야 기능의 중복과 책임의 전가를 방지할 수 있다.

둘째, 부성조직은 목적의 수행을 위하여 필요한 과정, 수단 및 기술을 기준으로 편성할 수 있다. 예를 들면, 접수 및 이송, 상담, 치료, 재활 등 과정별로 서무과, 상담부, 재활부로 편성할 수 있다. 이 기준에 의해서는 현대적인 기술을 활용하여 효과적으로 분업과 전문화를 이용할 수 있으며, 기술업무가 동일한 감독하에 집중하기 때문에 그 업무에 대한 조정이 효과적으로 이루어질 수 있다. 그러나 목적보다 수단 · 절차를 더 중시하는 결과를 초래하여 번문욕례(red tape)를 조장해서는 안 된다.

셋째, 부성조직은 행정활동에 의해서 혜택을 받는 수혜자나 취급하는 취급물을 기준으로 편성할 수 있다. 예를 들면, 가정복지과, 아동복지과, 노인복지과는 수혜자를 대상으로 편성한 것이고, 산림청, 도로공사 등은 취급물을 대상으로 편성한 것이다. 이러한 방법은 행정기관과 국민과의 관계를 밀접하게 하고 국민에 대한 서비스를 보다 집중적으로 향상시킬 수 있다는 장점이 있으나 고객(수혜자)들에 의한 압력에 지나친 간섭을 받게 되는 폐단이 초래되는 단점도 있다.

넷째, 부성조직은 행정활동이 수행되는 지역이나 장소에 따라 편성되기도 한다. 이와 같은 편성방법은 주로 부성 내의 보조기관 또는 일선기관의 조직편성방법으로 사용되고 있다. 예를 들면, 지방청이나 지방사무소를 두는 경우이다. 이는 특정 지역 내의 행정업무에 대한 지역주민의 요구에 부응하는 행정을 실현하고 지역별 행정업무에 대한 조정과 통제가 용이하다는 장점이 있으며 특정 지역 주민의 압력의 영향을 받을 수 있다는 단점도 있다.

이상의 부성조직의 원리는 다음과 같은 비판을 면치 못하고 있다(박연호, 1995: 358-359).

첫째, 부성조직의 편성기준 용어의 모호성에 대한 비판으로 목적, 과정, 수혜자, 지역일치 등 편성기준 자체가 명확하게 구분되지 않는다는 것이다.

둘째, 전문화를 위한 기준의 결여로 각 기준이 경합할 때에 어떤 기준을 따라야 하는가에 대한 아무런 지침도 제시하지 못하고 있다.

셋째, 규범적인 기준에 불과하며 실제 부성조직의 편성에는 이 네 가지 외에 정치적 요인, 행정환경, 문화, 자원의 질적 수준 등이 작용한다.

넷째, 편성기준의 복합적 적용으로 어떤 부성조직을 막론하고 어느 하나의 기준만으로 편성되는 것이 아니라 혼합 · 복합되어 편성된다.

3 조직의 구조와 유형

1) 조직의 유형

조직이란 둘 이상의 사람들이 공동의 목표를 달성하고 일정한 목표를 추구하기 위해 의도적으로 구성한 사회체제로서, 목표달성을 위한 특정한 과업, 역할, 권한, 의사소통, 지원구조 등을 갖는 체제이다.

조직은 여러 기준에 따라 다양하게 분류될 수 있으며 조직을 분류함으로써 조직의 현상과 본질을 보다 명확히 이해할 수 있다. 각기 다른 기준을 가지고 조직을 분류한 예를 보면 다음과 같다.

(1) 권력과 복종의 형태에 따른 조직

에치오니(Etzioni)는 권력 형태와 권력에 대한 관여유형에 따라 강제적 권력, 보수적 권력, 규범적 권력 세 가지로 구분하고 그에 대한 관여(혹자는 복종이라고도 함) 형태를 소외적 관여, 타산적 관여, 도덕적 관여 세 가지로 구분하여 양자를 조합하여 모두 9개의 조직유형을 제시하였다.

이들 아홉 가지 조직은 모두 가능하지만 이 중에 강제적 조직, 공리적 조직(보수적), 규범적 조직의 세 가지가 가장 효과적인 분류이며 실제로 더 많이 발견된다고 하였다.

첫째, 강제적 조직(coercive organizations)은 강제수용소와 같이 강제를 통제의 수단으로 하는 조직으로 수용 정신병원, 구치소, 교도소 등이 이에 해당한다.

둘째, 공리적 조직(utilitarian organizations)은 사회 · 경제단체와 같이 보수를 통제의 수단으로 하는 조직으로 산업조직으로서 기업체, 경제단체, 농민조직 등이 이에 해당된다.

셋째, 규범적 조직(normative organizations)은 교회, 대학 등과 같이 문화, 도덕, 이념을 내세우는 조직으로 정치조직, 병원, 학교, 사회복지조직 등이 이에 해당된다.

〈표 4-1〉 권력과 복종의 형태에 따른 조직의 유형

복종 / 권력	소외적	타산적	도덕적
강제적	① 강제적		
보수적		② 공리적	
규범적			③ 규범적

즉, 에치오니의 분류에 따르면 사회복지조직은 규범적 조직의 성격을 가진다. 왜냐하면, 휴먼서비스에 대한 사명감이나 이념이 조직구성원으로 하여금 조직의 명령에 순응하도록 하기 때문이다. 그러나 모든 사회복지조직을 규범적 조직으로 분류할 수는 없다. 그 이유는 사회복지조직에 휴먼서비스에 대한 사명감으로 근무하는 사람도 있지만, 보수를 위해 근무하는 사람도 있기 때문이다. 사회복지조직에 보수를 위해 근무한다면, 그 조직은 공리적 조직으로서의 성격이 강하다.

(2) 수혜자의 종류에 따른 조직

Blau와 Scott는 '일차적인 수혜자'가 누구냐에 따라 조직을 유형화하였다(장인협 · 이정호, 1993: 130).

첫째, 상호수혜조직(mutual-benefit association)은 정당, 노동조합, 농협, 수협 등 구성원이 일차적인 수혜자가 되는 조직이다.

둘째, 사업조직(business concerns)은 회사와 같이 조직의 소유자, 경영자가 일차적인 혜택을 받는다. 주식회사, 은행 등이 이에 해당된다.

셋째, 서비스조직(service organizations)은 병원, 학교, 사회복지기관, 상담소 등 조직의 클라이언트가 일차적인 수혜자가 되는 조직이다.

넷째, 공공조직(commonwealth organizations)은 군대, 경찰, 행정조직 등 일반대중이 일차적인 수혜자가 되는 조직이다.

Blau와 Scott의 분류에 따르면 사회복지조직은 클라이언트가 바로 수혜자가 되므로 서비스조직 성격을 가지며 경우에 따라서는 사회복지를 제공하는 정부조직의 수혜자는 일반시민 전체가 되므로 공공조직의 성격도 가진다.

(3) 업무의 통제성에 따른 조직

Gilbert Smith는 사회복지조직과 관련하여 업무의 통제성에 따른 조직의 유형을 다음과 같이 네 가지로 분류하였다(장인협 역, 1984: 61-112; 최성재 · 남기민, 1993: 110 재인용).

첫째, 관료조직으로 공식적인 조직과 규정, 위계적 권위구조, 명확하고 전문화된 분업, 문서에 의한 업무처리, 기술적 자격에 기초한 신분의 보장 등을 특성으로 하는 합리적인 통제체제의 조직을 말한다. 그러나 관료조직은 목표와 수단의 전도(displacement of goals) 현상, 형식주의(red tape), 개인의 불안정감, 변화에 대한 저항 등의 병리현상이 나타나는 경우가 많다.

둘째, 일선조직으로 공식적인 위계제도가 있음에도 불구하고 실제적으로는 권한의 분산이 행해지고 있는 조직이다. 조직의 주도권이 일선업무단위에 있고, 각 업무단위는 자율성을 가지고 상호 독립적으로 업무를 수행하며, 사무단위의 직접적인 감독과 통제가 쉽지 않다.

셋째, 전면적 통제조직으로 클라이언트의 유지관리 과정에서 엄격한 규칙에 의하여 전반적인 통제를 가하는 조직이다. 정신병원, 기숙사, 교도소, 양로시설, 양로보호시설 등이 해당된다. 이 조직은 강제적 수용, 철저히 계획된 활동, 일반사회의 기본적 생활 형태와 차이, 수용자와 직원 간의 근본적인 차이, 문화적인 차이로 인한 고통, 개인의 개조, 특수한 문화 형성을 그 속성으로 한다.

넷째, 투과성 조직으로 조직의 구성원 또는 참여자가 자발적으로 참여하며 개인의 가정과 사적인 생활에 침해를 받지 않는다. 조직의 문화나 규정에 의한 통제성이 약하고 조직의 활동이 거의 노출되는 조직으로 자원봉사조직이 대표적이다. 이 조직은 자발적인 참여, 조직의 업무와 사적인 활동 사이의 분명한 구분, 영역유지 구조가 약함, 역할구조의 복잡성, 개인의 주체성 강조, 업무활동의 자율성, 일반사회와 문화 차이가 거의 없음을 그 속성으로 한다.

(4) 수혜자(클라이언트)의 상태와 조직기술에 따른 조직

Hasenfeld(성규탁 역, 1985: 5-11)는 사회복지조직이 대상으로 하는 클라이언트와 조직기술에 따라 사회복지조직을 여섯 가지로 분류하였다. 즉, 클라이언트를 정상기능(normal functioning)과 비정상기능(malfunctioning)으로 구분하고 사회복지조직에서 클라이언트를 변화시키기 위하여 사용하는 기술을 인간식별기술(people-processing technology), 인간유지기술(people sustaining technology), 인간 변화기술(people-changing technology)로 나누어 이들의 유형을 조합하여 〈표 4-2〉와 같이 여섯 가지 조직으로 분류하였다.

〈표 4-2〉 사회복지조직의 유형

클라이언트 유형	사용 기술 유형		
	인간식별기술	인간유지기술	인간변화기술
정상 기능	유형1 (대학: 신입생 선발) (신용카드회사)	유형3 (사회보장형) (휴양시설)	유형5 (공립학교) (YMCA)
비정상 기능	유형2 (소년법원) (진료소)	유형4 (공공부조사무소) (요양시설)	유형6 (병원) (수용치료센터)

출처: 성규탁 역(1985: 8).

이 분류에서 인간식별기술이란 클라이언트의 개인적 속성을 변화시키지 않고 오히려 다른 사회집단으로부터 바람직한 반응을 야기하는 사회적 명칭부여(labelling)와 공식적인 지위 부여를 함으로써 클라이언트의 변화를 시도하는 것을 말한다. 예를 들면 정신질환자, 암환자, 대학생과 같이 클라이언트를 식별하고 분류하여 변화를 시도하는 것이다. 인간유지기술이란 클라이언트의 개인적인 상태의 악화, 약화, 퇴보를 예방하고 현 상태로 완화시키거나 유지하도록 하는 기술이다. 예를 들면 노인의 요양보호, 생계유지를 위한 금품지급 등이다. 인간변화기술이란 클라이언트의 개인적 속성에 직접 변화를 주려는 기술이다. 예를 들면 교육, 사회심리적 상담, 의학적 치료 등이다.

2) 조직구조의 유형

조직구조란 조직의 각 부분들 사이에 성립되어 있는 관계의 유형을 뜻하는 것으로 조직노동의 분화, 위계, 과업수행과 관련된 규칙, 통제와 조정, 의사결정의 권한 등이 어떻게 배분되고 조정되는지와 관련되어 있다.

조직구조의 내용은 복잡성, 집권화, 공식화로 구분할 수 있는데 복잡성(complex)은 과업이나 위계구조의 분화와 관련되어 있고, 공식화(formalization)는 과업의 표준화와 관련되어 있으며, 집권화(centralization)는 의사결정의 공식적 권한과 관련되어 있다.

조직구조의 선택은 환경의 단순성과 복잡성, 안정성과 불안정성에 따라서, 기술의 명확성과 불명확성에 따라 집권화와 분권화, 공식화와 비공식화로의 조직구조를 나타낸다.

복잡성은 조직화의 분화정도에 따라 수평적 분화, 수직적 분화, 공간적 분화로 구분된다. 수평적 분화는 동일위계수준에서의 과업분화로 전문화된 분업화와 부서화를 말한다. 수직적 분화는 조직 내 위계구조상의 분화로 수평적 분화로 인한 조정과 통제의 차원에서 만들어진다. 공간적 분화는 조직 내 시설 및 인력의 지리적 분산을 말한다.

대표적 조직구조의 형태는 조직구조의 기본유형인 기계적 구조와 유기적 구조, 단순구조, 기계적 관료제 구조, 전문적 관료제 구조, 사업부제 구조, 특별위원회 구조, 행렬조직 등이 있다.

(1) 기계적 구조와 유기적 구조

기계적 구조의 대표적인 모형은 관료제 모형으로 엄격하게 규정된 직무, 공식적인 규칙과 절차 등과 같이 경직적인 조직구조와 조직의 내부적 관리에 초점을 두는 구조이다. 집권적 의사결정, 팀워크보다는 분업과 전문성을 강조한다. 따라서 내적 통제에 따른 예측가능성과 안정성의 긍정적인 면이 있으나 환경에 대한 대응능력이 부족하다.

유기적 구조는 학습조직이 대표적인 모형이 된다. 복합적인 직무설계, 분권적 의사결정, 저층구조의 많은 통솔범위, 높은 팀워크 그리고 비공식적인 인간적 대면관계로 신축성에 따른 환경에 대한 신속 대응성의 긍정적인 면이 있으나 내부 통제력이 부족하고 신뢰성이 우려된다.

(2) 단순구조(simple structure)

낮은 수준의 복잡성과 공식화, 높은 수준의 집권화로 과업의 처리가 단순하고 신속하며 과업이 유연하게 진행된다는 장점과 조직규모가 커질 때 부적절할 수 있고 한 사람에 의존하는 정도가 너무 과도하다는 단점이 있다.

(3) 기계적 관료제 구조(mechanistic bureaucratic structure)

높은 수준의 분화, 높은 수준의 공식화 및 집권화에 있다. 업무의 세분화, 엄격한 규율과 규칙, 집권화된 의사결정체계(명령)에 의해 운영된다.

장점은 과업의 중복이 최소화되고, 유사업무를 묶으므로 쉽고 빠르게 추진하며, 규칙과 규율에 의해 관리되므로 효율적이다. 단점은 조직의 전문화 및 이해관계 정도가 높아 전문화된 부서 간의 갈등발생이 빈번하다. 규칙과 규율에 대한 강조가 지나쳐 조직이 너무 완고하게 운영될 수 있다.

(4) 전문적 관료제 구조(professional bureaucratic structure)

조직 구성원의 전문성을 살리면서 관료제의 장점을 지향하는 형태로 높은 수준의 수평적 분화, 전문가집단의 규칙에 의한 공식화, 높은 분권화 수준의 특징을 지닌다.

장점은 전문화된 과업의 수행을 구성원들에게 맡김으로서 중앙관리자는 다른 일에 집중할 수 있으며 단점은 조직의 목적보다 전문가집단의 목적을 우선시 할 수 있다.

(5) 학습조직이론(learning organization theory)

최근 사회복지실천에서 강점관점(strength perspective)에 바탕을 둔 임파워먼트 모델(empowerment model)이 부각되고 있는데, 이 이론은 사회복지조직과 인력의 능력을 강화시켜 클라이언트 집단에 효과적인 서비스를 제공하는 방안으로 제시된 이론이다.

풍부한 정보를 공유하며, 정보체계의 혁신을 통한 공식자료에 대한 접근 가능성을 제고하고, 구성원 간 광범위한 의사소통을 장려하고 있다. 장점은 환경변화에 대한 대응성이 높으며, 조직의 자기진화적 혁신에 강점을 가지고 있다. 단점은 정부조직에 대한 적용 가능성이 제한적이고, 결정의 신속성이 곤란하며, 내적 통제력이 부족하고 구성원의 능력, 태도, 동기 등이 전제되어야 한다는 점이 있다.

(6) 사업부제 구조(divisional structure)

각 사업부분이 독립적인 기능(의사결정)을 수행하게 하는 형태로서 장점은 사업부별로 책임경영을 요구함으로써 업무성과를 내기 위해 노력한다는 점이다.

대규모조직에서는 사업부 단위로 조직을 편성하고, 각 사업부는 독자적 생산과 마케팅, 관리권한을 행사하는 구조를 가진다. 사업부별로 독립채산제를 실시하고 각 사업부는 모든 과업의 계획과 집행, 성과분석까지 개별조직처럼 운영하는 구조를 가지고 있다.

(7) 동태적 조직

① 프로젝트조직

프로젝트조직은 특별한 과업에 따라 관련부서에서 프로젝트 수행을 위해 인력을 파견하고 수평적 접촉을 통해 프로젝트를 해결한 후 원래 부서로 복귀하는 조직을 말한다. 프로젝트조직에 있어서 프로젝트관리자는 매트릭스조직의 프로젝트 관리자에 비해서 의사결정권한이 더 많이 가지고 있으며 프로젝트 부문 내에서 종업원들의 의사소통이 더 원활하고 공식적인 권한의 폭도 넓은 편이다.

② 매트릭스(Matrix)조직

매트릭스조직은 전통적 기능조직과 프로젝트조직을 결합하여 구성원이 각자 기능부서에 속하는 동시에 프로젝트조직에도 속하도록 구성하고 있다. 두 개 이상의 권한 계통이 중첩되는 이중 권한구조를 가지고 있으며 기능부서상사와 프로젝트 관리자 양쪽에 보고하고 지휘 관리를 받도록 하는 구조이다. 조직구성원의 능력과 재능을 최대한 이용할 수 있고 개별 팀을 프로젝트 간 이동시킬 수 있으며, 소비자의 특별한 요구나 환경변화에 신속한 대응이 가능하나 조직구성원의 시간배분문제와 성과측정의 문제가 있고, 프로그램관리자의 불만이나 역할갈등을 초래할 수 있으며, 긴축을 요하는 불황기에 활용이 어렵다.

③ 팀조직

과거의 전통적인 조직체인 부 · 과 · 계 등의 조직을 업무재편을 통해 통합 · 분할하여 하나의 팀으로 전환하여 팀장을 중심으로 업무를 하도록 만든 조직구조이다. 이와 같이 팀조직은 신속한 의사결정, 자율적 책임체제, 조직 간의 유연성, 성과 중심의 생산성 비교를 가져올 수 있다는 장점이 있다. 그러나 단기적인 안목 중심의 목표가 될 수 있고, 동일한 목표 의식의 공유로 인한 개별적 창의성의 약화가 나타날 수 있으며 팀 간의 갈등을 심화시킬 수 있다.

④ 네트워크조직

환경변화에 보다 신속하고 적절하게 대응할 수 있도록 외부자원의 효과적 활용을 도모하는 조직구조로 보유자원을 핵심사업에 집중하고 핵심 이외의 부문은 아웃소싱(outsourcing)을 주는 조직을 말한다. 이것은 다른 기업과 제휴 등을 통해 강점을 결합한 시너지 효과를 창출하고, 상호 네트워크 구축효과의 극대화와 상호 신뢰를 꾀하는 것이 중요하다.

⑤ 공동관리조직

모든 주요결정에 전 구성원이 참여하는 완전 민주주의 구조이다. 대학의 학과운영, 교육과 훈련의 참여가 이에 해당한다.

(8) 특별위원회 구조(adhocracy)

높은 수준의 전문적 지식과 기술을 가진 전문가들로 구성되는 형태로서 특징은 매우 낮은 수준의 수직적 분화와 공식화, 분권화에 있다.

장점은 전문가집단의 역량을 결집시켜 신속하게 대응하면서 혁신이 가능하다는 것이고, 단점은 상하관계가 분명하지 않음으로 인해 발생하는 모호성과 갈등에 있다.

대표적 예로 임시위원회, 임시 특별팀 등을 들 수 있고 조직 환경이 역동적으로 변화하고 매우 복잡할 때 적절하다.

(9) 행렬조직(matrix organization, 팀제 접근방식)

조직의 한 구성원이 분과와 프로그램에 대한 이중적인 역할과 책임을 갖게 되는 것으로 자신이 속한 분과의 상급자에게 행정적 책임을 지는 동시에 프로그램팀에 배속되어 팀장의 지휘 하에 다른 분과의 전문가들과 함께 업무를 수행하는 형태이다.

대부분의 사회복지서비스 조직은 기본적으로 행렬조직의 구조를 갖추고 있다고 볼 수 있으며, 복수의 P/G을 수행하면서 분과구분에 의해 업무할당이 이루어지는 조직은 행렬 구조적 특성이 나타난다고 한다.

3) 사회복지조직의 유형

사회복지조직은 소비자에게 직접 서비스를 전달함으로써 정상적인 인간활동을 지원하는 것에 중점을 두고 있다. 사회복지조직의 중요성은 복지욕구의 증대, 효율적 성과 제고, 급변하는 환경에 적응하는 것에 있다.

다른 공식적 조직과 구분되는 점은 사회복지조직이 전달하는 서비스의 원재료는 소비자나 클라이언트 그 자체로 다양한 진단과 프로그램을 사용하며, 핵심적 생산과정은 서비스 제공자와 이용자 간의 관계가 비영리를 기초로 한다.

사회복지조직의 특성에는 도덕적 가치, 인간 사이의 상호작용, 기술의 불확실성과 목표의 모호성, 효과성, 효율성의 척도 부재, 전문가가 중요시된다는 것과 환경 의존성에 있다. 이러한 사회복지조직의 유형은 다음과 같이 분류할 수 있다.

(1) 공식조직과 비공식조직

공식조직(formal organization)이란 분업과 권한, 책임의 계층제를 통하여 일정한 목표를 달성하려는 조직으로서 법률, 규칙이나 직제에 의하여 형성된 인위적 조직이며 인간관계를 규제하는 데 중점을 두는 구조가 명확한 조직을 말한다. 가시적으로 조직의 기구도표에 배역된 지위와 관계를 의미한다.

이에 비하여 비공식조직(informal organization)은 가시적이고 일상적이고 계획된 구조 밖에서 존재하는 구조이다. 비공식조직은 구성원 상호 간의 접촉이나 친근성으로 말미암아 자연발생적으로 형성되는 조직으로서 사실상 존재하는 현실적 인간 상호관계나 인간의 욕구를 기반으로 하며 구조가 명확하지 않으나 공식조직에 비하여 신축성을 가진 조직이다(김규정, 2002: 293).

현실의 조직에 있어서 어느 것이 공식조직이며 어느 것이 비공식조직인가는 구별하기 어려운 경우가 많으며 양자는 공존하면서 협동적 관계에 있는 경우도 있고 대립적인 관계에 있는 경우도 있다. 따라서 비공식조직의 활용과 통제는 조직의 운영에 있어서 중요한 기술이 된다. 행정가는 비공식조직이 목표달성에 순기능적으로 작용하도록 긍정적으로 활용할 수 있어야 한다.

Williams는 비공식조직의 가치를 ① 의사소통의 통로, ② 응집력의 유지, ③ 구성원의 자존심 향상으로 요약하였다. 또 Williams는 비공식조직과 공식조직 사이에 불협화음이 발생할 경우의 해결방법으로 ① 소외의 원인 제거, ② 설득, ③ 직위부여, ④ 전보발령 또는 해직의 네 가지를 제시하였다(최성재 · 남기민, 1993: 114).

(2) 수직조직과 수평조직

조직구조의 공식조직과 비공식조직 외에 또 다른 요소로 수직조직과 수평조직이 있다. 수직조직은 계선조직(line)이라고도 하며, 수평조직은 막료조직 또는 참모조직(staff)이라고도 한다.

수직조직은 명령－복종관계를 가진 수직적 · 계층적 구조를 형성하면서 법령을 집행하고 정책을 결정하며 조직의 목표달성에 직접적으로 공헌하는 기관이다. 이는 최고관리자를 정점으로 하는 국장－과장－계장－계원의 순으로 되는 피라미드 형태를 구성한다.

수평조직은 수직조직이 그 기능을 원활하게 수행할 수 있도록 지원, 조성, 촉진함으로써 조직목표의 달성에 간접적으로 공헌하는 기관을 말한다. 이는 주로 자문, 권고, 조언, 조정, 연구, 기획, 통제, 인사, 예산, 법무, 홍보, 조달 등의 기능을 수행한다. 예를 들면, 기획관리실, 총무과, 자료실, 경리과, 홍보실, 비서실, 자문위원회 등과 같은 조직이 이에 해당된다.

수직조직과 수평조직 간에는 실제적으로 그 기능이 엄격하게 구별되지 않고 양 기능은 서로 보완적인 관계에 있으며 상호 의존하고 있다. 수직조직과 수평조직은 공식적인 구조상의 위치보다 갈등을 해소하고 원만한 협조를 통하여 통합이 이루어지는 방향으로 조직이 운영되어야 한다. 상호 간의 갈등으로 인한 불화를 해결하기 위해서는 책임한계를 명확히 하고 상호 간의 인사교류와 접촉의 추진, 교육훈련 등을 통해서 상호 협조와 활용을 도모해야 할 것이다.

(3) 공적 조직과 사적 조직

전통적으로 공적 조직은 관료적 형식주의, 무책임 관료주의, 세금낭비조직이라는 오명을 받아왔다. 공적 조직과 사적 조직은 비효율성 대 효율성, 무능 대 유능, 무책임 대 책임의 기준으로 대비되었으나 이러한 고정관념이 항상 사실인 것은 아니다. 적어도 공적 기관은 모든 클라이언트를 평등하게 대하며 통일된 행정 절차를 적용하고 사적 기관은 공적 기관보다 질적 수준이 낮은 서비스를 제공한다는 보고도 있었다. 하지만 양자의 차이는 분명히 존재한다(원석조, 2010: 132).

예컨대 사적 조직은 공적 조직에 비해 성과에 따른 보상과 효율성을 더 강조한다. 또한 공적 기관이 결과보다는 과정을 중시하며, 기관의 사명보다는 규칙을 중시하는 문화가 있고, 관료적 절차와 형식주의에 매몰되어 클라이언트의 복지에 대한 관심이 덜한 것은 명백한 사실이다.

SOCIAL WELFARE ADMINISTRATION

chapter 05

사회복지조직의 환경과 조직문화

SOCIAL WELFARE ADMINISTRATION

1 사회복지조직의 환경

1) 조직환경의 의의

조직은 환경에 둘러싸여 상호작용하며 환경과의 경계를 가지고 있는 개방체제이다. 조직환경이란 조직의 경계 밖에 존재하면서 조직 전체나 일부분에 영향을 미칠 가능성이 있는 모든 것이다(Daft, 1992).

사회복지조직의 환경은 조직의 경계 밖에 존재하면서 조직 전체나 일부분에 영향을 미치는 모든 것을 말하는 것으로 조직과의 관계에 있어서는 상호의존관계, 경쟁관계, 적대관계, 그리고 종속관계 등의 행태를 갖는다.

사회복지조직은 타 조직의 환경과는 다른 고유의 특성을 아래와 같이 지니고 있다(박차상 외, 2010).

첫째, 사회복지조직은 변화되어야 할 속성을 가지고 있는 클라이언트와 직접 접촉하여 활동하고 있다.

둘째, 사회복지조직은 서비스를 제공받는 클라이언트의 복지를 보호 · 증진하도록 사회로부터 위임을 받고 있다.

셋째, 사회복지조직은 투입되는 원료가 도덕적 가치를 지닌 인간이라는 사실이 대부분 활동에 영향을 미친다.

넷째, 사회복지조직의 목표는 사람을 대상으로 하기 때문에 구체적이지 않고 애매모호하다.

사회복지조직은 그를 둘러싼 지역사회로부터 공공의 이익을 위하여 제반 활동을 하는 것으로 인가를 받은 체제로서 활동에 필요한 인적 · 물적자원을 받아서 클라이언트와 그 환경을 목표에 맞게 예방, 향상, 유지, 지연시키는 조직이다. 이러한 사회복지조직의 특성은 환경과의 관계를 정확히 이해해야 가능한 것이며, 사회복지조직의 유지와 발전을 위해서는 사회 · 환경적 요인을 분석하고 그에 따른 대처전략을 수립하는 것을 기본으로 하고 있다.

조직과 환경은 끊임없이 상호작용을 하며 양자는 서로 영향을 미치기 때문에 조직현상을 온전하게 이해하려면 조직과 환경의 상호 관계를 규명하여야 한다. 현대 조직학의 지배적 접근방법인 개방체제론은 환경관계 규명의 필요성을 강조한다.

2) 환경의 구성

조직환경은 조직을 둘러싼 외부환경과 조직 내의 내부환경으로 나누어 볼 수 있다. 내부환경이란 그 조직만이 가지고 있는 특성이나 분위기를 말하는 것이고, 외부환경이란 조직의 밖에 존재하면서 조직의 설계와 관리에 영향을 주는 환경을 말한다. 이러한 외부환경은 다시 한 사회의 모든 조직에 영향을 미치는 일반환경과 어느 조직에 보다 직접적인 영향을 미치는 과업환경으로 구분할 수 있다.

(1) 일반환경(General Environment)

일반환경은 사회복지조직을 둘러싼 체계로 경제적, 인구사회통계학적, 문화적, 정치적, 법적, 기술적 조건 등으로 구성되어 있다(홍봉수 외, 2012).

① 경제적 조건(Economic Conditions)

경제적 조건은 조직에 영향을 미치는 국가나 지역사회의 경제상태이며, 사회복지조직에 대한 자원공급의 절대량과 서비스 수요에 영향을 미친다. 경제적 조건에는 경기호황 또는 불황, 경제성장률, 실업률 등이 있다. 경제적 조건은 복지서비스의 형태 · 범위 · 정도를 좌우하는데 경지침체나 불황기는 국민기초생활보장법에 의한 공공부조서비스의 증가를 가져오는 경향이 있고 대규모의 실업상태는 보육서비스나 직업알선서비스, 가족상담서비스 등의 수요를 확대시킨다.

② 인구사회통계학적 조건(Demographic Conditions)

인구사회통계학적 조건은 사회복지행정조직에 있어 서비스 수요 변동과 예측에 영향을 미치는 환경 요소로서 인구사회통계학적 조건은 연령, 성별분포, 가족구성, 거주지역, 사회계층 등이 있다. 인구사회통계학적 조건은 클라이언트의 개인적 속성, 서비스기술의 효과성, 환경의 서비스 수용정도 등 클라이언트를 선택하는 것과 서비스 제공에 영향을 미친다.

③ 문화적 조건(Cultural Conditions)

문화적 조건은 특정 시기에 우세한 사회문화적 신조와 사회복지조직의 형태 · 방향에는 밀접한 관련이 있으며 이는 문화적 환경이 조직에 매우 중요하다. 사회복지조직의 특징과 목적은 인간문제의 원인과 욕구, 욕구해소에 있어 지켜야 할 가치관, 욕구해소 수단에 대한 지배적 이념들을 반영하며, 문화적 조건은 사회의 가치와 규범에 대한 것이므로 당연히 사회복지조직의 목표와 방향에 영향을 미치게 된다.

④ 정치적·법적 조건(Political & Logal Conditions)

정치적 조건은 선성장-후분배 또는 성장과 분배 균형의 정부정책기조 등을 들 수 있고 법적 조건은 국가기관에서 만들어낸 법률, 명령, 규칙 등을 들 수 있다. 정치적 · 법적 조건들은 사회복지행정조직이 서비스를 제공하는 데 있어 준수해야 할 많은 조건들을 제시하여 활동을 제한하고 장려하며 재원의 흐름에 통제를 가함으로써 영향을 미치는 환경요소들이다.

⑤ 기술적 조건(Technological Conditions)

기술적 조건은 의료, 정신건강, 교육, 컴퓨터, IT산업, 사회계획 분야 등 사회의 기술적 진보 혹은 변화가 사회복지행정조직에 초래하는 영향을 말한다. 컴퓨터 기술의 발달은 사회복지조직에서의 정보관리체계의 중요성을 불러일으켰고, 신경안정제의 개발은 정신질환자의 탈시설화를 유발하였다. 행동수정기술의 발달은 자폐아동에 대한 보호수용 대신 치료와 회복을 가능하게 하는 개입기술을 제공하였다.

(2) 과업환경(Task Environment)

과업환경은 업무환경이라고도 하며 사회복지행정조직이 변경시킬 수 있는 것으로 자원과 서비스를 교환하고 조직과 특별한 상호작용을 하는 집단들을 의미한다. 일반적으로 사회복지행정조직은 과업환경의 영향을 받으며 과업환경은 일반환경의 영향을 받는다.

① 재정자원의 제공자

정부보조, 기업체 출연, 공동모금, 외국민간단체, 개인후원, 서비스 이용료 등 재정자원을 공급하는 공급자들이 여기에 포함된다. 우리나라의 민간 사회복지조직의 대부분은 국가보조에 의존하고 있으며 이와 같은 재정자원의 제공자는 사회복지행정조직에 가장 큰 영향을 미치는 요인이라 할 수 있다.

② 정당성과 권위의 제공자

조직이나 집단이 소유하고 있는 권위의 일부를 다른 조직에 이양하거나 그 조직의 위신이나 지위를 보고 사회적 지지를 해주는 자를 말한다. 여기에는 정부, 전문직협회, 의회, 운영법인, 시민단체 등을 들 수 있다. 정당성과 권위를 제공하는 자의 중요한 기능 중의 하나는 조직을 감독하고 평가하는 것이다.

③ 클라이언트 제공자

클라이언트를 조직에 의뢰하는 집단과 조직뿐만 아니라 조직으로부터 직접 서비스를 받고자 하는 개인과 가족, 즉 개인, 가족, 의뢰기관, 정부기관 등이다. 이와 같이 사회복지조직은 클라이언트 자신에서부터 다른 조직에 이르기까지 다양한 제공자를 갖고 있다.

④ 보충적 서비스 제공자

보충적 서비스 제공자는 조직의 성공적 업무 수행을 위해 보충적으로 필요한 서비스를 제공해 주는 기타 기관들을 말한다. 사회복지행정조직은 모든 서비스를 다 제공할 수 없기 때문에 기타 조직과의 긴밀한 협조와 연계를 공식적 · 비공식적으로 구축해야 한다. 이때 서비스를 의뢰할 수 있는 다른 조직을 보충적 서비스 제공자라 한다.

⑤ 조직 산출물을 소비·인수하는 자

사회복지조직이 만들어낸 서비스를 받아들이고 소비 · 이용하는 자라 할 수 있다. 가장 중요한 소비자는 클라이언트 등을 자체 목적을 위해 활용할 수 있는 다른 조직들이며 그것이 불가능한 조직이라면 존재 자체를 정당화시킬 수 없다. 여기에는 클라이언트 자신, 가족, 지역사회, 국가 등이 포함된다.

⑥ 경쟁조직

조직의 자원과 클라이언트에 대해 경쟁관계에 있는 다른 조직들을 말한다. 즉, 클라이언트를 조직에 의뢰하는 집단과 조직뿐만 아니라 조직으로부터 직접 서비스를 받고자 하는 개인과 가족을 포함한다.

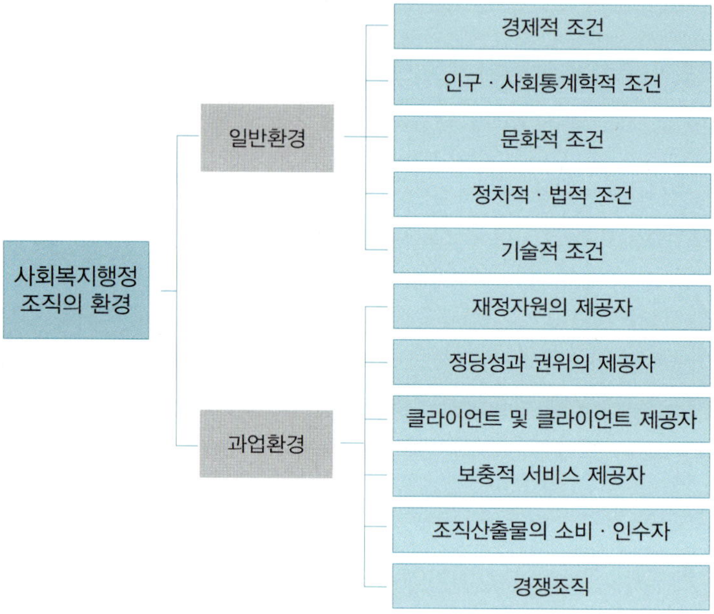

[그림 5-1] 사회복지행정조직의 환경요소

3) 사회복지조직과 환경과의 관계 흐름

앞서 진술한 사회복지조직을 둘러싼 일반환경 · 과업환경의 흐름을 조명해 보면 [그림 5-2]와 같다.

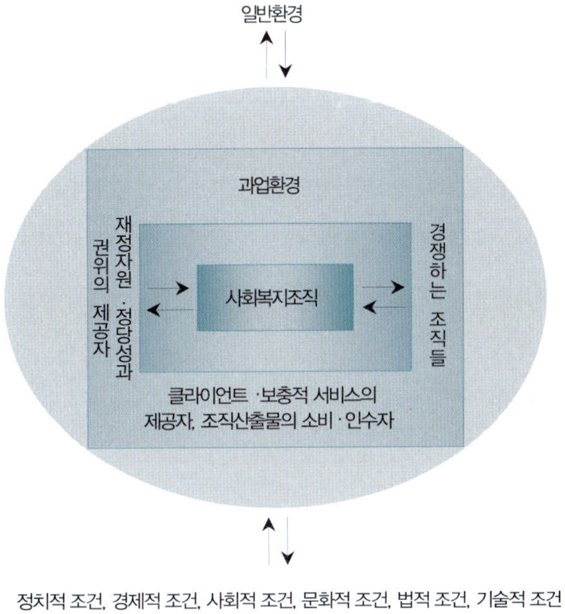

[그림 5-2] 사회복지조직과 환경과의 관계 흐름도

재정자원의 제공자 등 과업환경은 사회복지조직에 직접적으로 영향을 미치면서 사회복지조직으로부터 영향을 받는 상호작용의 흐름을 보인다. 그리고 정치적 환경 등 일반환경의 경우도 과업환경뿐만 아니라 사회복지조직에 영향을 미치면서 이들에게 영향을 받는 행태를 보인다.

4) 사회복지조직의 환경 관련 이론

사회복지조직의 환경 관련 이론은 사회복지조직을 둘러싼 외부 환경에 의해 영향을 받는 것으로 정의되고 있으며, 본 장에서는 체계이론, 상황(개연성)이론, 교환이론, 인구생태이론, 자원의존이론, 제도이론과 신제도이론, 정치경제이론으로 구분하였다(김성옥 외, 2012; 홍봉수 외, 2012).

(1) 체계이론(System theory)

체계(system)는 하나의 생존 가능한 독립된 유기체로서 전체가 각 부분으로 나누어져 유기체적인 상호 연관관계를 맺음으로써 전체의 안정을 유지하는 것으로 정의할 수 있다. 따라서 체계 안에 있는 인간은 항상성과 균형을 유지하기 위해 유기적인 상호작용을 통해 에너지와 힘을 만든다. 체계이론은 다음의 세 가지 주요 내용을 지니고 있다.

① 체계이론은 조직을 둘러싼 환경을 강조한다

폐쇄체계이론에서는 조직을 명확히 규정된 목표를 달성하기 위해 설계된 도구로 간주했던 것에 반해, 개방체계이론은 조직이 환경에 둘러싸여 상호작용을 하기 때문에 조직설계를 할 때 일반환경뿐만 아니라 조직과의 직접적인 상호작용에 의해 규정되는 과업환경까지 고려해야 한다는 것을 의미한다.

② 체계이론은 조직을 상호 연결된 하위체계로 구성됨을 강조한다

조직 내의 인간, 즉 조직 구성원은 집단이나 부서에 속하고 그 집단이나 부서는 다시 조직에 포함되는 상황에서 조직을 하나의 체계라고 규정한다면 인간이나 집단 · 부서는 각각 조직이라는 상위체계에 대한 하위체계가 되는 것이다.

③ 체계이론은 조직 내 여러 종류의 하위체계들을 어떻게 조화시키는가를 강조한다

조직 내의 하위체계는 그 조직이 직면해 있는 환경의 다양성만큼 다양해져야 하고 이렇게 다양해지고 차별화된 조직 내 하위체계는 다시 통합되어야 한다는 조직화 원리의 중요성도 부각된다.

(2) 상황(개연성)이론(Contingency theory)

상황이론은 고전이론과 인간관계이론에서 제시되는 근본적인 전제를 부정하고, 문제를 해결하기 위해서 존재하는 최상의 결정된 방법이라는 것은 없으며, 다만 주어진 상황에 따라 경영적 판단과 행동이 결정되어지는 것이라 말한다. 여기서 상황이란 조직을 둘러싼 내 · 외적인 환경을 의미하며 조직이 잘되기 위해서는 상황에 적합한 조직구조와 형태를 유지하는 것이 바람직하다고 본다. 조직의 양식과 과정은 고정적이지 않고 상황적이며 환경에 전적으로 의존한다는 인식에 기초하고 있다. 따라서 사회복지조직에서 상황이론은 과정보다는 과업 중심에서 대안적인 구조와 설계에서 다양한 선택권을 제공하여 구성원의 능력과 수준에 맞는 적당한 과업을 수행할 수 있도록 해야 함을 강조했다.

(3) 교환이론(Exchance theory)

교환이론은 학습이론에서 출발점을 두고 있으며, 사회심리학이론을 부분적으로 포함하고 있다. 사회복지조직에서 교환이론이 강조하는 내용을 정리하면 다음과 같다.

첫째, 사람의 행동은 그것을 함으로써 얻는 것들에 따라 결정된다는 것으로 사람들은 어떤 행동을 함으로써 얻는 보상의 정도에 따라 미래 자신의 행동을 반복할지를 결정한다고 주장하나 교환이론은 인간에 대한 경제학 모델과 인간들의 상호작용을 포함하고 있기 때문에 학습이론보다는 더욱 정교하고 보다 사회적이다.

둘째, 사람들은 행동으로부터 얻는 이득과 손실에 기초하여 합리적인 계산을 한다고 본다. 따라서 더 큰 보상이 오는 부분에 에너지와 시간을 투자하게 되어 있다.

셋째, 사람들은 서로 보상과 강화를 제공한다. 사람들은 상호작용을 강조하면서 상호 간에 더 많은 보상을 받는 정도에 따라 상호행위를 강조하며 생활한다.

그러므로 만약 보상이 기대되지 않는다면 그들의 관계는 위험해지고 변화가능성이 높아진다.

(4) 인구생태이론(Population Ecology theory)

인구생태이론은 환경이론(Environmentation), 조직군생태이론(Ecology)으로 불리는 이론으로 조직외부의 환경요인들이 환경에 가장 적합한 조직을 선택한다고 보는 이론이다. 따라서 사회복지조직은 능동적이기보다는 수동적일 수밖에 없으며 생태계에서 적자생존의 법칙에 적용된다고 보고 있다. 환경의 주도성과 조직의 수동적인 역할은 현 사회복지조직에 처한 산업화 현상에 적합한 이론으로 강조되고 있다. 즉, 외부환경변화에 조직이 항상 대처 가능하도록 준비하고 있어야 한다.

(5) 자원의존이론(Resourse Dependence theory)

자원의존이론은 환경과 자원은 불확실한 것이며, 조직은 환경에서 자원을 획득하고 불확실성을 제거하는 활동을 강조하여 조직의 능동적이고 자율적인 성격을 주장하였다. 자원의존이론은 조직이 환경의 다양한 요구에 의해 반응하는 방식을 근거로 하여 다음과 같은 내용을 포함하고 있다.

첫째, 조직은 핵심 자원을 통제하는 다른 조직이나 집단의 요구에 적절하게 반응해야 하므로 상호의존적인 조직 간 권력문제가 발생하며 조직 간의 권력이 조직의 행동에 영향을 미치고 있다.

둘째, 경영자들은 조직의 생존을 위해서 그리고 가능하면 환경의 제약으로부터 더 많은 자율성과 재량권을 획득하기 위해 외부적 의존관계를 관리하려고 하는데, 이를 위한 방법으로는 조직변화전략, 자원의존이나 통제를 회피하기 위한 전략을 강조한다.

셋째, 조직의 전략적인 적응을 이론화하는 과정에서 조직 내의 권력관계에 관심을 갖게 되었으며, 조직 내부 요소의 환경에 대한 독립적인 성격을 어느 정도 인정하고 있다.

(6) 제도이론과 신제도이론(Institutional theory & New Institutional theory)

제도이론은 조직구조를 외부환경과 조직 내 구성원들의 상호작용 형태에 대응하여 형성된 적응적 유기체로 이해하며 조직의 합리성보다 조직의 생존을 우선시하는 이론이다.

즉, 조직에 대한 환경의 영향력을 강조하지만 제도적 환경요소에 초점을 맞추고 있으며 제도이론에서의 조직은 사회적 정당성을 확보하기 위해서 제도적 환경에서 기대하는 요소나 특성을 조직의 행동이나 구조에 반영하고 정착시켜야 한다고 주장한다. 따라서 대부분의 조직은 자신의 생존을 위해 조직 내부 및 외부의 조건에 적응하는 과정을 강조하는 기능적인 성격을 지닌다.

신제도이론은 조직과 환경 간의 관련성을 다룬 여러 이론들 가운데 제도적 환경(Institutional Environment)의 중요성을 특히 강조한다는 점에서 기존의 다른 이론들과 구별되는 이론으로 조직은 사회적으로 정당화된 기대를 내규화하는 존재이고, 이러한 조직은 제도적 환경에 동조적 행동을 가지며, 바로 이러한 동조적 행동을 통해 정당성 및 합법성을 취득하고, 취득한 합법성을 기반으로 조직의 생존력을 강화해 나간다는 것이다.

따라서 신제도이론은 환경으로부터 사회정의로 기대되는 규범에 대한 동조의 관점에서 조직행동을 이해하며, 조직의 외적환경과 외적환경에서 요구하는 규범에 대한 준거개념으로 조직을 설명하는 현상학적인 성격을 지닌다.

(7) 정치·경제이론(Political & Economy theory)

정치 · 경제이론은 상황이론처럼 조직과 환경 간의 상호작용에 초점을 두고 있지만, 역동적인 상호작용의 역할관계에 따라 조직의 성패가 좌우된다는 점을 강조한다. 정치 · 경제이론에 있어 조직의 생존과 발전에는 두 가지 기본적인 자원이 필수적으로 필요한데 하나는 합법성과 권력과 같은 정치적 자원이며 다른 하나는 생산에 필요한 자원으로 재원, 클라이언트, 인력 등을 포함하는 경제적 자원을 말한다. 정치 · 경제이론은 서비스 전달체계를 형성하는 데 있어 조직에 직접적으로 영향을 미치는 지역사회 내의 다른 조직과 클라이언트 집단을 포함하는 과업환경의 중요성을 강조한다. 과업환경들은 조직이 필요로 하는 중요한 자원을 통제하고 조직을 통해서 자신들의 목적을 실현시키려 하기 때문에 밀접한 이해관계를 형성하고 있으며 조직은 정치 · 경제적으로 환경에 대해서 필요한 자원을 확보해야 하므로 자원에 의존하고 있다. 따라서 정치 · 경제이론을 '자원의존이론(resource dependency model)'이라고도 한다.

2 조직문화

1) 조직문화의 개념

조직문화(organization culture)란 사회시스템의 집합적인 특성으로 조직 내부에서 이루어지는 일의 방식을 추진하는 사회적 가치와 규범을 의미한다(원석조, 2012). 특히 사회복지조직에서 더욱 강조되는 조직문화란, 조직구성원들이 집단적으로 공유하는 것으로 조직 구성원의 행동과 조직 전체의 행동이 기본전제로서 작용하는 조직체 고유의 가치관, 신념, 규범, 관습, 행동양식 등을 포함하는 복합적인 개념이다.

사회복지조직이 어떠한 조직문화를 만들어 가고 계승해 나가야 하는가는 사회복지서비스의 질을 좌우할 뿐만 아니라 나아가 그 사회 전체의 복지 수준을 가늠할 수 있는 중요한 잣대가 될 수 있기 때문에 매우 중요하다.

한편 조직문화는 구성원들의 행동패턴에 영향을 미친다. 공유된 신념과 언어로 인해 의사소통이 쉽고 경제적일 수 있으며 공유된 가치는 더 높은 협동을 가능케 한다. 그러나 공유된 신념이나 가치관이 조직의 구성원 및 다른 이해관계자들의 욕구와 일치하지 않을 때 문화는 오히려 부채가 될 수 있다.

조직문화와 분위기는 사회복지기관에서 특히 중요하게 작용하는데, 조직 형태별 차이점과 그 내용에 대해 정리하면 다음과 같다(원석조, 2012).

(1) 휴먼서비스조직 대 비휴먼서비스조직

휴먼서비스조직은 인간의 기능과 건강을 개선하는 것을 최대의 목적으로 하고 있다. 따라서 휴먼서비스조직은 인간적인 특징과 직원 간의 상호작용, 정서적인 인간관계를 중시하는 반면 비휴먼서비스조직은 이러한 인간적인 특징이 다소 적다는 특징을 지니고 있다. 또한 업무성과위주의 보상시스템으로 직원 간의 갈등과 경쟁적인 문화가 팽배할 수 있다.

(2) 영리조직 대 비영리조직

영리조직은 조직의 이윤을 최대의 목표로 설정하고 있기 때문에 직원의 채용과 승진에 있어서도 이윤의 추구에 기여할 수 있는 인재를 선호하고 있다. 반면 비영리조직은 이윤을 추구하지 않기 때문에 조직의 가치와 이념에 부합하며 조직에 융화될 수 있는 직원을 선호하고 있다.

(3) 공공조직 대 민간조직

공공조직은 정부의 재원으로 운영되는 기관이기에 통일된 행정 절차를 통해 정해진 규정과 규칙에 의해 운영되는 조직이다. 따라서 지나친 관료적 형식주의, 무책임한 관료주의라는 비판을 받고 있지만 질적인 부분에서 차별성이 없다는 특징을 지니고 있다. 반면 민간조직은 공공조직에 비해 성과에 따른 보상과 효율성을 더욱 강조하며 업무의 결과보다는 과정 중심이며 클라이언트 중심의 서비스를 제공한다는 전문적인 특징을 지니고 있다.

2) 조직문화의 기능

조직문화는 조직 구성원들의 가치체계 속에 내면화되어 구성원들의 행동이 조직의 목표에 부합되도록 통제하는 기능을 수행하는 것으로 Smircich(1983)는 조직문화가 다음과 같은 기능과 역할을 수행한다고 한다.

첫째, 조직문화는 조직 구성원들에게 정체의식(Sense of identity)을 전달해 준다.

둘째, 조직문화는 자기보다 큰 어떤 것에 대한 몰입을 촉진시켜 준다.

셋째, 조직문화는 사회적 체계의 안정성을 증진시켜 준다.

넷째, 조직문화는 행위를 안내하고 형성시키는 감지도구로 작용한다.

이와 같이 조직문화는 구성원들의 행위 기준을 제시함으로써 그들의 행동을 결합시키는 접착제 역할을 하며 구성원들의 행위나 태도에 강력한 영향을 미치는 기능을 한다.

조직의 기능은 순기능과 역기능으로 구분되는데 그 의미는 다음과 같다(박용순 외, 2011).

첫째, '조직문화의 순기능'은 구성원으로 하여금 자기조직이 다른 조직에 비해 어떤 우월성을 지니고 있다는 인식을 갖게 함으로써 조직에 대한 일체감을 높일 수 있다.

둘째, '조직문화의 역기능'은 경직된 조직문화는 고도의 기술발달과 시장환경의 변화에 대처해 나가는 것이 어렵다. 또한 기업가 정신과 자율성을 중시하는 조직문화의 경우는 하위부서 간의 독자성이 강하기 때문에 조직 전체의 통합성을 달성하기가 어렵다.

즉, 조직문화가 의사소통에 영향력을 가져 잘못된 의사소통을 줄이고, 조직구성원 헌신에 영향을 주어 보다 높은 수준의 헌신도를 갖는 구성원을 개발하여, 공유된 이해를 하게 함으로써 의사소통을 원활하게 하고 조직의 공식화를 견고하게 구성한다는 점에서 조직문화는 조직의 큰 자산일 수도 있다. 그러나 조직문화가 조직의 욕구, 구성원의 욕구, 혹은 다른 조직구성요소의 욕구와 같은 수준·방향에서 존재하지 못할 때, 오랜 기간 동안 존재해 온 매우 강한 문화가 존재하고 있을 때, 이 강한 문화는 조직의 변화가 요구되는 시점에서 혹은 조직구성원의 욕구와 상충될 경우 조직문화는 조직의 발전에 매우 부정적인 요소가 될수도 있다.

3) 조직문화의 유형

조직문화의 유형에 대해서 체계적으로 일반화할 수 있는 유형을 제시하는 연구는 존재하지 않는다. 다만 자신의 경험과 제한된 관찰을 통해 핵심기준이 된다고 가정되는 일부 요인들을 중심으로 문화의 유형을 대략적으로 파악해 보려는 탐색적 시도만이 있어 왔다(Xenikou & Furnham, 1996). 그럼에도 불구하고 일부의 학자들은 제한된 차원에서 핵심요인이라 판단되는 요인들만을 고려하여 문화의 유형을 일반화시켜 보려고 노력하고 있다.

(1) Harrison의 조직문화 유형

Harrison(1972)은 조직의 문화특성이 그 조직의 이념적 지향에 따라 다르게 형성된다고 보고, 네 가지의 상이한 이념형으로 구분하였다. 네 가지 유형은 의사결정 방식을 중심으로 조직 내의 공식화 정도와 집권화 정도를 기준으로 하여 관료조직문화, 권력조직문화, 행렬조직문화, 핵화조직문화로 구분을 시도하였다.

첫째, 관료조직문화는 구성원들의 역할은 구체화되어 있고, 업무절차는 과학적인 방법으로 이루어지며 행동은 기계적으로 이루어진다. 둘째, 권력조직문화는 구성원들의 역할은 구체화되어 있지 않은 경향이 있고, 강력한 실력자와 그 주변 핵심인물들에 의해 의사결정이 이루어진다. 셋째, 행렬조직문화는 조직의 과업을 중심으로 구성원의 역할과 업무 수행이 이루어지게 하면서 관련된 전문기능인력들이 한 팀이 되어 다양성과 창조성을 조화시켜 조직목적을 달성하도록 한다. 넷째, 핵화조직문화는 구성원들의 역할과 상호관계가 조직의 공동목표를 중심으로 자발적인 관심과 협조에 기반을 두고 이루어지게 하는 문화이다.

(2) Denison의 조직문화 유형

Denison(1990)은 준거의 초점과 변화추구 정도에 따라 집단문화, 개발문화, 위계문화 및 합리문화 등으로 구분하고 이러한 조직문화유형과 조직효과성이 한계를 지니고 있음을 논한다.

첫째, 집단문화는 조직구성원들이 가족과 같은 결속력을 가지며, 구성원 간의 팀웍이나 협동이 강조됨으로써 신뢰감, 화목, 우호적 관계와 같은 인화단결이 장려되는 문화를 말한다. 따라서 조직의 구성원들은 상호 간에 업적 위주의 경쟁보다는 협조적인 태도를 형성하며 집단응집력, 구성원으로서 소속감 등이 강조된다.

둘째, 개발문화는 구성원들이 외부환경의 변화에 적극적으로 반응할 뿐 아니라, 아이디어나 프로그램을 의욕적이고 모험적으로 개발하려는 창의성을 발휘하는 문화이다. 그러므로 변화에 초점을 두고 성장, 자원획득, 창조성, 외부환경에의 유연한 적응을 강조하는 문화이다.

셋째, 위계문화는 조직구성원 간의 서열의식이 강조되므로 조직의 장에 의해 통솔 · 통제되는 문화를 말한다. 새로운 방법을 모색하기보다는 규정을 철저히 따르면서 실수 없이 수행하는 것이 강조되므로 조직구성원들이 외부환경의 변화에 대해 소극적으로 반응하면서 문제해결과정에도 경직성을 보이는 경향이 있다.

넷째, 합리문화는 안정성과 외부 중심적 적응에 초점을 두는 문화로 최소한의 투입으로 최대한의 산출물이 나올 수 있는 효율성을 중요한 규범으로 의식하여 주어진 여건에서 최대한의 성과를 올리는 것이 우선시되는 문화를 말한다.

합리문화가 가장 강한 조직은 체계적이고 일관된 방식으로 관리되는 특성이 있으므로 조직 내에서 발생하는 문제를 해결과정에서 여러 방법을 시범적 · 모험적으로 적용하기보다는 안정적인 방식으로 문제를 해결하려는 경향이 있다.

(3) 기타 조직문화 유형

Weiner(1988)는 가치관의 초점과 원천을 기준으로 기능적 – 전통적, 기능적 – 카리스마적, 엘리트적 – 전통적, 엘리트적 – 카리스마적 유형으로 구분하고 있으며 Deal과 Kennedy(1982)는 위험 정도와 피드백 속도를 기준으로 강인한 남성문화,

열심히 일하고 열심히 노는 문화, 투기적으로 조직이 운영되는 문화, 과정을 중시하는 문화로 구분한다.

그 외에도 Handy(1978: 25-41)는 조직문화란 정확하게 정의를 내릴 수 있는 것이 아니라 다만 인식할 수 있는 것이기 때문에 어떤 형태이든 그 자체가 좋고 나쁜 것이기보다는 그 환경에 합당한 것인가가 중요한 문제라고 주장하였다. 또한 Harrison의 조직문화 유형을 더욱 구체화하면서 클럽문화(club culture-zeus), 역할문화(role culture-appollo), 과업문화(task culture-athena), 실존문화(existential culture-dionysos)로 구분하고 Kimberly와 Quinn(1984: 295-313)은 인간의 욕구와 지각에 대한 가정에 기초하여 조직문화를 관료문화, 개발문화, 합리적 문화, 집단문화 등 네 가지의 유형으로 분류하고 있다.

4) 조직문화의 평가

사회복지조직에서 조직문화는 서비스 제공자와 대상자 간 상호작용의 정도에 따라 결정되며, 서비스의 질과 양을 결정하게 되는 역할을 한다. 따라서 사회복지조직이 지니는 문화가 어떠한 내용을 포함하여야 하는지는 다음과 같다(박용순 외, 2011).

첫째, 조직문화는 사회복지서비스 체계의 규범과 가치의 역할을 한다.

둘째, 조직문화는 사회복지서비스 제공자의 상황인식에 중요한 역할을 한다.

셋째, 조직문화는 조직구성원의 형태와 인식, 그리고 태도를 통하여 조직의 효과성과 효율성을 연결한다.

5) 조직문화의 개발과 관리

조직문화는 조직 구성원들이 공유하고 있는 기본 전제와 가치관에 대한 거시적인 개념으로서 조직 구성원 개인의 행동은 물론 조직체 전체 행동에 중요한 영향을 미친다. 뿐만 아니라 조직문화는 조직 성원과 밀접한 관계를 맺고 있다는 것이 인식되어 근래에 와서 바람직한 조직문화의 개발이 매우 중요시되고 있다. 조직문화를 성공적으로 개발한 기업들이 갖고 있는 몇 가지 공통적인 요소를 살펴보면 다음과 같다(박재린, 1998: 291-292).

첫째, 우수기업들은 조직 구성원들이 성과지향적인 문화가치를 갖고 있다.

둘째, 우수기업들의 창업주와 경영자 및 최고 경영층 등 기업체 내 중심인물들의 역할이 기업문화의 성공적인 개발에 중요한 요인이었다.

셋째, 우수기업의 조직 구성원들은 모두가 기업체의 문화망을 형성하면서 제각기 기업문화 개발의 역할을 하고 있다.

넷째, 변화담당자들은 개입 역할에도 기업문화 개발의 성패에 중요한 역할을 하고 있다.

따라서 사회복지조직도 우리나라의 전통적 문화와 조직의 상황적 요건을 고려하여 한국적 사회복지 조직문화를 개발함으로써 장기적으로는 복지문화를 구축해 나가야 할 것이다.

조직문화를 개발하기 위해서는 세 가지 차원을 고려해 볼 수 있다.

첫째, 사회복지조직 내에서 구성원들이 새로운 사회복지의 이론과 기술을 학습할 수 있는 환경과 여건을 조성하고 촉진시킨다.

둘째, 의사결정을 신속히 한다.

셋째, 정보의 공유와 함께 팀워크를 촉진한다.

넷째, 통제의 부담을 경감시키고 권능부여에 의한 민주적인 조직분위기를 조성한다.

다섯째, 구성원에 대한 평가기준을 명확히 하고 공정한 보상체계를 수립해 나간다.

이와 같이 조직문화는 조직의 공유도를 높이고 환경변화에 신속하게 적용하여 조직 목표달성을 가능케 하며, 조직의 협동체계를 확립하게 된다. 또한 조직 구성원 간의 신뢰도를 높이면서 귀속의식을 향상하여 조직을 활성화 시킨다. 조직문화에 대한 꾸준한 관리활동은 클라이언트의 행복과 감동을 자아내는 건강하고 강한 조직문화를 정착시킬 수 있다. 또한, 사회복지사들의 조직몰입과 책임성을 증진시키고 나아가 지역사회의 인적 · 물적 자원과 함께 상호 의존적으로 네트워킹을 형성해 나갈 수 있는 사회복지 조직문화를 정착시키기 위해서는 조직문화에 대한 관리활동이 필요하다.

6) 사회복지 조직문화에 대한 함의

사회복지조직의 문화를 어떻게 만들어 갈 것인가는 앞으로 우리나라 복지문화를 형성하는 데 중요한 관건이 될 것이다. 예를 들어 사회복지조직이 수요자 중심의 문화로 나아갈 것인가? 반대로 공급자 중심의 문화로 나아갈 것인가? 또는 사회복지조직이 서비스를 중시하는 조직문화를 구축할 것인가? 클라이언트의 관리나 통제를 중시하는 조직문화를 구축할 것인가? 아니면 서비스를 단순히 제공하는 급여행정을 취할 것인가? 서비스의 제공을 뛰어넘어 서비스의 질과 책임성을 중시할 것인가? 당연히 오늘날의 사회는 수요자 중심의 문화를, 서비스의 질을 중시하는 조직문화를 구축해 나가도록 하는 것이 바람직하다. 중요한 것은 '이러한 사회복지조직의 문화를 어떻게 만들어 갈 것인가?'하는 방법상의 문제일 것이다.

일례로서, 최근 의료사회복지사를 대상으로 조직문화가 조직 유효성에 미치는 영향을 살펴본 결과 사회복지사의 조직문화 인식 수준에 따라 자신의 직무만족, 조직몰입, 서비스의 질에 차이가 있는 것으로 나타났다.

즉, 인간 중심적이며 외부변화에 적극적이고 도전적인 태도를 보이는 조직문화가 조직의 유효성을 설명하는 가장 영향력 있는 변수로 나타났다(강홍구, 2001: 28-29).

SOCIAL WELFARE ADMINISTRATION

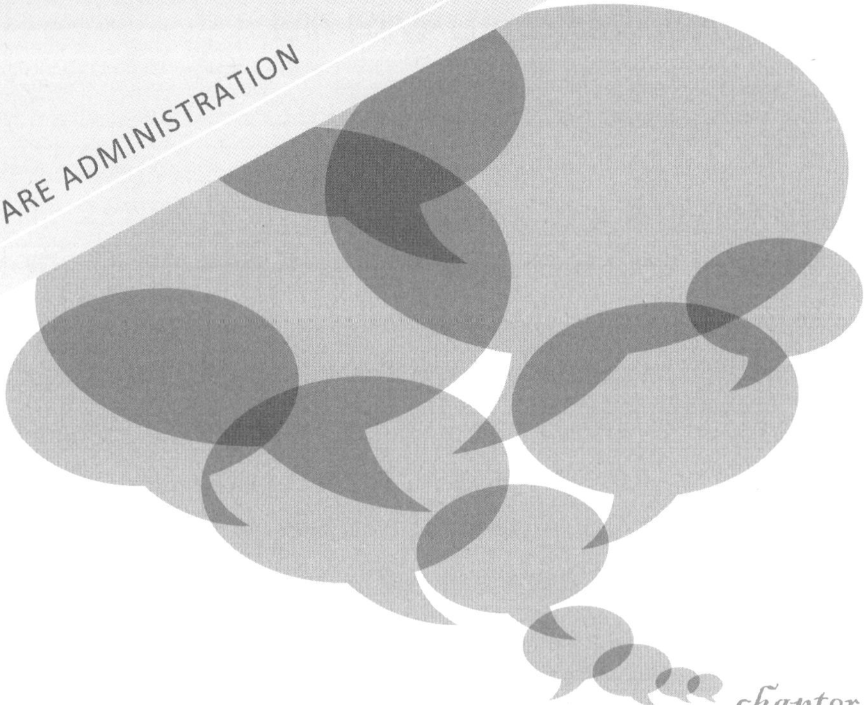

chapter 06

사회복지서비스 전달체계

1. 사회복지서비스 전달체계의 개념
2. 사회복지서비스 전달체계의 원칙
3. 사회복지서비스 전달체계의 실태

SOCIAL WELFARE ADMINISTRATION

1 사회복지서비스 전달체계의 개념

1) 사회복지서비스 전달체계의 정의

사회복지행정에 있어 전달체계란 급여 또는 서비스를 효율적으로 클라이언트에게 전달하기 위하여 어떠한 조직을 통해서 실천할 것인가의 전략을 선택하는 것이다. 따라서 사회복지서비스의 전달체계(delivery system)란 사회복지서비스의 공급자와 클라이언트 간을 연결시키기 위한 조직적 장치(organizational arrangements)라고 할 수 있다(Gilbert & Specht, 1986: 119). 즉, 사회복지서비스를 공급하는 자들 간의 조직적인 연계 및 공급자와 소비자 간의 조직적 연결이다.

2) 사회복지서비스 전달체계의 분석 차원

사회복지서비스 전달체계의 분석 차원은 다양한 관점에서 여러 가지가 있을 수 있는데 여기서는 구조 · 기능적 차원, 운영주체적 차원, 서비스별 네트워크 차원으로 구별한다.

(1) 구조·기능적 분석 차원

사회복지서비스의 전달체계는 구조 · 기능상으로 보면 행정체계와 집행체계로 구분할 수 있다(성규탁, 1993: 407). 전자의 경우는 서비스를 기획, 지시, 지원, 관리하는 기능을 수행하며, 후자는 클라이언트들과 직접 대면관계를 통해 서비스를 전달하는 기능을 수행한다. 예를 들면, 공적 사회복지서비스인 국민기초생활보장 서비스의 전달체계는 보건복지부 – 시 · 도 – 시 · 군 · 구 – 읍 · 면 · 동 – 국민기초생활수급자로 연계된 조직의 체계로 구성되어 있다. 여기서 보건복지부에서 시 · 군 · 구에 이르기까지는 행정체계라 할 수 있고, 읍 · 면 · 동과 국민기초생활수급자 간의 체계는 집행체계라 할 수 있다. 이 두 가지 하위체계는 물론 상호 연계되고 상호 보완적인 하나의 총체적 전달체계를 이루고 있다.

행정체계는 법규와 규정에 의해서 움직이는 관료제로서 합리적인 운영을 하는 경향이 있으며, 이와 대조적으로 집행체계는 '사람'에게 서비스를 전달하는 특성 때문에 규정이나 법규에 의해서 해결될 수 없는 복합적인 인간문제를 다루며, 가치지향적이고, 자율적으로 전문가들의 합의를 바탕으로 고도의 신축성 있는 운영을 필요로 한다.

(2) 운영주체적 분석 차원

사회복지서비스 전달체계는 운영주체에 따라 공적 전달체계와 사적(민간) 전달체계로 구분될 수 있다. 전자는 정부(중앙 및 지방)나 공공기관이 직접 관리 · 운영하는 것을 말하고, 후자는 민간(또는 민간단체)이 직접 관리 · 운영하는 것을 말한다.

공공 서비스 전달체계는 사회보험과 공공부조와 관련된 서비스 업무를 수행하고 있으며 대부분의 대인적 사회복지서비스들을 민간 서비스 전달체계에 위탁하거나 의존하고 있다. 이것을 구조기능적 분석 차원과 관련시켜 보면, 공공 서비스 전달체계는 행정체계의 성격을 띠고 민간 서비스 전달체계는 집행체계로 분화되는 성향을 나타낸다(김영종, 2001: 374).

(3) 서비스별 네트워크 분석차원

사회복지서비스 전달체계는 서비스의 종류와 성격에 의해 구분될 수도 있다(김영종, 2001: 377-380). 앞에서 논의된 구조 · 기능적 분석 차원과 운영주체별 분석 차원은 서비스 제공자들을 중심으로 한 분류이다. 서비스 제공자 중심의 논의들은 서비스 수급자들의 관점을 직접적으로 반영하지 못하기 때문에 명백한 한계를 지닌다. 그러한 접근들은 서비스 수급자들의 관점이 반영되지 않은 상태에서 서비스 전달자들의 효율성만을 강조하게 되는 위험성이 있다.

서비스 전달체계를 서비스 네트워크(network)별로 구분하려는 분석 차원은 서비스 수급자들의 관점을 보다 직접적으로 명백히 지역사회적인 관점에서 반영할 수 있다. 서비스 네트워크별 구분은 지역사회 내에서 이루어지는 제반 서비스의 수요자와 공급자들 간 네트워크를 가상하는 것이다. 예를 들면, 한 지역사회의 서비스 네트워크를 다음과 같이 구성해 볼 수 있다.

① 아동복지서비스 네트워크: 사회복지공무원, 시, 구, 보육시설, 육아시설, 학교 급식 프로그램, 가출 청소년일시보호, 청소년쉼터, 국민기초생활보장, 아동 상담소, 소년소녀 가장 세대 지원프로그램, 종합사회복지관, 비행청소년 예방 프로그램, 청소년 캠프, 소년원, 그룹홈, 가정위탁 보호 프로그램 등

② 노인복지서비스 네트워크: 사회복지공무원, 시, 구, 주간보호소, 양로원, 요양원, 노인연금 프로그램, 재가복지서비스센터, 종합사회복지관, 국민기초생활보장 프로그램, 치매치료센터, 경로당, 무료급식 프로그램 등

③ 정신보건서비스 네트워크: 사회복지공무원, 시, 구, 정신질환자 가족협회, 정신병원, 종합병원, 요양시설, 낮병원, 그룹홈, 치매치료센터, 장애인봉합복지관, 종합사회복지관, 장애인고용촉진공단 등

④ 국민기초생활보장서비스 네트워크: 사회복지공무원, 시, 구, 각종 보장심의위원회, 직업재활시설, 보육원, 양로원, 각종 생활시설 등과 같은 보장기관, 종합사회복지관, 노동사무소, 직업훈련기관 등

⑤ 기타 네트워크: 장애인복지서비스, 교정서비스, 자활서비스 등

법이나 제도 혹은 인식을 통해 쉽게 구분할 수 있는 행정 · 집행체계, 공공 · 민간체계와는 달리 서비스 네트워크를 중심으로 전달체계를 분석하기는 그리 쉽지 않다. 또한 네트워크에 소속된 조직 간에 연결이 실질적으로 느슨하다는 점도 분석을 더욱 어렵게 한다. 그럼에도 불구하고 사회복지서비스는 수급자로서의 클라이언트, 즉 서비스별로 이루어진 네트워크 전달체계를 통해서만 그러한 욕구들이 적절히 충족되고 있는지를 직접적으로 확인할 수 있기 때문에 지역사회의 서비스 조직들을 서비스별 네트워크 체계들로 구체화시켜야 한다.

2 사회복지서비스 전달체계의 원칙

사회복지서비스 전달체계의 구축에 고려되어야 할 여러 원칙에 대하여 학자들이 〈표 6-1〉과 같이 다양하게 제시하고 있으나 중요하다고 생각되는 몇 가지를 살펴보면 다음과 같다.

1) 전문성의 원칙

사회복지서비스의 핵심적인 업무는 반드시 전문가가 담당해야 한다. 전문가는 자격요건이 자격시험 등에 의하여 객관적으로 인정된 사람이며, 자신의 전문적 업무에 대한 권위와 자율적 책임성을 지는 사람을 말한다.

업무의 성격상 전문성을 덜 요하는 것은 준전문가(para-professional)가 담당하고 비숙련업무 및 일반행정업무는 비전문가(non-professional) 또는 경우에 따라서는 자원봉사자가 담당하도록 되어 있다. 사회복지서비스의 효과성과 효율성을 위해서 이러한 원칙은 반드시 지켜져야 한다.

2) 통합성의 원칙

클라이언트의 문제는 많은 경우 복합적이고 상호 연관되어 있기 때문에 이러한 문제의 해결을 위한 서비스들도 서로 연결성 있게 연관되어야 한다. 한 클라이언트를 위한 서비스들이 연결성 없이 파편화될 경우 클라이언트를 조각으로 분리하는 것과 같다.

서비스가 통합적으로 제공되기 위해서는 한 행정책임자에 의해 서비스들이 제공되고 서비스 제공 장소들이 지리적으로 상호 근접되고 서비스 프로그램 간 또는 조직 간에 상호 유기적인 연계와 협조체제가 갖추어져 있어야 한다.

3) 포괄성의 원칙

인간의 욕구와 문제는 다양할 뿐만 아니라 한 가지 문제는 다른 여러 가지의 문제와도 연관되어 있는 것이 일반적이기 때문에 다양한 욕구와 문제를 동시에 또는 순서적으로 해결하기 위하여 다양한 서비스를 필요로 한다.

서비스의 포괄성을 달성하기 위해서는 한 사람의 전문가가 여러 문제를 다루거나(일반화 접근방법, generalistic approach) 아니면 각각 다른 전문가가 한 사람의 각각의 문제를 다룰 수도 있고(전문화 접근방법, specialistic approach) 또는 여러 전문가들이 한 팀이 되어 문제를 해결할 수도 있다(집단 접근방법, team approach). 일반화 접근방법은 전문성이 약해질 우려가 있고, 전문화 접근방법은 통합조정이 어려워질 우려가 있으며, 집단 접근방법은 전문가들 간의 갈등이 있을 수 있는 등의 단점이 있다. 복합적이고 다양한 문제를 가진 개인의 문제를 해결하는 데 있어서 한 전문가가 책임을 지고 계속적으로 필요한 서비스와 전문가를 찾아 연결시켜 주고 적절한 서비스를 받을 수 있도록 하는 사례관리방법(case management)도 있다.

4) 적절성의 원칙

사회복지서비스는 그 양과 질, 제공하는 기간이 클라이언트의 욕구 충족과 서비스의 목표달성에 충분히 부합해야 한다. 이러한 적절성의 원칙은 재정형편상 제대로 지키기 어려운 경우가 많고 그 적절성의 수준에 대해서도 논란이 있을 수 있다. 따라서 주어진 조건하에서 어느 정도가 적절한가에 관한 합의가 이루어져야 한다.

5) 연속성의 원칙

사회복지서비스 소비자에게 필요한 서비스가 일정기간 동안 지속적으로 제공되는 것을 말하며 전달체계 내의 모든 기관과 프로그램들이 서로 간에 얼마나 밀접하게 근접해 있는지를 나타내는 것이다. 한 개인이 필요로 하는 다른 종류의 서비스와 질적으로 다른 서비스를 지역사회 내에서 계속적으로 받을 수 있도록 그러한 서비스들이 상호 연계되어야 한다. 예를 들면, 직업훈련 프로그램이 취업알선 프로그램 간에 연계되어 있지 않으면 서비스 전달체계의 비연속성이 발생하는 것이다. 연속성의 원칙이 잘 적용되기 위해서는 같은 조직 내의 서비스 프로그램 간의 상호 협력이 잘 이루어져야 할 뿐만 아니라 지역사회 내의 사회복지서비스 조직 간에도 유기적인 연계가 잘 이루어져야 한다.

6) 평등성의 원칙

사회복지서비스는 기본적으로 성별, 연령, 소득, 지역, 종교, 지위 등에 관계없이 모든 국민에게 무차별적으로 제공되어야 한다. 현대사회는 사회적 변화에 의하여 개인의 경제적 형편에 관계없이 모든 사람 또는 가족에게 많은 사회문제가 발생하고 있는데 국가는 사회복지서비스를 이런 모든 사람들에게 평등하게 제공하여야 한다.

7) 책임성의 원칙

사회복지조직은 국가(사회)가 시민의 권리로 인정한 사회복지서비스를 전달하도록 위임받은 조직이므로 사회복지서비스의 전달에 책임을 져야 한다. 서비스가 클라이언트의 욕구에 적절히 대응하는지, 전달절차가 적합한지, 서비스가 효과적이고 효율인지 등을 클라이언트나 서비스 공급자에 대하여 책임을 져야 한다. 특히 전달체계 내의 민간 사회복지조직들이 갖는 책임의 대상은 국가나 지방자치단체, 그리고 서비스 소비자들이다. 정부의 서비스 품질에 관한 규정을 준수하고 소비자의 불만을 수렴하여 서비스 개선이 이루어지고 있는가의 여부가 중요한 책임성의 내용이 된다.

8) 접근성의 원칙

사회복지서비스를 필요로 하는 사람들이 서비스를 활용하는 데 아무런 장애가 없어야 한다. 클라이언트가 서비스에 접근하는 데 주요한 장애요인으로는 서비스에 대한 정보의 결여나 부족, 거리 또는 교통의 불편 등으로 인한 지리적 장애, 자신의 문제 노출에 대한 두려움, 수치감 등 심리적 장애, 수급요건의 까다로움 등의 선정 절차상의 장애, 금품이나 상담자 부족 등의 자원 부족 등이 있다(Gate, 1980: 148-160).

〈표 6-1〉 여러 학자들이 제시한 사회복지서비스 전달체계의 원칙

Gate (1980)	Gilbert & Specht(1986)	서상목 · 최일섭 · 김상균(1988)		성규탁 (1992)	최성재 · 남기민(1995)	박경일 (1997)	
포괄성 접근용이성 계속성 비단편성 (통합성) 책임성	통합성 계획성 접근용이성 책임성	행정적인 측면	기능분담의 체계성 전문성에 따른 업무분담 책임성 접근 용이성 통합조정 지역사회참여 조사 및 연구	접근가능성 지속성 적합성 포괄성 통합성 공평성 적절성 조사연구	전문성 적절성 포괄성 지속성 통합성 평등성 책임성 접근용이성	조직구조적 측면	권리성 전문성 통합성 접근 용이성 기능부담의 체계성 지역사회 참여 문화적 특수성
		서비스 제공의 측면	평등성 재활 및 자활 목표 적절성 포괄성 지속성 가족 중심			관리운영적 측면	평등성 포괄성 책임성 재활 및 자활목표 계획성 적절성 지속성 가족 중심의 서비스제공

출처: 신복기 외(2013: 151).

3 사회복지서비스 전달체계의 실태

사회복지서비스는 공식적으로 조직된 활동으로 전달주체 또는 운영주체에 따라 정부의 공적 전달체계와 사적(민간) 전달체계로 분류된다.

1) 공적 사회복지서비스 전달체계

(1) 공적 사회복지서비스 전달체계의 구조

현대사회에서 사회복지는 공식적으로 조직된 활동으로 법률에 의하여 제도화된 것으로 조직체계를 통하여 전달된다. 우리나라의 공적 사회복지행정은 중앙정부의 거의 모든 부처와 관련되어 있다고 해도 과언이 아니다. 여기서는 사회복지 업무와 직접적으로 관련되어 있는 보건복지부를 중심으로 살펴보고자 한다. 보건복지부의 변천을 보면 1948년 정부 수립과 동시에 사회부가 발족되었으며, 그 이듬해에 사회부의 기능 중 보건에 관한 업무를 분리하여 보건부가 신설되었다.

그러나 1955년 정부의 조직 통 · 폐합 작업에 따라 보건부와 사회부가 보건사회부로 개편되었고, 1994년에는 보건사회부를 보건복지부로 개칭하여 그동안 30여 회의 직제 개정을 거쳐 오늘에 이르고 있다.

한편 정부는 1990년 보건복지부 내에 사회복지정책실을 신설하여 종전의 사회국과 가정복지국을 각각 사회복지심의관과 가정복지심의관으로 개편하였으며, 1997년 사회복지정책실 내에 장애인복지심의관을 추가 · 신설하였다. 2003년 현재 사회복지정책실에는 복지정책과, 생활보장과, 의료급여과, 자활지원과, 복지지원과, 노인복지정책과, 노인보건과, 노인 · 아동복지과, 보육과, 장애인정책과, 재활과가 설치되어 있다.

지방자치단체의 공적 사회복지 전달체계를 담당하는 조직은 IMF 이후 구조조정에 따라 복지와 환경, 보건, 여성 관련 부서들을 통합하여 자치단체별로 그 명칭을 달리하여 운영하고 있으며 행정자치부의 지방조직인 시(특별시, 광역시) · 도 단위에 사회복지국 등을 설치하고 있다.

그리고 행정자치부의 지방 하위조직인 시·군·구 단위에는 사회복지과 혹은 가정복지과 산하에 사회복지계, 가정복지계, 부녀복지계, 청소년복지계나 소속 사회복지전담공무원으로 이어진다.

사회복지행정 부서의 업무를 보조하며, 중요 사항을 자문하거나 심의하기 위하여 전달체계의 각 단계(중앙, 시·도·군·구)마다 위원회를 두고 있다. 중앙정부의 국무총리실 산하에 사회보장심의위원회, 노인복지대책위원회와 보건복지부 산하에 국민기초생활보장위원회, 아동복지위원회, 장애인복지위원회, 모자복지위원회 등이 있다. 지방자치단체(시·도, 시·군·구)에는 보건복지부 산하의 위원회와 유사하며, 읍·면·동에는 자원봉사직의 정부 위촉위원으로 복지위원과 아동위원이 있다.

한편, 정부에서는 1995년 7월부터 전국 5개 지역을 대상으로 2000년 7월까지 '보건복지사무소'를 설치하고 시범사업을 실시하여 복지사무 집중화를 통한 업무효율 향상과 조직통합으로 인한 방문보건 서비스 제공 및 활성화를 위한 긍정적 효과의 파급이라는 성과에도 불구하고 여러 가지의 문제점 도출과 정치적 이해관계로 말미암아 전국적으로 확대하지 못하고 있는 실정이다(신복기 외, 2002: 166).

보건복지사무소 시범사업을 폐지하고 난 후 보건복지부는 지역사회의 공공·민간분야의 복지네트워크를 강화하기 위해 2001. 10~2002. 11까지 지역사회복지협의체 시범 사업을 통해 복지자원의 확충, 효율화, 서비스 간 연계를 도모하고 서비스 대상자의 욕구 충족 및 문제해결을 위한 지역의 역량 강화를 위해 구성·운영되고 있다. 이후 공공복지 전달체계의 문제점에 대한 지적으로 2003년 출범한 참여정부는 사회복지사무소 시범사업을 추진하였다. 사회복지사무소 시범사업은 복지 기능별 전담팀과 대상자별 전담팀을 설치하고 인력 및 업무를 집중 배치함으로써 복지업무의 집중과 전문화가 가능하도록 하였으며 공공기관 간, 공공과 민간기관 간의 협력을 통해 지역복지의 총량이 제고되도록 하여 긍정적으로 수요자의 편의와 복지서비스의 질을 제고하는 것을 목적으로 하였다. 2005년에는 도움이 필요할 때 언제든지 도움을 요청할 수 있는 체계를 만든다는 사회복지전달체계 개선대책 중의 하나로 보건복지콜센타(희망의 전화 129번)가 개통되었으며 이는 보건복지 관련한 상담 및 안내 서비스를 한 곳에서 받아볼 수 있는 보건복지부의 통합형 원스톱서비스 대표번호라고 볼 수 있다.

지방행정의 틀을 복지 중심으로 전환하고, 민 · 관 협력의 거버넌스(governance) 체제를 갖추어 참여복지를 실현하기 위한 것으로 2006년 7월 새롭게 개편 · 설치된 것이 주민생활지원국이라는 행정자치부의 조직이다. 이는 시 · 군 · 구에 복지, 보건, 보육, 고용, 주거, 교육, 문화, 생활체육을 포함하는 8대 영역을 전담하는 주민생활지원국을 설치하여 통합적 서비스를 제공하도록 하고, 읍 · 면 · 동 사무소를 "주민복지센터"로 명칭을 전환하여 복지서비스 기능을 강화하였다.

이후 2010년 1월 각종 사회복지급여 및 서비스지원 대상의 자격 및 이력정보를 통합관리하고 지자체의 복지업무 처리를 지원하기 위한 정보시스템으로 사회복지통합관리망을 새롭게 개통하였으며, 지역별 통합사례관리체계를 강화하기 위해 마련된 개편안으로 2012년 4월부터 시행된 희망복지지원단은 국민들 개인별 또는 가구별로 다양한 복지욕구에 맞게 맞춤형 복지실현을 위한 복지전달 체계를 마련하여 지역 내 방문형서비스(방문간호, 노인돌봄, 드림스타트, 장애인 사례관리 등)와 개별사례 관리사업의 연계방안을 마련하여 사업 간 시너지 효과를 제고하고자 하고 있다.

(2) 공적 사회복지서비스 전달체계의 문제점

공공부조와 복지서비스 업무의 정책결정은 보건복지부에서 그것의 집행을 행정자치부 소관인 지방자치단체에서 담당함으로써 이원화된 형태로 전달체계 조직구조상의 문제와 서비스 제공의 책임성, 전문성, 효율성 등 미흡의 문제가 제기되어 왔다. 공적 전달체계의 문제점을 정리해 보면 다음과 같다(신복기 외, 2002: 169-170).

첫째, 일선 행정체계의 획일성으로 사회복지담당자가 전문성을 발휘하여 자율적으로 업무를 수행하기 어렵다.

둘째, 상의하달식의 수직적 체계로서 지역 특성과 욕구를 반영한 복지서비스를 제공할 여건이 미흡한 실정이다.

셋째, 복지업무가 읍 · 면 · 동과 시 · 군 · 구의 별개의 행정단위체계로 수행되며 대상 분야별 별도관리가 이루어져, 대상자에 대한 중복지원 또는 누락의 가능성으로 인한 급여의 효율성 및 제도 간 연계성이 부족하다.

넷째, 취약계층의 자립 · 자활, 재활을 가능하게 하려면 상담 등의 전문적 대인서비스가 필요하고 사후보호가 반드시 이루어져야 하나, 현재 배치된 사회복지전담공무원들은 업무과중과 주변 여건의 미비로 이를 실행하기 어려운 형편이다.

다섯째, 일반행정 공무원인 상급자가 사회복지 분야에 대한 이해가 부족하여 전문적 지도 · 감독을 하기 어렵고, 동료 전문직 간의 사례연구회의 등을 통한 업무의 질적 향상을 기대하기 곤란하다.

여섯째, 복지욕구를 심각한 사회문제로 인식하지 못하고 이에 대한 국가의 투자가 부족한 점과 전통적 가족주의로 인한 복지서비스의 개입을 용이하게 하지 않았다는 점은 복지서비스 제도 및 전달체계의 발달을 지연시켰다.

일곱째, 사회복지 관련 위원회의 활동 부진이다. 위원회가 거의 형식적으로 운영되거나 심지어 구성되지 않은 경우도 있어 유명무실하다 해도 과언이 아니다.

여덟째, 전달체계에서 인력상의 가장 큰 문제점의 하나가 전문인력의 부족이다. 전문인력의 부족은 특히 사회복지서비스의 질을 저하시키고 결국은 서비스의 효과성을 약화시키는 결과를 초래할 것이다.

(3) 공적 사회복지서비스 전달체계의 개선

공적 사회복지 전달체계의 문제점을 개선하기 위한 방안을 다음과 같이 제시할 수 있다(김형식 외, 2001: 84).

첫째, 전달체계 계층의 단순화이다. 전달체계의 과다한 계층적 접근 방법에 의한 보고, 지시, 감독, 통보 등을 완화하여 계층의 수를 줄이는 방법이다.

둘째, 사회복지서비스 업무를 하급기관으로 이양한다. 상급기관에서 업무를 기획, 조정, 통합하고 고도의 전문성과 기술성을 요하거나 꼭 필요한 것 외에는 가능하면 많은 업무를 하급기관으로 이전토록 한다. 중앙정부에 의한 획일적이고 수직적인 행정체계보다 지역의 특성에 맞게 운영할 수 있도록 사회복지서비스 업무는 지방정부에 위임하는 것이 바람직하다.

셋째, 사회복지전달체계를 수직적이고 지시적 · 감독적 · 후견적 관계에서 상호보완 · 수평적 · 협동의 관계로 전환한다. 사회복지행정체계의 필요성은 지역주민들의 사회복지욕구를 효율적이고 효과적으로 충족시키는 데 있다.

넷째, 정부담당 업무 중 민간부문에서 담당해야 할 업무는 민간조직의 활성화를 위하여 이양한다. 즉, 민간 사회복지시설이나 기관의 활성화 방안을 적극적으로 추진해야 한다.

다섯째, 사회복지서비스의 효과성과 효율성을 위해 사회복지 관련 위원회를 그 조직과 운영 면에서 활성화시켜야 한다.

여섯째, 전문인력을 충원하여 클라이언트에 대해 서비스 제공이 효율적으로 될 수 있도록 사회복지전담공무원을 전달체계 내에 확대 배치하여야 한다.

일곱째, 위와 같은 개선점 등을 종합적으로 실현하기 위해서는 사회복지서비스를 통합적으로 제공할 수 있는 사회복지사무소와 같은 전담기구의 설치가 조속히 이루어져야 한다.

2) 사적 사회복지서비스 전달체계

(1) 사적 사회복지서비스 전달체계의 필요성

사적 사회복지 전달체계는 공적 사회복지 전달체계를 보완하는 역할을 하며 다음과 같은 그 필요성을 들 수 있다(최성재 · 남기민, 1993: 95-96).

① 정부 제공 서비스 비해당자에 대한 서비스 제공

정부에서 제공하는 서비스는 많은 경우 클라이언트의 자격기준을 심사하여 선별적으로 제공하기 때문에 클라이언트가 제한될 수밖에 없다. 따라서 수혜자격이 있음에도 수적인 제한으로 서비스를 받지 못하거나 자산 정도와 연령의 미달이나 초과 등으로 필요로 하는 서비스를 받을 수 없는 사람들에게 서비스를 제공하기 위하여 필요하다.

② 정부가 제공할 수 없는 서비스 제공

사적 전달체계는 정부에서 제공하는 기본적이고 보편적인 서비스보다는 개인의 여러 문제나 욕구를 충족시켜 줄 수 있는 다양하고 질 높은 서비스를 제공하기 위해서 필요하다.

③ 동일 종류의 서비스에 대한 선택의 기회 제공

정부에서 제공하는 것과 같은 종류의 서비스를 사적 기관에서 제공함으로써 클라이언트로 하여금 그들의 기호나 지역적 · 시간적 여건에 따라 선택할 수 있는 기회를 제공할 뿐만 아니라 공적 기관과 사적 기관 간의 경쟁을 유발하여 서비스의 질도 높일 수 있다.

④ 사회복지서비스의 선도적 개발 및 보급

사적 기관은 공적 기관보다 환경의 변화와 클라이언트의 새로운 욕구에 민감하게 대응하여 새로운 프로그램을 개발하고 평가하여 보급하는 일을 하기에 유리하다. 즉, 정부가 새로운 사회복지서비스 도입을 위한 정보제공과 선도 역할을 하기 위해서도 사적 기관의 서비스가 필요하다.

⑤ 민간의 사회복지 참여욕구 수렴

많은 사람들이 사회복지활동에 자원봉사자로, 재정적 후원자로 또는 운영자로 참여하기를 원하게 되는데 이러한 참여욕구를 사적 기관에서 적절히 수렴하거나 사적 기관의 설립을 통해 충족시킬 수 있다.

⑥ 정부의 사회복지활동에 대한 압력단체 역할

민간 조직은 비슷한 서비스를 제공하면서 정부기관의 활동과 서비스를 감시할 수도 있고 정부가 수행해야 할 서비스를 찾아내거나 확인할 수도 있기 때문에 정부가 서비스를 개선하거나 새로운 서비스를 도입하도록 압력을 가할 수 있다. 많은 경우 사적 기관의 연합체 또는 협의체를 형성하여 정부에 대하여 요청을 할 수도 있다.

⑦ 국가의 사회복지 비용 절약

사적 기관에 의한 사회복지활동은 바로 정부가 비용을 투입하여 수행해야 할 일을 대신 해주게 되므로 정부의 사회복지 비용을 절약하는 효과를 가져온다. 한편 정부는 이미 존재하고 있는 사적 조직체에 계약으로 서비스를 위탁할 수도 있고 사적 기관에서 제공하고 있는 서비스를 구입함으로써 정부의 사회복지 비용을 절약하는 효과를 가져올 수도 있다.

(2) 사적 사회복지서비스 전달체계의 구조

사적 사회복지조직은 "영리를 목적으로 하지 않는 주민조직과 그리고 사회복지 법인, 재단법인 및 사단법인, 종교단체, 법정단체 및 기타 특수법인, 등록단체나 그 법인 또는 단체가 사회복지사업을 목적으로 운영하는 시설과 기관"을 총칭하는 것으로 본다(이정호, 1987: 49).

사적 사회복지조직은 공적 사회복지조직과 달리 상의하달식의 전달체계를 구축하고 있지 않다. 단지 행정당국의 지도 · 감독을 받아 서비스를 전달하는 사회복지 법인(사회복지기관 및 시설)과 행정당국의 지도 · 감독을 받지 않고 독자적으로 운영되는 민간 사회단체 기타 법인체 등에 의해 사회복지서비스가 전달되고 있다.

지역사회조직사업 분야에 있어서의 협의회는 세 가지 유형이 있다(신복기 외, 2002: 168).

첫째 유형은 전통적인 사회복지기관협의회(Council of Social Agencies)인데, 이는 사회복지기관들이나 사회복지를 담당하는 위원회 및 부서를 가진 여타의 단체들로 구성된다. 일반적으로 대도시에 존재하는 복지협의회의 대부분은 이러한 형태이며 우리나라의 한국사회복지협의회의 전신(全身)인 한국사회사업연합회나 한국사회복지관협회도 이 유형에 속한다고 할 수 있다.

둘째 유형은 지역사회복지협의회(Councils of Social Welfare)인데, 이는 전문 혹은 비전문 개인 회원과 사회복지기관의 단체 회원으로 구성되며 포괄적인 의미의 사회복지 증진에 관심을 갖고 사회행동(social action) 등에도 참여한다. 우리나라의 한국사회복지협의회와 각 시 · 도의 사회복지협의회가 이러한 유형에 속한다.

셋째 유형은 이른바 '전문분야협회(specialized councils)'를 들 수 있다. 이 협의회는 앞서 말한 두 협의회 유형 중 하나의 기능적인 형태로서 소협의회 혹은 독립기구로서 존재할 수 있다. 예를 들면, 한국사회복지사협회, 가정 및 아동복지협의회, 레크리에이션과 집단지도협의회, 보건문제, 정신위생, 재활, 청소년비행예방, 청소년 서비스 분야 등의 기관협의회를 들 수 있다. 우리나라의 사회복지 분야의 직능단체협의회, 한국장애인복지시설협회, 한국정신요양복지시설협회, 한국여성단체협의회 등도 여기에 속한다.

사적 사회복지서비스 전달체계는 복지대상자에게 직접적인 서비스의 제공 여부, 욕구나 문제를 가진 대상자별 성격, 그리고 조직의 설립주체 등에 따라 다양하게 분류될 수 있지만 전형적인 사적 사회복지서비스 전달체계는 생활시설, 이용시설 및 이들 간의 협의체로 대별할 수 있다.

(3) 사적 사회복지서비스 전달체계의 문제점

사적 사회복지서비스 전달체계의 문제점을 조직구조적 측면, 관리운영적 측면, 전달인력적인 측면으로 나누어 살펴보기로 한다(신복기 외, 2002: 171-173).

① 조직구조상의 문제점

첫째, 대부분의 사적 사회복지기관이나 시설들이 그 운영에 필요한 재정의 상당 부분을 정부의 보조에 크게 의존하고 그 운영에 있어서 지도 · 감독을 받아야 하기 때문에 클라이언트의 요구보다는 정부의 '지시'에 따르는 경향이 많아 민간부문의 장점인 자율성과 창의성이 크게 제약을 받고 있다.

둘째, 사적 사회복지시설 중 일부 생활시설은 아직도 정부의 지원수준이 낮고, 시설의 종별 · 지역별 분포가 불균형하며, 재정 상태 및 전문인력 확보가 매우 미비한 실정이다. 이용시설인 사회복지기관의 경우에도 도시지역에 편중되어 분포되어 있으며 전문인력의 부족과 재정의 취약성으로 말미암아 시범적이고 포괄적인 프로그램을 지속적으로 제공하지 못하고, 몇몇 독창적인 프로그램들을 제외하고는 기관별 유사한 프로그램을 제공하고 있는 실정이다.

셋째, 사적 사회복지시설 중 생활시설은 지역사회에 바탕을 두고 지역주민의 참여와 함께 시설의 개방화와 사회화가 이루어져야 함에도 불구하고 그렇지 못하고 있는 실정이다. 또한 시설의 서비스와 지역사회의 서비스가 제대로 연계되지 않아 수용자가 통합적인 서비스를 받을 수 없다.

② 관리운영상의 문제점

첫째, 사회복지조직의 협의기구들이 조정자로서의 역할과 기능이 미약하다. 생활시설협의회의 경우 재정적으로 정부보조금에 의존하고 있기 때문에 사회복지시설의 이슈나 문제에 대하여 정부나 국민에게 사실을 홍보하고 정책건의를 하는 데에는 많은 한계가 있다. 이용시설의 경우, 기관들 간의 협의조정체계가 구축되어 있지만 실질적인 운영에 어려움이 있고, 서비스 간의 연계가 부족하며 이러한 결과로 프로그램의 중복과 누락 현상도 발생하고 있다.

둘째, 생활시설의 경우 재원이 빈약하여 대부분 만성적인 재정난에 봉착되어 있으며, 특히 단순 수용보호 사업만으로는 클라이언트의 건전한 인격 형성, 사회생활 적응능력의 배양, 자립, 자활 등과 같은 클라이언트의 복지 목표를 기대하기 어렵다.

③ 전달인력상의 문제점

첫째, 생활시설의 경우 대부분의 시설이 빈약한 운영비 때문에 적합한 전문인력을 고용할 수 없거나, 취업공고를 내도 근무여건의 열악성으로 인하여 전문사회복지사들이 취업을 기피하고 있어 전문적 프로그램의 제공에 어려움이 있다. 이용시설의 경우에도 전문사회복지인력이 많은 복지관일수록 프로그램의 전문성이 나타나고 있으므로 전문사회복지사의 충원과 이를 위해 정부의 인건비 부담금 증액이 요청된다.

둘째, 사적 사회복지조직의 경우 근무하고 있는 직원들의 처우가 일반 기업이나 전문종사자 직원들에 비해 낮을 뿐만 아니라 장시간의 근무 등 열악한 근무환경으로 말미암아 그들에게 전달체계의 원칙인 전문성과 책임성을 추구하는 데는 한계가 있다. 이러한 상황에서 사회복지시설에 종사할 전문인력을 유지하고 확보하기란 매우 어려운 실정이다.

(4) 사적 사회복지서비스 전달체계의 개선

첫째, 사회복지협의회의 효율적인 사업수행을 위해 조직기능을 강화시킨다. 그 방안으로 중앙사회복지협의회의 사무처와 각 부서의 기능을 강화하고, 전국의 시 · 군 · 구 지역에 지방 기초단체협의회를 구성한다.

둘째, 사회복지기관, 시설운영조직의 강화를 들 수 있다. 민간사회복지사업의 공정성 확보, 자주성 존중, 경영조직의 확립, 재정적 기반의 강화 및 공사 사회복지사업의 협동 기능을 강화시키고 이를 위해서는 법인의 이사회 기능을 강화할 필요가 있다.

셋째, 전문성을 강화해야 한다. 사회복지협의회, 생활시설 및 이용시설 모두 전문적 수준으로 높이기 위해서는 많은 전문 사회복지사들이 생애직으로 받아들일 뿐만 아니라 책임성을 가지고 근무할 수 있도록 종사자에 대한 처우와 근무여건이 크게 개선되어야 한다.

넷째, 민간 사회복지의 자립을 위해 주민참여를 통한 복지자원을 동원해야 한다. 정부나 지방자치단체의 보조금만으로는 한계가 있는 실정에서 지역사회 주민들을 참여시켜 복지자원을 동원하기 위한 방법을 모색해야 한다. 예를 들면, 지역사회의 공동모금회를 활성화하거나 기업과 종교단체의 참여를 유도하며 자원봉사자들을 효율적으로 관리하는 것 등이다.

SOCIAL WELFARE ADMINISTRATION

chapter 07

리더십

1. 리더십의 개념과 요소
2. 리더십의 이론과 유형

1 리더십의 개념과 요소

1) 리더십의 개념

사회복지조직에서 리더십(leadership)은 빈번하게 다루어지는데 그 이유는 어느 조직에서나 조직의 목표 결정에서부터 실행, 유지, 관리에 따르는 제반 업무에 이르기까지 전반적인 운영이 리더십에 크게 영향을 받기 때문이다. 우수한 리더는 학습한 기술과 개발된 태도, 가치 등에 기인하며 리더십은 조직구성원들에게 조직의 목표를 달성하는 데 공헌할 수 있도록 직무만족을 높이고 잠재력을 개발시켜줄 수 있는 수단이 된다(임상록 · 박주현, 2010).

리더십은 지도자(leader)와 추종자(follow)와의 관계에서 보여지는 영향력과 영향관계인데 추종자가 지도자의 지도를 자발적으로 받아들여 동일한 집단적 목적을 달성시키기 위하여 서로 협력한다는 점에서 실력적 강제관계에 의한 지배나 복종관계와 구별된다. 또 리더십은 제도화된 지위나 권한에 의한 관료적 통제나 행정적 관리를 행하는 헤드십(headship)과도 구별된다.

리더십은 과학적 관리론의 입장에서는 크게 중요하지 않았으나 1930년대 인간관계론에서 제기되기 시작하여 1960년대 발전행정에서 목표의 효율적 달성을 위해 강조되었다.

사회복지조직에 있어 리더십이 필수 불가결한 이유는 다음과 같다(Neugeboren, 1985).

첫째, 많은 전문가가 고용되어 있는 사회복지조직에는 전문가의 자율성 욕구와 조직의 통제욕구 사이에 부단히 긴장이 존재하며 그로 인해 구성원들이 조직의 규칙과 규정을 준수하도록 하기 위해 리더십이 요구된다.

둘째, 사회복지서비스 분야는 지속적으로 변화하는 환경적 압력이 증가하고 있으며 외부요구에 따른 변화를 모두 고려한 조직체계를 갖는 것은 불가능하기 때문에 리더십은 필요하다.

셋째, 사회복지서비스 분야에 있어서 새로운 기술 또는 새로운 구조의 도입 등 중요한 내부적 변화가 조직에 통합될 수 있도록 리더십이 요구된다.

넷째, 사회복지조직에서 구성원들의 전문적 목표가 조직목표와 완전히 일치하지 않을 수 있으므로 구성원과 조직의 목표 사이에 가능한 많은 일치를 가져올 수 있도록 하기 위해 리더십은 필요하다.

리더십(leadership)이란 리더가 갖는 성향, 행동, 상황 등과 관련되는 제반 특성들을 묶어서 부르는 일반적인 개념이다. 따라서 리더십의 개념을 한마디로 규정하는 것은 쉽지 않지만 리더십은 다른 사람들에게 영향을 미쳐서 목표성취를 위해 나아가게 할 수 있는 능력이라고 할 수 있다. Stogdill(1974)은 리더십이란 집단 구성원들로 하여금 특정 목표를 지향하게 하고 그 목표달성을 위해 실제행동을 하도록 영향력을 행사하는 것으로 정의하고 있으며, Terry(1998)는 사람들로 하여금 집단의 목표를 기꺼이 달성하게끔 영향을 미치는 활동으로 리더십을 정의하였다. Robbin(1984)은 리더십이란 목표달성을 지향하도록 집단에 대하여 영향을 미치는 능력으로 보았고, Trecker(1977)는 공동목표의 달성에 있어서 사람들이 협동하여 일하도록 영향을 주는 능력으로 정의하였다. 또한 성규탁(1985)은 어떤 목표를 달성하기 위해 사람들에게 행사하는 영향력, 기술 혹은 이를 행사하는 과정으로 정의하였다.

통상적으로 리더십은 리더와 매니저의 차이로 살펴보는데, 매니저는 일상적인 업무를 효율적 · 효과적으로 해낼 수 있도록 조정하고 조율하는 사람이고 리더는 단순히 조직을 관리하고 일상적 의사결정을 하는 사람이 아니라 목표(goal)를 향해 조직을 이끌어 갈 수 있는 사람, 조직의 목표를 명확히 해주며 구체적 동기유발을 이끌어 낼 수 있는 사람, 미래의 비전을 향해 방향을 잡아줄 수 있는 사람이다.

리더십은 지위, 능력, 과정, 속성으로 개념을 정리해볼 수 있는데, 지위(position)로서의 리더십은 한 사람이 특정한 상황에 대한 통제의 책임을 갖고 지휘 혹은 지도적 지위에 있는 것을 의미한다. 능력(ability)으로서의 리더십은 다른 사람들과의 관계에 영향을 미칠 수 있는 역량이나 기술을 의미하는 것으로 리더가 원하는 방향으로 사람들을 따라오게 하는 것이다. 과정(process)으로서의 리더십은 비강압적인 영향력을 사용해서 집단구성원들이 목적성취를 위한 활동을 하도록 지위하고 조정하는 것이다. 또한 속성(property)으로서의 리더십은 그러한 영향력을 성공적으로 사용하는 것으로 여겨지는 사람들에게 귀속되어 있는 특징을 갖고 있다.

리더십의 일반적 특성은 다음과 같이 정리할 수 있다(김형식 외, 2009).

첫째, 리더십은 사람에 의해 만들어지는 활동이므로 조직이 직면하는 환경과 과업의 다양성에 따라 보통 다양한 활동양식으로 나타나게 된다.

둘째, 리더십은 과정으로, 정적인 것이 아니라 리더와 추종자 간에 만들어지는 역동적인 상호작용이다.

셋째, 리더십은 사람에게 영향력을 주기 위한 활동인데 리더십의 초점은 개인이나 집단과 같은 추종자들로, 인간의 환경적 적응에 많은 영향을 미친다.

넷째, 리더십에서 가장 중요한 것은 영향력이며 추종자들의 감정 및 행동에 대한 영향력을 만들어내기 위한 활동이기 때문에 리더십의 영향력은 단순히 조직 내부에 그치지 않고 인간생활 전반으로 확장된다.

다섯째, 리더십의 목적은 목표달성으로, 조직이나 개인이 추구하는 목표달성을 위해 이루어지며, 인간행위에 목표를 제공하기 때문에 리더십은 인간행위의 자발성과 자유라는 가치에 매우 깊은 의미를 갖는다.

여섯째, 리더십은 의도적인 것으로 리더십 행위는 우발적 행위가 아닌 특정한 목적의 달성을 위한 것이나 인간의 모든 행위와 마찬가지로 우발적 요인으로부터 영향을 받는다.

2) 리더십의 요소

사회복지조직의 목표를 효과적으로 달성하기 위해서는 성원들의 기술과 조력, 상호 간의 협조가 있어야 하며 리더십을 행사하기 위한 몇 가지 전제 조건이 필요하다(성규탁, 1993).

첫째, 관리자는 조직원 각자에 대해 지도력을 행사하는 데 있어서 적절한 시기와 상황을 선택할 수 있어야 한다.

둘째, 관리자는 조직원들로 하여금 작업 수행에 대한 동기를 유발할 수 있도록 조직체의 분위기를 조성해야 한다.

셋째, 관리자는 조직체의 지도자로서 자신의 고유한 특징과 집단의 분위기를 고려하여 리더십 유형을 개발해야 한다.

이러한 전제조건을 바탕으로 리더십에 포함되어야 할 요소들은 지속성, 시간관리, 타협, 관대함, 창의성으로 정리할 수 있다.

첫째, 지속성은 리더가 프로그램이 실패했거나 수정이 필요할 경우 다시 계획하고 변화시켜 갈 수 있는 끈기가 필요하다는 의미이다. 유능한 리더는 사려깊고 계획을 잘 세우며 적절한 제안을 통해 결정과 계획을 실행에 옮긴다. 따라서 지도자는 바람직한 결과를 성취하기 위해 용기, 신념, 자신감이 필요하다.

둘째, 시간관리에 관련하여 유능한 리더는 최선의 기관서비스 전달을 위하여 각 직원의 시간이 효과적으로 활용될 수 있도록 기관 전체의 운영을 계획하며 자신의 시간을 현명하게 사용한다.

셋째, 유능한 리더는 자신이 모든 해결안을 가지고 있지 않다는 것을 인정하고 문제에 대한 대안이 있더라도 열린 마음으로 다른 사람들의 의견을 경청하는 타협이라는 요소가 필요하다. 즉, 자신이 옳다고 생각한 것이 기관을 위해 최선이 아닐 수도 있다는 것을 인정하고 직원과 원만한 관계를 유지하고 기관의 목표에 기여하는 데 관심을 갖는다.

넷째, 리더는 기관의 목표, 필요, 정책의 범위 안에서 직원들에게 가능한 한 많은 자유를 허용하는 관대함을 가져야 한다. 보통 리더는 직원과 논쟁하지 않으며 오히려 직원들에게 기회를 제공하고 함께 일한다. 기관을 위한 최상의 것과 자신을 위한 최상의 것은 다를 수 있는데 이 때 리더는 최상의 것을 우선적으로 택해야 한다.

다섯째, 리더는 기관의 서비스를 향상시키는 새롭고 효과적인 방법을 위해 정기적으로 매일 혹은 매주 생각하고 계획할 시간을 통해 창의성을 발휘할 수 있어야 한다.

2 리더십의 이론과 유형

1) 리더십의 이론

(1) 특성이론(trait theory)

특성이론은 성향이론 혹은 자질이론으로 불리며 20세기 초에 유행했던 이론이다. 리더들이 갖추고 있는 독특한 성향이 리더십과 중요한 연관이 있다고 보며, 이 이론에서는 리더십 성향을 확인하고 측정하는 기법을 개발하고 그러한 기법을 사용해서 리더들을 선별해 내려는 의도를 가지고 있다. 효과적인 리더십을 결정하는 성향에는, 지능, 지배력, 자기 확신, 정열, 활동, 업무 관련 지식 등이 포함되는데 키, 몸매, 관상, 손금마저도 리더십의 효과성과 관련 있다고 본다.

특성이론은 당초 일정한 자질을 가지고 있다면 어떤 상황에서도 리더가 되어 리더십을 발휘할 수 있다고 주장하였으나 이후에는 리더가 되려면 일정한 자질이 요구되지만 그것은 고정된 것이 아니라 처해 있는 환경과 상황에 따라 변화는 것으로 수정되었다. 즉, 지도자가 처한 계층과 역할에 따라서 다른 자질이 요구된다는 것으로 고위직으로 올라갈수록 기술적이고 구체적인 지식보다 혁신성, 판단력 등이 보다 더 많이 요구된다는 것이다(Stahl, 1971).

한편, 특성이론은 타당성을 확보하기 위해서 모든 지도자가 보편적으로 소유하고 있는 구체적 자질을 찾아낼 수 있어야 하는데 이를 찾아내지 못한 점, 조직원들의 욕구가 무시된 점, 리더가 조직원들의 행동에 영향을 미칠 요소를 보여주지 못한 점, 그리고 더욱이 상황적 요소를 무시한 점 등에 대한 비판을 받고 있다(최성재 · 남기민, 2006).

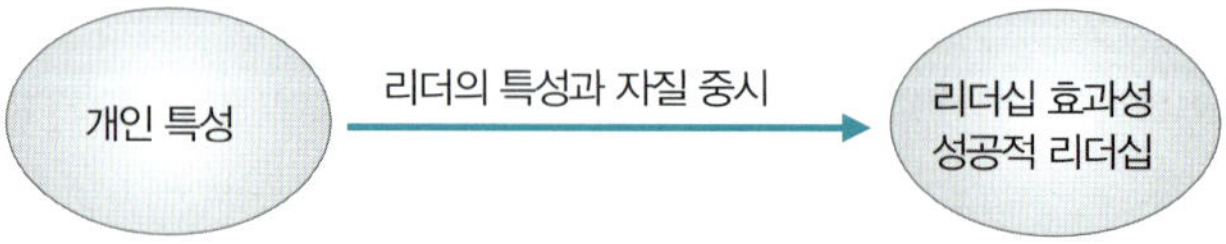

[그림 7-1] 특성이론 모형

출처: 김형식 외(2009).

(2) 행동주의 이론(behavior theory)

행동주의 이론은 행위이론이라고도 하며, 1950년대 행동과학자들에 의해 알려지기 시작한 이론이다. 효과적 리더의 특별한 행동을 기준으로 했을 때 비효과적 리더와 구분된다는 이론으로 리더십을 관찰 가능한 과정 혹은 활동으로 보려는 방식이다. 행동주의 이론의 목적은 어떤 행동들이 효과적인 리더십과 연관되어 있는지 결정하는 것이고 비슷한 유형의 행동들을 몇 개의 범주로 묶어 리더십 유형으로 개념화하고 어떤 유형의 리더십이 보다 더 효과적인지 찾아보려는 시도를 했다. 대표적인 행동주의 이론으로는, '오하이오주 연구(Ohio State Studies)', '미시간 연구(Michigan Studies)', '관리격자 이론(managerial grid theory)' 등이 있다.

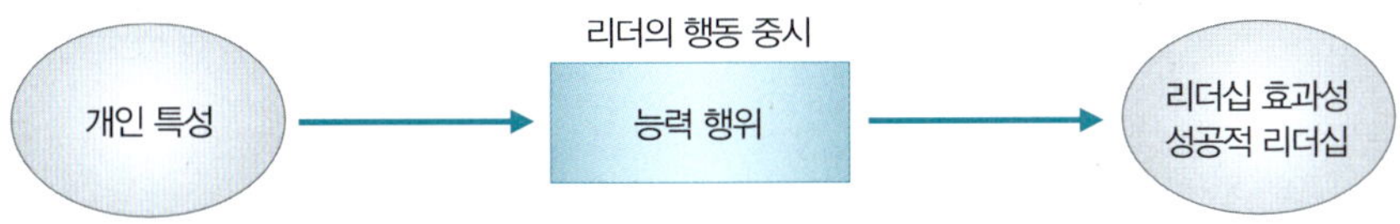

[그림 7-2] 행동주의 이론 모형

출처: 김형식 외(2009).

① 오하이오대학의 연구

오하이오대학에서는 지도자의 행동서술질문지(leader behavior description questionnaire)를 작성하였는데 이 정보를 수집하고 분석하여 지도자의 행동을 두 가지 차원으로 요약하였다. 즉, 구조주도행동(initiating structure behavior)과 배려행동(consideration behavior)으로 구분하였는데 구조주도행동은 리더가 과업을 조직화하고 정의하며 업무를 할당하고 의사전달의 통로를 확립하여 업무집단의 성과를 평가하는 행동을 말한다. 그리고 배려행동은 신뢰, 상호존경, 우정, 지원 그리고 구성원의 복지를 위한 부분에 관심을 나타내는 행동으로 개념화되어 있다(Gutknecht & Miller, 1986).

이 두 가지 행동 차원은 각각 독립적인 것으로서 두 차원을 연계해서 보아야 하는 것이 아니라 분리해서 보아야 하는 행동으로 이해하였다. 즉, 두 차원 모두에서 높은 점수를 갖는 이들도 리더십 역량을 가지는 리더로 평가받을 수 있고, 두 차원 중 어느 하나의 차원에서 높은 점수를 갖는 이들도 리더십 역량을 갖는 리더로 평가받을 수 있음을 의미한다.

② 미시간대학의 연구

미시간대학의 연구목적은 어떤 유형의 리더 행동이 업무의 성과와 구성원의 만족을 가져올 수 있는지 발견하고자 하는 것이었다. 연구결과 두 가지의 리더유형이 발견되었는데, 직무 중심적 유형과 구성원 중심의 유형이었다. 먼저 직무 중심적 리더유형(job-centered leadership style)은 세밀한 감독과 합법적이고 강제적 권력을 활용하여 업무계획표에 따라 실천하고 업무의 성과를 평가하는 일을 강조하는 것이었는데 이 유형의 리더는 상대적으로 낮은 생산성과 낮은 직무만족도를 보였다. 다음으로 구성원 중심의 리더는 인간 지향적이며 책임의 위임과 구성원의 복지, 욕구, 승진, 개인적인 성장에 대한 관심을 강조한다(Gutknecht & Miller, 1986). 이 유형의 리더는 높은 생산성과 높은 직무만족도를 보이는 특징을 갖고 있다. 그런데 집단의 생산성과 구성원의 만족감 사이에는 높은 수준의 일관성이 나타나지 않았는데 만족감이 낮은 집단 중에도 생산성이 높은 집단이 포함되어 있고, 만족감이 높은 집단에서도 생산성이 낮은 집단이 포함되어 있었기 때문이다.

③ 관리격자이론

관리격자는 Blake와 Muton에 의해 개발된 리더십 유형에 관한 2차원의 표를 말한다. 그들은 인간에 대한 관심과 산출에 대한 관심을 관리격자로 제시하였는데 오하이오대학의 연구와 미시간대학의 연구를 모두 나타낸다고 볼 수 있는 이론이다. 2차원의 표에 묘사된 관리격자는 각 축마다 9개의 위치가 있어서 리더의 유형에 적합한 81개의 다른 위치를 만들어 낸다. 관리격자는 산출된 결과를 보여주는 것이 아니라 결과물을 얻어내는 데 관련된 리더의 생각에 있어서 지배적인 요소가 어떠한 것인지를 보여준다. 기본적인 5개의 리더십 유형으로, 인간과 산출 모두에 관심이 전혀 없는 무기력형(impoverished management), 인간에 대한 관심만 지대하고 산출에 대해서는 관심이 전혀 없는 컨트리클럽형(countryclub management),

산출에 대해서만 관심이 지대하고 인간에 대해서는 관심이 전혀 없는 과업형(task management), 인간에 대한 관심도 중간이고 산출에 대한 관심도 중간인 중도형(middle of the road management), 인간에 대한 관심과 산출에 대한 관심이 모두 지대하게 높은 팀형(team management)으로 구분된다. 그 중 팀형 리더가 있는 집단이 가장 높은 성과를 보여준다고 밝혀졌다(최성재 · 남기민, 2006). 그러나 관리격자는 무엇이 리더를 만드는지에 관한 해답을 제공해 주지는 못하였고 단지 리더십을 개념화하기 위한 틀만 제공하고 있다.

(3) 상황이론

행동주의 이론의 한계점을 인식한 리더십 연구자들은 새로운 접근방법을 개발하였는데 이 이론에 의하면 리더란 상황의 소산물이기 때문에 상황에 따라 효과적 리더십의 유형이 달라진다는 것이다. 따라서 리더의 가장 중요한 직무 중 하나는 리더십 효과성에 영향을 미치는 다양한 상황요소를 파악하고 평가하는 것이다. 리더에게서 파악해야 하는 상황요소에는 리더의 특성, 부하의 기대, 집단 구조와 과업의 성격, 조직의 형태와 같은 영역 등이 있다.

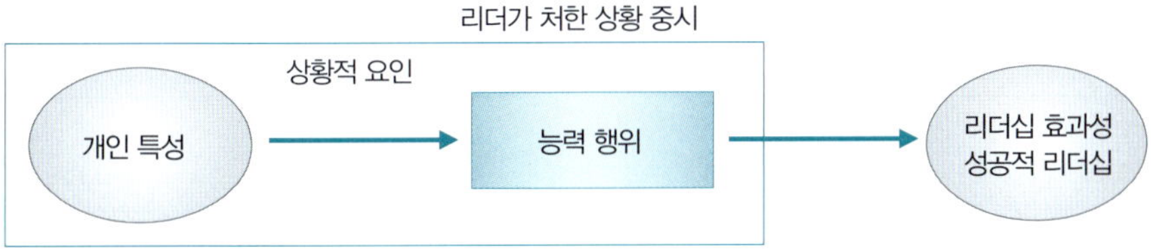

[그림 7-3] 상황이론 모형

출처: 김형식 외(2009).

① 피들러의 상황이론

피들러(Fiedler)의 상황이론은 리더의 효과성이 상황에 의존하며 그 결과 동일한 리더가 어떤 조직이나 상황에서는 효과적일 수 있고, 다른 조직이나 상황에서는 효과적이지 못할 수도 있다고 보는 것이다. 그 원인은 무엇인지 그리고 효과적인 리더십 수행을 초래할 수 있는 리더-상황 간의 적합은 무엇인지 등을 확인하고자 한다. 개별 이론들에 따라 상황이 달리 규정되는데, 피들러는 리더와 하급자의 관계, 업무의 구조, 직위에 수반되는 파워를 포함하는 것이라고 보았다. 조직에 대한 리더의 영향력은 세 가지 상황적 변수에 의해 결정된다고 보았는데, 첫째, 지도자가 구성원들로부터 받는 존경과 신뢰의 정도를 의미하는 리더와 구성원의 관계, 둘째, 과업의 할당 및 평가방식의 구조화 정도를 가리키는 과업 구조, 셋째, 리더에게 부여된 공식적 · 합법적인 권력으로 구성원들을 평가하고 각종 인사문제에 영향을 미치는 정도를 나타내는 직위권력 등이다.

리더십의 유형을 LPC(Least Preferred Co-worker Score)에 따라 과업지향적 리더십과 관리지향적 리더십으로 분류한 뒤, 위의 세 가지 변수와 두 가지 리더십 유형의 결합방식이 얼마만큼 상황에 적합한가에 따라 리더십의 효과성이 달라질 것이라는 가정을 가지고 연구를 했다. 이 연구에서 밝혀진 것은 리더와 구성원 간에 우호적인 관계가 유지되고 작업의 구조가 명확하게 제시되어 있으며, 또한 리더에게 충분한 권한이 부여되어 있는 상황이거나 정반대의 경우에는 과업지향적 리더십이 효과적이지만, 중간적 상황에서는 관계지향적 리더십이 효과적이라는 것이다. 즉, 이 이론의 핵심은 상황에 적합하게 기능하는 리더십을 발휘할 수 있을 때 조직구성원들의 업무성과가 보다 효과적인 결과를 가져온다는 것이다.

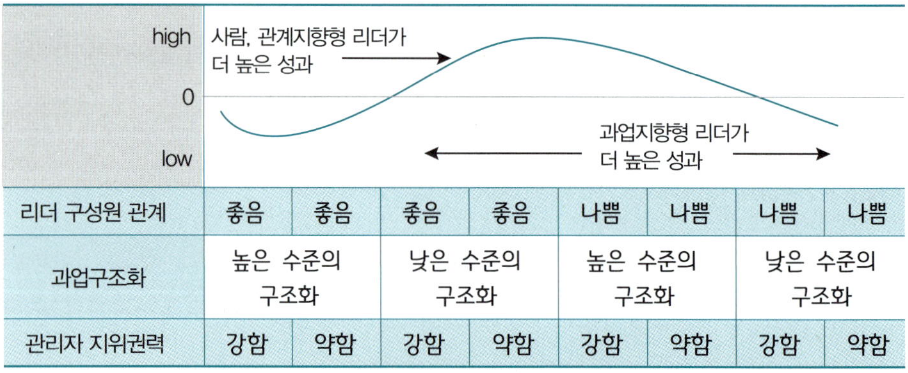

리더 구성원 관계	좋음	좋음	좋음	좋음	나쁨	나쁨	나쁨	나쁨
과업구조화	높은 수준의 구조화		낮은 수준의 구조화		높은 수준의 구조화		낮은 수준의 구조화	
관리자 지위권력	강함	약함	강함	약함	강함	약함	강함	약함

[그림 7-4] 상황에 적합한 리더십 행동유형

출처: Fiedler(1972), DAFT(1999)에서 재인용.

② 경로-목표이론(path-goal theory)

경로-목표이론은 House에 의해서 발전된 이론으로 경로의 명확화, 욕구충족, 목표달성을 주요 변수로 하고 있고 상황에 따라 효과적인 리더십의 패턴이 달라진다는 것을 전제로 한다. 리더는 조직원으로 하여금 조직목표를 달성할 수 있다고 기대하는 행동경로를 명확히 밝혀주고 원하는 보상은 더 쉽게 많이 받을 수 있다고 믿게 해야만 동기부여가 이루어져 성과를 높일 수 있다. 상황이란, 부하의 능력, 성격 및 동기와 작업집단의 특성, 작업의 구조화 정도, 조직 내의 규칙과 절차 등을 포함하고 있으며 경로-목표 이론은 리더의 행위에 초점을 두고, 네 가지 유형으로 구분된다.

첫째, 지시적 리더십(directive leadership)은 수단적 리더십이라고도 하며, 계획 · 조직 · 통제와 같은 공식적인 활동을 강조하는 유형이다. 따라서 조직원들의 작업을 계획하고 조정하며 그들에게 기대하는 바가 무엇인지 알려주고 구체적으로 작업을 지시하며 규칙과 절차를 따르도록 한다.

둘째, 지원적 리더십(supportive leadership)은 조직원들의 복지와 안녕, 그리고 욕구에 관심을 기울이고 구성원 간에 상호 만족스러운 인간관계를 조성하는 데 노력한다.

셋째, 성취지향적 리더십(achievement leadership)은 도전적인 목표를 설정하고 성과개선을 추구하며 조직원들의 능력발휘에 대해 높은 기대를 설정하는 유형이다.

넷째, 참여적 리더십(participative leadership)은 의사결정을 할 때 조직원들과 함께 논의하고 그들의 의견 및 제안을 고려하는 유형이다.

House는 연구를 통해 어떤 리더십 유형이 어떤 특정 상황에서 더욱 효과적인가를 발표했다. 첫째, 과업의 구조화 정도가 낮아 업무 수행의 절차나 방법이 공식화되어 있지 않거나 조직원들의 지식과 경험이 부족할 때 조직원의 활동을 세부적으로 분담시키고 적극적으로 통제하고 조정할 수 있는 지시적 리더십이 효과적이다. 둘째, 업무가 단조롭거나 너무 어려워 자신감을 상실하고 있는 경우에는 작업환경의 부정적인 측면을 최소화할 수 있고, 불안감을 감소시킬 수 있는 지원적 리더십이 효과적이다. 셋째, 과업이 구조화되어 있지 않을 때에는 부하에게 목표를 설정해 주고 이를 달성할 수 있다는 신뢰감을 갖게 하는 성취지향적 리더십이 효과적이다. 넷째, 구조화되어 있지 않은 과업의 목표, 절차, 방법 등의 결정과정에 부하를 참여시켜 분명한 역할기대를 제공하여 목표성취에 대한 기대를 높이려 할 때에는 참여적 리더십이 효과적이다.

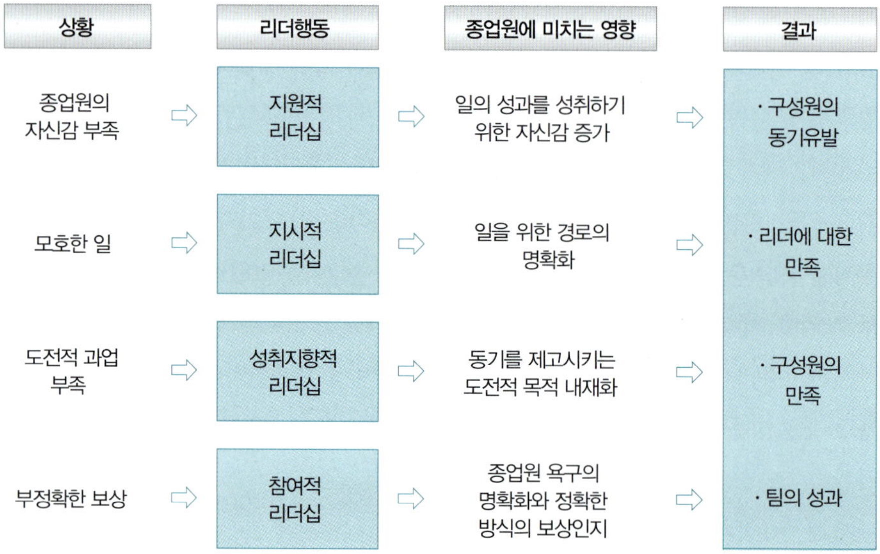

[그림 7-5] 경로-목적이론의 상황과 선호되는 리더십 행동

출처: Yukl(1998), DAFT 재인용.

③ 거래적-변혁적 리더십 이론(transactional-transformational leadership theory)

거래적 리더는 기존의 리더십 이론에서 제시했던 일반적인 리더의 특징을 갖고 있고 목표와 일의 방향을 명확히 하고 각 멤버가 맡아줄 업무를 적절히 분장함으로써 멤버들의 동기를 유발하고 일을 추진해 나가는 유형이다(Burns, 1978). 거래적 리더십의 특징은 첫째, 적절한 보상이다. 이는 좋은 성과를 내거나 어떤 특정 업무를 수행하는 데 따른 보상을 약속한다. 둘째, 능동적 예외에 의한 관리인데, 이는 규칙에 위반되는 행위를 적극적으로 찾아내 시정 조치를 하는 것이다. 셋째, 수동적 예외에 의한 관리로, 특별히 어떤 기준이 충족되지 못할 때 관여하고 넷째,

자유방임은 의사결정을 피하고 책임을 지지 않는 것을 의미한다.

변혁적 리더십 혹은 변환적 리더십 이론은 1980년대에 들어와서 미국의 기업들이 일본과 같은 타국 기업과의 경쟁에서 살아남기 위해 조직을 새롭게 변화시키는 작업이 필요함을 인식함으로써 탄생되었다. Bass(1985)는 조직에서 구성원들의 성과를 매우 높은 수준으로 제고시키는 리더십 과정을 연구하면서 변혁적 리더십의 내용을 구성하였다. 리더의 능력에 초점을 맞추고 어떻게 하면 리더가 조직을 변화시킬 수 있는지에 관심을 가지고 등장한 리더십 이론이다. 변혁적 리더십은 구성원들의 신념, 요구, 가치를 변화시킬 수 있어야 하고 기존의 틀 자체를 변화시켜 새로운 기회를 창출할 수 있어야 한다. 이를 위해 조직원들의 높은 이상과 도덕적 가치에 호소하여 조직원 스스로 업무에 대한 확신감을 가질 수 있도록 동기를 부여하고 업무결과에 대한 부하의 욕구를 자극하여 효과를 가져오게 만든다.

변혁적인 리더십을 위한 중요한 자질은 첫째, 비전을 통한 단결능력을 가져야 하며 둘째, 비전을 전달할 수 있는 능력이 있어야 한다. 셋째, 신뢰감을 얻어야 하고, 넷째, 자신의 이미지 관리에도 관심을 가져야 한다. 변혁적 리더십은 카리스마적 리더십 이론과 마찬가지로 기존의 연구방식을 통해 그 내용을 입증하는 것은 용이하지 않지만 변화와 혁신이 필요한 조직의 상황에 맞는 리더십 내용을 적절히 제공하고 있다는 점에서 의미가 있다(황성철 외, 2009).

〈표 7-1〉 거래적 리더십과 변혁적 리더십 비교

	거래적 리더십	변혁적 리더십
목적	현상 유지	변화
활동	규정 또는 규칙에 의거	규정 또는 규칙의 변화
보상	개인적	비개인적
리더 · 추종자 관계	상호의존적	상호독립적
과업	일상적	비일상적

출처: Shortell & Kaluzny(1994).

④ 경쟁적 가치 리더십 이론(competing values leadership theory)

경쟁적 가치 리더십 이론 혹은 가치경쟁적 리더십 이론은 단순화 또는 이분화된 리더십 이론이 아니라 통합적 관점을 유지하는 리더십 이론이다. 리더십의 초점을 외부지향-내부지향의 연속선과 유연-통제의 연속선이라는 두 가지 축을 중심으로 리더십의 영역을 네 가지로 제시하고 있다. 첫째, 외부지향-유연성에 근거한 경계잇기(boundary-spanning) 기술, 둘째, 내부지향-유연성에 근거한 인간관계(human relation) 기술, 셋째, 외부지향-통제에 근거한 지시(directing) 기술, 넷째, 내부지향-통제에 근거한 조정(coordinating) 기술로 구분된다.

리더는 조직과 환경이 변화되어 감에 따라 각기 다른 역할을 요구받으므로 자신이 처한 지위나 상황에 따라 많은 다양한 기술과 역할들을 적절하게 구사할 수 있어야 한다. 일반적으로 사회복지조직의 리더들에게 공통적으로 강조되고 있는 것이 '외부지향적, 탈집중, 유연성 리더십'이다. '경계잇기'에 속하는 리더십 유형으로 조직들의 성격에 따라 리더가 맡는 역할의 범위와 성격에서는 차이가 날수도 있으나 사회복지조직의 리더들이 대부분 외부지향적 관리를 하는 것은 조직의 효과성에 영향을 미치고 업무환경에서 조직의 위치를 파악하여 조직 영역에 대한 정당성을 확보하고자 하는 것이며 조직의 혁신에도 긍정적인 영향을 미치기 때문이다(김인혁 외, 2012).

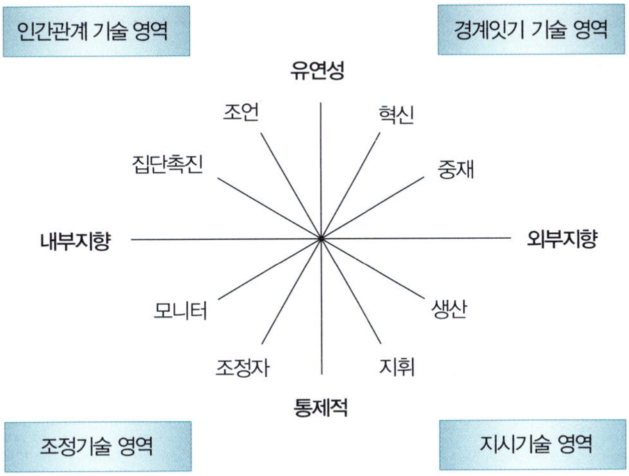

[그림 7-6] 경쟁적 가치 리더십 이론 모형

출처: 김영종(2002).

(4) 기타 리더십 이론

① 리더십 귀인이론(attribution theory of leadership)

리더십 귀인이론은 귀인이론을 리더십으로 확장한 것으로, 조직이 큰 성공을 하거나 큰 어려움을 겪으면 사람들은 그 원인을 리더십에서 찾는데, 조직의 성과나 직업만족도의 원인을 리더십으로 돌리는 것이다. 귀인(attribution)은 어떤 사람의 행동의 원인을 찾는 과정에 대한 심리학적 용어이다. 상황에 대한 고려는 거의 하지 않고 리더의 어떤 특성이 그런 결과를 만들었다고 믿는 것인데 일반적으로 좋은 리더는 머리가 좋고, 쾌활하며, 외향적이고, 말도 잘하고, 사려 깊고, 근면할 것이라는 생각을 갖고 있다. 그것이 실제로 작업성과나 직업만족도와 관련이 있는지 없는지는 정확히 알 수 없는데도 일반적으로 그런 특성을 바람직한 리더의 특성이라고 생각하고 있는데 특히 일이 잘되거나 잘 안 되는 경우 리더가 그런 특성을 갖고 있어서 그렇다고 생각하는 것이다.

리더십 귀인이론의 연구 결과, 일반적으로 일관성 있는 리더를 훌륭한 리더로 받아들이는 경향이 있으며 일관성의 방향이 어떤 쪽이 되었든 자주 의사결정을 바꾸거나 성향을 바꾸는 리더에 대해 사람들은 높게 평가하지 않고 한 가지 입장을 일관적으로 견지해 나가는 리더를 일반적으로 좋게 받아들이는 경향이 있다고 보고했다. 즉, 리더십 귀인이론은 하나의 환상일 수 있음을 지적한 이론이다.

② 카리스마 리더십 이론(charismatic leadership theory)

카리스마 리더십 이론은 사회학자나 정치학자, 역사학자 등에 의해 1920년대부터 연구된 것으로, 1980년대에 들어 심리학자들에 의해 다시 활발한 연구가 이루어졌다. 카리스마 리더십 이론은 귀인이론의 연장으로 볼 수 있는데(유기현, 1998), 이 이론은 리더가 어떤 독특하고 위대한 특징을 타고나면서부터 가지고 있다는 부하들의 지각에 근거하여 정의된다. 이 이론에 따르면 구성원들은 그들이 어떤 행동에 대해 지각했을 때 영웅적인 또는 특별한 리더십 능력에 귀인하게 된다는 것이다. 카리스마적 리더십은 리더의 특성, 조직원의 특성, 상황의 특성으로 구분하여 살펴볼 수 있는데(정수진 · 김양호, 2005) 첫째, 카리스마적 리더가 되기 위해서는 조직원들에게 비전을 제시하고 비전을 전달할 수 있는 능력을 가지고 있어야 한다. 또한 조직원들로부터 신뢰를 얻고 개인적인 매력을 가지고 있어야 한다. 둘째, 카리스마적 리더가 되기 위해 조직원들의 반응이 중요하다. 리더가 자신을 아무리 훌륭하다고 생각해도 조직원들이 인정해 주지 않으면 카리스마적 리더가 될 수 없고 조직원들로 하여금 리더의 권위에 순종하게 하여야 하며, 리더의 비전을 따르면 자신들이 원하는 것을 얻을 수 있다는 높은 기대감을 보여 주어야 한다. 셋째, 리더 자신의 능력보다는 상황의 어떤 요인으로 인하여 카리스마적 리더로 지각되는 경우가 있는데 사람들이 위기의식을 느낄 때, 자신들이 처한 어려운 상황에서 자신들을 구할 수 있는 리더를 찾게 되며, 이러한 상황에서 카리스마적 리더가 나타날 가능성은 높아진다. 그리고 업무처리를 하는 데 있어 소속집단 구성원 간의 상호의존도가 높을 경우 그 집단의 리더는 카리스마적 리더가 될 가능성이 높다.

그런데 카리스마 리더가 독단적으로 행동할 경우 대인관계의 상호성을 약화시킬 수 있고, 리더의 충동적이고 비정형적인 행동이 지속될 경우 관리의 질이 저하될 수 있으며 조직 전체보다는 개인의 이익을 위해서 카리스마 리더십을 실행하는 경우에는 조직에 엄청난 해악을 가져올 수도 있다.

③ 서번트 리더십 이론(servant leadership theory)

섬김의 리더십이라고도 하는 서번트 리더십은 리더가 조직원을 섬기고 봉사함으로써 조직을 이끌어 나가는 리더십이다. 서번트 리더십이라는 용어는 1970년에 만들어졌으며 훌륭한 리더는 자신의 조직원과 여러 가지 이해관계자들의 요구를 충족시키고 자신을 희생하며 하인처럼 봉사함으로써 성과를 창출한다는 것이 서번트 리더십이다(Greenleaf, 1977). 리더의 역할은 목표를 위해 일을 하는 구성원들이 성공적으로 일을 할 수 있도록 도와주고 책임지는 것으로 리더가 내부의 고객인 조직구성원에게 봉사하여 그들로 하여금 외부의 고객에게 최고의 능력을 발휘하여 대접할 수 있도록 하는 것이다. Spears(1998)가 제시하는 서번트 리더십의 특징으로는 다른 사람이 가지는 감정과 느낌에 대한 공감, 다른 삶의 필요와 요구를 잘 듣는 자세, 타인의 고통과 아픔에 대한 치유, 강압보다는 설득, 통찰력과 장기적 사고방식, 당장의 일보다는 개인의 성장에 대한 관심으로 요약된다.

섬김의 리더십은 주로 비영리조직 등의 서비스 조직의 리더십 연구에서 많이 고려되고 있는데 그 이유는 이러한 형태의 조직 속성 자체가 섬김과 밀접하게 연관되어 있기 때문이다. 섬김의 리더십은 현재까지 학문적 체계가 다소 미흡하나 섬김의 리더십 이론의 중요성 및 사회복지서비스 조직과의 부합성 등을 고려해볼 때 향후 학문적 체계를 갖출 수 있는 가치 있는 이론이다.

④ 셀프리더십 이론(self leadership theory)

셀프리더십은 자기 영향력을 행사하기 위해 사용되는 행위 및 인지전략을 일컫는 말로 Manz(1986)에 의해 처음 사용되었다. 개인 스스로가 자신을 관리하고, 자기관찰, 목표설정, 자기강화와 자기방향의 수립, 업무에 있어서의 자연보상, 건설적 사고 패턴으로의 유도 등의 개념과 관련되어 있다. 리더십을 영향력의 행사과정으로 이해할 때, 셀프리더십은 스스로에 대한 영향력의 행사과정으로 단순화시켜볼 수 있다. 좀 더 구체적으로 셀프리더십은 과업수행을 위해 필요한 자기방향 설정과 자기 동기부여를 고양시키기 위해 스스로에게 영향력을 행사하는 과정으로 정의한다(남일재 외, 2011). 셀프리더십은 스스로가 자신을 리드하기 위해 취하는 행동으로 책임 있는 행동이라고 말할 수 있으며, 자율과 책임이 주어질 때 개인이 스스로 책임지고 행하는 독특한 행동이다.

전통적 관리 기능과 셀프리더십의 뚜렷한 차이는 외부의 통제와 내부의 자율인데 구성원 스스로가 자신에게 부과하는 자율 통제를 존중하여 조직이 구성원들에게 부여하는 목표와 평가, 보상 등의 요소를 구성원 자신이 자율적으로 설정하게 된다.

⑤ 코칭리더십 이론(coaching leadership theory)

최근 기업 경영에 코칭이라는 새로운 개념이 도입되었는데 스포츠 분야에서 사용하던 코칭이라는 용어가 조직 내에서 최상의 인재개발, 개인 역량 및 조직의 성과 극대화 추구를 위한 프로그램으로 새롭게 등장한 것으로 볼 수 있다. Whitmore는 최고의 능력을 갖춘 리더라도 동료의 도움 없이 모든 일을 할 수 없으므로 유능한 리더는 적절히 권한을 위임할 뿐 아니라 유능한 부하들이 뒤따라야 하며 일을 통해 이들의 능력을 키워주는 데 스스로 최선을 다해야 한다고 말하면서 코칭의 필요성을 강조하였다(Whitmore, 김영순 역: 2007).

코칭은 인간을 무한한 가능성의 존재로 보고 있으므로 상대방과 대등한 위치에 서게 되는 점에서, 상대방을 지도하고 가르치는 티칭이나 멘토링 그리고 카운슬링과는 구별된다. 조직에서 팀은 대표적인 집단이고 기업조직은 물론 행정조직, 그리고 사회복지조직에서도 모든 업무는 팀으로 이루어진다. 따라서 팀장의 리더십은 매우 중요한데 조직구성원 개개인의 능력향상보다는 팀원의 상호교류와 네트워크 그리고 구성원들의 능력개발을 이끌어 내는 리더십이 강조된다. 이는 전통적 리더의 역할이 아니라 새로운 리더의 역할이라고 볼 수 있으며 리더는 스포츠팀의 코치처럼 행동해야 한다고 보는 것이 코칭리더십이라는 것이다.

⑥ 임파워링 리더십 이론(empowering leadership theory)

임파워링 리더십은 개인과 조직의 발전을 동시에 추구하는 이론으로 개인이 스스로 자신의 능력을 증진시키고 조직원을 인재로 육성하는 것을 골자로 한다. 따라서 리더는 조직구성원에게 업무와 관련된 자율권을 보장하고 구성원의 잠재력을 극대화시키는 리더십을 발휘하게 된다(우종모 외, 2004).

임파워링 리더십은 세 가지 방법으로 접근할 수 있는데, 첫째, 전통적 위계조직 내에서의 권한위임 방법이 있다. 이는 상의하달의 의사결정 구조에서 하급자에 대한 결정권한의 위임은 현 시대의 조직에는 적절하지 않다. 둘째, 공동체 조성 접근법인데, 훌륭한 리더는 조직구성원들이 공통 목표아래 동일한 자격으로 자유로이 자발적으로 참여하게 함으로써 공동체를 조성하는 것이다. 셋째, 조직 전반에 리더의 정신을 전파하여 구성원들이 상위조직의 목표에 기여할 수 있도록 간접적으로 동기를 부여시키는 방법이다.

2) 리더십의 유형

사회복지조직에서 리더십의 유형은 다양하게 나타나지만 단편적인 것이 아니고 서로 연속선상에 있다고 볼 수 있다(김익균 외, 2011).

(1) 의사결정방식에 따른 유형

Carlisle은 사회복지조직에서 리더의 의사결정방식에 따라 지시형, 참여형, 자유형으로 리더십을 구분하였다(김영종, 2008). 이 중 자유형은 매우 제한적으로 사용되기 때문에 주로 지시적 유형과 참여적 유형이 활용된다. 한편 이들 유형들은 연속선상에 있으므로 지시형, 참여형, 자유형이 연결되어 변화한다(배은영 외, 2012).

① 지시형 리더(directive leader)

지시형의 리더는 명령과 복종을 강조하므로 리더는 독선적이고 조직원들을 보상-처벌의 연속선에서 통제하고 관리하고자 한다. 따라서 지시형의 장점은 통제와 조정이 쉽고 정책의 해석과 집행에 일관성이 있으며 신속한 결정이 가능하므로 위기 시에 유용하다. 다만 이와 같은 리더십은 사람들이 통제받기를 싫어하기 때문에 사기를 저하시키고 조직원들의 적대감과 소외감, 그리고 경직성을 초래할 수 있고 다른 성원을 이해시키지 못한다는 단점을 갖고 있다(Howard, 1997).

② 참여형 리더(participative leader)

참여형 리더는 민주적 리더십으로, 결정을 할 때 조직원들에게 의견을 묻고 결정과정에 이들을 참여시킨다. 따라서 조직원들의 일에 대한 동기와 사명감이 증진될 수 있고 의사소통의 경로가 개방됨으로써 새로운 정보의 교환이 활발하게 이루어질 수 있다. 즉, 참여형은 동기 유발적이고 개인의 지식과 기술을 잘 활용한다. 또한 개인의 중요성을 강조하므로 인간의 가치와 신뢰 및 개방성을 형성하고 개방적 의사소통으로 보다 많은 정보를 얻고 참여함으로써 개인의 기술을 발전시킬 수 있다는 장점을 갖고 있다. 그러나 참여하는 데 시간이 걸리므로 긴급한 결정을 내릴 경우 적합하지 않고 책임이 확산되어 활동성이 떨어지며 참여기술을 학습하기 어렵고 구성원 모두가 비슷한 지식과 지위가 있을 때 잘 이루어진다는 단점이 있다.

③ 자유형 리더(voluntary leader)

자유형 리더의 경우 다른 말로 자율적 혹은 방임적 리더로 표현할 수 있는데, 대부분의 의사결정권을 부하 직원들에게 위임하는 형태를 보임으로써 위임적 지도력이라고도 한다. 조직원들은 스스로 프로그램의 목표를 세우고 그에 따르는 계획을 수립함으로써 특정 과업해결을 위한 전문가 중심조직에 적합할 수 있다. 그러나 자유방임형 리더는 자문기관으로서의 역할을 하며, 부하들에게 일처리에 필요한 정보제공과 설명을 해주지 못한다는 단점을 갖고 있다. 따라서 확고한 권한을 가지지 못한 리더들은 부하들이 조언을 요구하지 않는 한 내부적 갈등이 생겨도 이를 해결하지 못하게 된다. 공직조직에 있어서 자유방임형 리더십은 본래 계획 · 지휘 · 조정과 통제를 하지 못함으로써 혼란을 야기할 수 있다(이수도, 1999).

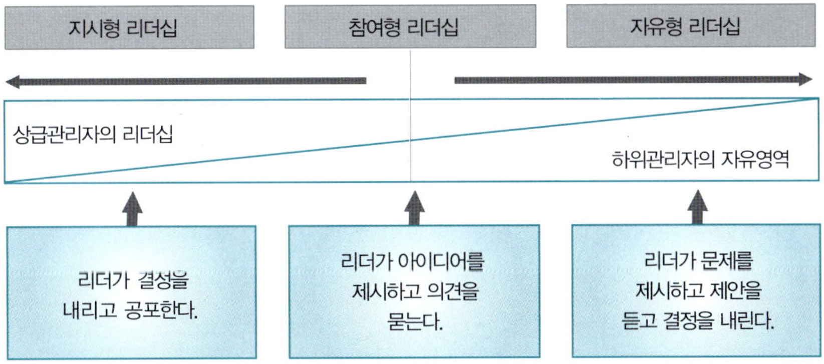

[그림 7-7] 연속선상의 리더십

(2) 리더십 수준에 따른 유형

사회복지조직의 리더십은 계층별로 달리 행해지는데, 최고관리층, 중간관리층, 하위관리층에 따라 리더십의 수준이 달라진다(최성재 · 남기민, 2006).

① 최고관리층의 리더십

최고관리층은 사회복지조직을 이끌어 나갈 전반적 책임을 지며 최고관리층의 리더십은 내부운영을 지시 · 정하고 환경과의 관계를 확립하는 과업을 갖고 있다. 이와 관련하여 최고관리층은 첫째, 조직의 기본적 임무의 결정, 둘째, 임무를 수행하기 위한 서비스 기술의 선정, 셋째, 내부구조를 발전시키고 유지, 넷째, 변화를 주도하고 수행하는 것과 관련된 의사결정을 해야 한다.

② 중간관리층의 리더십

중간관리층은 조직의 주요한 프로그램 부서를 책임지고 있으므로 수직적 · 수평적 연결의 기술과 직원들의 욕구를 조직의 목표에 통합시키는 기술을 필요로 한다. 사회복지조직에서 이러한 기능들은 각기 다른 하위 부서 간의 조정을 용이하게 하므로 중간관리층은 개인의 욕구와 기대를 조직의 목표에 통합시키는 인간관계 기술도 갖출 필요가 있다.

③ 하위관리층의 리더십

하위관리층은 일선 직원들과 매일 정상적으로 접촉하는 수퍼바이저를 포함하고 있다. 이들은 프로그램을 감독하고 직원들에게 업무를 위임 또는 분담시키고 서비스가 제대로 제공되고 있는지 검토한다. 그들은 일선 직원을 상담하는 책임을 주로 맡고 있고 감독자, 조정자, 팀 리더의 역할을 수행하고 있다. 따라서 하위관리층은 기술적 지식과 형평에 대한 관심이 필요하다. 기술적 지식은 수퍼바이저가 직원과 자원을 효율적이고 효과적으로 활용하는 데 도움을 주는 것이며 보상과 제재의 분배가 공정해야 하는 사회복지조직에서 형평을 가져오려는 하위관리층의 역할은 직원들의 동기부여와 조직에의 일체감을 위해 필요하다(최성재 · 남기민, 2006).

〈표 7-2〉 리더십 수준

관리자 유형	리더십
최고관리자	• 행정 목표의 설정과 정책결정 • 변혁을 위한 의사결정과 수행 • 자원의 동원과 관리 • 행정의 통제와 조정 • 조직의 일체성과 환경에 대한 적응성 확보
중간관리자	• 최고관리층과 직원의 연결 • 하급자에 대한 감독과 통제 • 동료 간의 협조와 조정의 수평적 기능
하위관리자	• 수퍼바이저 • 업무의 기술적 측면에 대한 충고와 지지 제공 • 계장, 대리, 과장 슈퍼비전을 위한 전문적인 기술 필요

SOCIAL WELFARE ADMINISTRATION

chapter 08

인적자원관리

SOCIAL WELFARE ADMINISTRATION

1 인적자원관리의 개념과 요소

1) 인적자원관리의 개념

인적자원관리는 조직의 성장과 유지라는 목적을 달성하기 위하여 필요한 자원 중 인적자원에 대한 관리라는 의미가 있다. 즉, 인적자원은 사회·경제적 가치를 생산·분배하는 투입요소를 뜻하고 관리는 하나의 제도나 방식으로 볼 수 있다. 그러므로 인적자원관리란 조직이 필요로 하는 인력의 수요와 공급을 계획하는 인적자원계획부터 일단 충원된 인적자원이 조직 내에서 업무 수행을 개선할 수 있도록 지식, 기술, 역량을 증진시키는 인적자원개발, 그리고 배치, 이동, 평가, 관리 등의 인적자원 활용에 이르기까지 다양한 측면의 활동이라고 정의할 수도 있다. 또한 인적자원관리는 조직편성, 즉 역할과 직책의 구조를 의도한 바대로 설정하는 것과 밀접한 연관이 있다(Koontz, 김세영 역, 1993: 24).

2) 인적자원관리의 목적과 기능

복지환경의 변화에 따라 복지조직도 서비스 제공주체의 경영개혁과 서비스 수준이 중요하다. 그중 서비스 수준은 직원의 기본적 자질, 능력과 행동력에 좌우된다. 따라서 사회복지행정에서도 직원 스스로 역할을 인식하고 적극적으로 과제에 대처하며 자기관리와 자기개발이 가능하도록 해야 한다. 이런 인재육성을 위해서는 조직 전반적인 인적자원관리대책과 직원 개개인의 능력개발이나 인재육성을 위한 연수 등 직원 스스로 역량을 키워나갈 수 있는 종합적인 인적자원관리구조를 구축해야 한다.

일반적으로 조직에서 인적자원관리의 목적은 다음과 같다(Schuler, 1988).

① 조직의 생산성 향상, ② 조직 작업생활의 질 고양, ③ 인적자원 이용과 관련된 모든 필요한 법과 규칙의 준수, ④ 개선된 기업관계의 개발, ⑤ 모든 수준에서 의사소통과 합의점의 개발 등을 들 수 있다. 특히 사회복지조직에서 인적자원관리

의 주목적은 사회적 취약계층인 클라이언트의 복지를 효율적이고 적합한 서비스를 통해 증진시킬 수 있도록 직원들의 자질과 능력을 키우는 것이다.

인적자원관리의 주기능은 조달, 배치할당, 개발, 제재규약, 통제 및 적응 등이다. 조달의 기능은 모집과 충원, 선발을 말하며 배치할당은 직무분류와 할당, 임금지불, 승진, 이직 및 해고 등이 해당된다. 개발의 기능은 훈련, 사정, 코치, 동기부여 등이다. 그리고 제재규약의 기능은 작업환경에 대한 근로자들의 규율과 협상, 고충처리 및 절차호소가 포함되고 통제 및 적응의 기능은 인적자원 관리 제도를 설계하고 스태프 및 관리자와의 관계를 조정하고 정보유지 체제를 관리하는 것이다.

2 인적자원관리의 과정

인적자원관리의 일차적 관심은 직원의 능력향상이다. 휴먼서비스 기관은 노동집약도가 높고 예산의 상당 부분이 인적자원의 개발과 유지비용에 들어간다. 그로 인해 조직 관리에서 인적자원을 활용하고 강화하는 방식이 중요하게 간주된다. 이를 보통 '인적자원개발' 접근이라고 한다. 이는 전체 조직과 개별 직원들의 목적을 보다 충실히 달성하기 위해 직원의 기술, 능력, 판단, 숙련도 등을 계획적으로 성장시키려는 노력이다.

인사 관리의 과정은 네 가지 과정으로 구분된다. 먼저 직위를 분류하고 이에 따라 직원을 선발하며 적절한 보상계획을 수립 · 집행하고 직원의 능력을 개발 · 훈련하며 직무 수행을 평가하는 것이다.

1) 직무 디자인

인사 관리의 출발점은 직무를 디자인 하는 것이다. 직무 디자인(job design)이란 조직의 임무 수행에 필요한 활동들을 직위와 직무로 분류해서 업무자들에게 할당하는 것이다. 직위(position)이란 한 명의 조직구성원에게 요구되는 과업 수행의 책임과 의무의 몫을 말하며 한 조직 내에서 유사한 성격의 직위들을 모아 직무라 한다. 직위와 직무는 보통 섞어 쓰기도 하는데 엄격히 보자면 직위는 한 개인에게 귀속된 것을 의미하고, 직무는 유사한 성격의 여러 지위들에 부과된 일을 통칭하는 것이다. 직위 분류는 다음과 같은 단계를 포함한다(Weiner, 1990, 329–330).

- 직무분석(Job Analysis): '직무 간의 구분을 위해 정보를 제공하는 체계적인 과정'으로 각 직무에 부과된 역할과 책임을 분석한다. 이는 현재 직무를 수행하고 있는 개인과 관련된 문헌 혹은 새로운 서비스 체계 모형을 기반으로 한다. 직무분석의 근본적인 목적은 직무와 관련된 정보를 수집 · 분석 · 정리함으로써 체계적이고 합리적인 정보를 제공하여 인사관리의 기반을 마련하기 위한 것이다.
- 분류화(Classification): 직위를 유사한 것들끼리 묶는 것이다. 각 분류(class)는 과업, 의무, 책임이 유사한 직위들의 모임으로써 인사 관리 시 동등한 집단으로 분류된다.
- 직무 기술(Job Description): 직무 분석에 의해 개발된 각 직무에 대한 구체화와 업무 수행 기준을 만드는 것이다. 직무 기술은 수행될 과업과 내용, 과업의 수행정도, 슈퍼비전의 맥락, 독자적 판단의 범주, 직무 수행을 위해 요구되는 지식과 경험의 수준 등을 말하는 것이다. 직무기술서에는 KSA(Knowledge, Skills, Abilities: 지식, 기술, 역량)가 반드시 포함되어야 한다.
- 범주화(Categorization): 개별 직위들을 특정 분류 항목(Class)에 할당하는 작업이다. 직무 분석을 통해 개발되거나 혹은 새로 구성된 분류체계에 의거해 직위를 배치한다. 이를 통해 기관의 직위 분류화가 이루어진다.

2) 모집과 선발

(1) 모집

모집은 사회복지행정조직에서 일하고자 하는 지원자를 확보하는 활동으로 조직의 성과에 지대한 영향을 미칠 수 있는 중요한 과정이다. 모집은 사회복지행정조직으로 근무를 희망하는 사람들끼리의 단순한 경쟁이 아니라 적극적으로 많은 사람들을 사회복지조직에 지원하도록 설득하고 유인하는 행동을 포함한다. 민간경제의 급속한 성장으로 상대적으로 직원에 대한 처우가 열악할 수밖에 없는 사회복지조직은 우수한 인적자원을 확보하기 어려워졌다. 따라서 우수한 인적자원을 보다 많이 확보하기 위해 직업의 사회적 기여도와 전문인력의 장래성과 비전 등을 적극 홍보하는 모집과정에 대한 중요성이 부각되고 있다.

(2) 선발

직원 선발에 있어서 첫째, 조직의 요구와 기대, 둘째, 채용될 사람의 요구와 기대가 고려되어야 한다. 특히, 모집과정 초기 단계에서 직무에 대한 조직의 요구와 기대에 대한 세심한 배려가 필요하다. 지원자의 요구를 알기 위해선 지원자로부터 교육, 경험, 기타 관계 자료를 포함한 정보 획득이 요구되며 그 밖에 지원자의 지원동기와 같은 조직에 대한 관심의 진술도 필요하다(Skidmore, 1900: 193).

실제 선발에서 조직과 기관에 따라 여러 유형의 선발과정이 있지만 일반적으로 직무명세서 작성 - 서류전형 - 선발시험 - 선발면접 - 경력조회 - 신체검사 - 선발결정 - 채용 순으로 진행된다(French, 1987: 234-241).

선발의 방법으로는 서류전형, 면접, 시험 등이 있으며 대체로 복합적으로 사용된다. 선발의 방법 중 시험의 종류로 필기시험과 실기시험을 비롯하여 지능검사, 적성검사, 신체검사 등도 시험의 유형에 포함된다. 선발시험이 갖추어야 할 요건으로는 타당성, 신뢰성, 객관성, 난이도가 있다.

첫째, 타당성은 시험의 결과와 채용 이후의 근무성적에 연관성이 요구되는 기준타당성(criterion validity), 시험내용과 실제 직무내용과의 연관성인 내용타당성

(content validity), 시험이 측정하고자 하는 내용의 일부가 아닌 전체를 평가해야 하는 구성타당성(construct validity)으로 분류할 수 있다.

둘째, 신뢰성은 시험이 측정도구로서 가지는 일관성으로 측정환경에 의해 영향을 받지 않는 정도를 말한다.

셋째, 난이도는 시험의 어려운 정도를 뜻하며 적절한 난이도를 통해 시험의 변별력을 확보해야 한다. 변별력 있는 시험을 통해서 응시자를 적당히 분포시키고 적합한 지원자를 선발할 수 있다.

넷째, 객관성이다. 시험성적을 채점하는 데 채점자의 편견과 주관 등이 개입하지 않아야 한다. 시험의 객관성을 저해하는 외적 요소로는 성별, 정치이념, 지연, 학연 등이 있다.

(3) 임용 및 오리엔테이션

선발된 새로운 직원을 정하고 임용하는 과정에서 기관의 조직은 조직 전체의 목적과 그에 해당하는 하부 조직의 서비스에 대한 목표를 정확히 알려주는 것이 필요하다. 아울러 그에 따른 책임과 직위에 알맞은 보수(임금), 근무환경, 복무규정 등에 대해서도 충분히 숙지할 수 있도록 문서화된 계약이 요구된다. 이러한 합의적 계약이 명확할수록 선발된 사람이 조직에 쉽게 적응할 수 있다. 현실적 근무조건들을 명확하게 인지하도록 만드는 것은 조직의 효율성에도 도움을 준다. 임용에는 엽관주의와 실적주의가 있다.

오리엔테이션에서는 기존 직원과 신입 직원 간의 소개, 신입 직원이 숙지해야할 문건들(예: 프로그램 기술서, 전략적 계획, 최근의 연간 보고서, 정보시스템 양식들, 일반적 정책과 절차 등)을 설명하는 일을 포함한다. 가장 중요한 것은 조직의 업적평가 체계와 양식을 알려주는 것이다. 더불어 조직문화에도 빨리 적응하도록 해야 한다. 조직 고유의 문화와 분위기는 시간이 흐름에 따라 자연스럽게 습득되긴 하지만 그 시간을 앞당김으로써 업무 효율을 높일 수 있다.

(4) 평가

직원의 직무평가는 전문직을 발전시키는 방법으로 업무 수행평가를 통해 직원에게 자신이 얼마나 업무를 잘 수행하는지를 알리고 업적에 의한 임금인상의 결정, 훈련필요성의 발전, 업무향상에 대한 장애나 문제점의 파악, 그리고 직무개선 방법의 토의와 기회제공, 승진후보자의 확인 등에 활용될 수 있다.

(5) 승진

승진(Promotion)은 인력 채용 과정의 일환이다. 앞서 설명한 과정은 없지만 해당 직위에 적절한 인력을 선발 · 배치한다는 측면에서 일종의 채용이라 볼 수 있다. 대규모 공공조직에서 승진은 인력 채용의 과정이자 인력 관리의 보상체계와도 연결될 수 있다. 그러나 소규모 비영리 사회복지조직들의 경우는 승진을 인력 관리의 유인체계로 활용하기가 쉽지 않다. 소규모 조직에서 내부 승진을 계속하는 것은 새로운 시각과 지식의 유입을 차단할 수 있기 때문이다.

내부 승진의 장점은 조직에 대한 애정을 강화시킬 수 있다는 것이다. 한편으로는 한정된 직위 풀(pool) 내에서 승진은 내부의 소모적 경쟁을 심화시켜 직원들 간의 관계를 악화시키고 능률을 저하시킬 수도 있다.

(6) 해임

어떤 지위나 맡은 임무를 그만두게 하는 것을 뜻한다. 개인과 기관 모두를 위해서 짧은 시간에 공정하게 이루어져야 한다.

3) 훈련 및 개발관리

(1) 훈련과 개발의 개념

훈련과 개발은 조직구성원이 직무를 효과적으로 수행할 수 있도록 조직구성원의 지식, 기능, 태도 등에 적극적으로 변화를 추구하는 것이다. 현대 조직에서 훈련과 개발은 필요불가결한 인사관리활동으로 매우 강조된다. 이러한 훈련과 개발은 교육, 개발, 훈련, 학습 등을 포함하는 포괄적인 의미로 사용된다. 훈련과 개발의 개념은 다음과 같이 비교할 수 있다(김성수, 1998).

첫째, 목적 또는 이유에서 개발은 보편적 지식을 습득시켜 다양한 역할을 함양하기 위하여 전반적 지식을 습득하도록 하는 것이며, 훈련은 조직 특유의 목표를 달성하기 위하여 특수한 직무와 관련된 지식을 갖추도록 하는 것이다.

둘째, 기대되는 결과에서 개발은 보편적 지식을 습득시켜 다양한 결과를 얻는 것이며 훈련은 특정한 직무지식을 습득시켜 제한적이고 특수한 결과를 기대하는 것이다.

셋째, 개발은 주체적 인간 형성을 위해 정신적 측면에 더 중점을 두며, 훈련은 외부적 요인의 작용에 의해 인간의 능력으로 보강하는 것으로 개발에 비해 육체적인 측면에 더 중점을 준다.

넷째, 내용에서 개발은 상대적으로 이론적 · 개념적 내용을 위주로 하지만, 훈련은 기술적 · 기계적 작업을 위주로 한다.

한편 훈련과 개발이 효과적으로 이루어지려면 다음과 같은 원리가 적용되어야 한다. 첫째, 직무수행의 결과를 수정 · 보완하기 위하여 적시에 설명적 · 구체적으로 명백하게 통제할 수 있는 피드백이 있어야 한다. 둘째, 훈련에서 학습된 요소와 원칙이 직무에 적용될 수 있도록 교육대상자에게 적합한 훈련과 개발의 내용이 설계되어야 한다.

(2) 교육훈련의 의의와 목적

사회복지행정조직의 교육훈련 목적은 조직의 목표달성에 기여할 수 있도록 능력을 개발하여 조직의 성과를 향상시키는 것이다. 이를 구체적으로 살펴보면 다음의 세 가지로 나눌 수 있다.

첫째, 사회복지조직의 규범과 활동에 대한 지식을 증진시키고 이해도를 높이는 것이다. 이를 통해 조직에 대한 몰입도를 높이고 조직과 직원의 목표와 중점적인 가치를 일치시킬 수 있다.

둘째, 능력과 기술의 향상을 들 수 있다. 과업의 수행방법과 기술, 문제분석과 해결능력을 증진시킬 수 있다.

셋째, 조직 내 인간관계의 개선과 조직구성원 간의 상호작용 능력을 향상시킬 수 있다.

(3) 교육훈련의 종류와 방법

교육훈련의 종류는 목적, 내용, 계층, 분야에 따라 구분되는데 일반적으로 교육을 받는 계층에 따라 구분하고 이들 계층에 따른 교육내용과 교육방법을 계획하는 것이 일반적이다. 일반적인 계층별 교육훈련은 신규채용자훈련, 일반재직자훈련, 감독자훈련, 관리자훈련 등이 있다.

그리고 오늘날 사회복지행정조직은 다양한 배경과 상황에 처한 클라이언트의 복지욕구에 대응하면서도 높은 생산성을 요구받기 때문에 이에 필요한 직무수행능력과 전문성을 갖추기 위해서 조직 내 교육훈련(ON-THE-JOB-TRAINING)뿐만 아니라 조직 외 교육훈련(OFF-THE-JOB-TRAINING)을 통하여 필요한 전문성과 업무능력을 갖추어야 한다. 요즘은 조직 외부로부터의 전문성 교육 수요가 급증하고 있다.

교육훈련 프로그램은 교육대상의 목적과 훈련 여건 등을 고려하여 가장 효과적인 방법을 선정해야 한다.

4) 인사고과

(1) 인사고과의 개념 및 목적

인사고과는 인사관리의 대상인 조직구성원의 직무능력을 평가하여 인사관리활동의 기초자료를 확보하는 활동이다. 즉, 조직구성원의 업적과 현재 또는 잠재능력을 평가함으로써 각종 인사정책 및 활동에 필요한 정보를 획득하고 활용하는 것이다. 따라서 인사고과는 조직 내의 인간을 대상으로 하며, 인간과 직무를 연결시켜 비교하고, 대상인원에 대한 상대적 평가로써 특정 목적에 부합하도록 조정할 필요가 있다.

인사고과의 주된 평가 내용은 역량(COMPETENCY)과 성과(PERFORMANCE)이다. 역량이란 업무 수행능력을 말하는 것으로 직무지식, 영업지식, 정보수집능력, 문제해결능력, 전략적 사고력, 업무추진력, 커뮤니케이션능력, 조정통합능력 등 지식 및 능력에 관한 것과 조직몰입자세, 전문가 의식 등 태도에 관한 것으로 나뉜다. 뿐만 아니라 업무처리의 신속성, 정확성 등과 같이 직위와 직무에 따라 각각 다르게 평가할 수 있다. 한편 성과는 개인 및 팀의 조직목표달성에의 공헌도를 의미하는데, 기업에서는 흔히 매출액, 생산량, 불량률, 고객 만족도 등으로 구성된다.

(2) 인사고과의 방법

인사고과관리를 합리적으로 하기 위해서는 다음과 같은 항목을 고찰해야 한다. 즉, 인사고과의 목적에 알맞은 고과요소와 평정자의 선정, 평정방식의 객관성, 평정과 정상의 합리성 등이 요구된다. 인사고과의 방법은 서열법(Ranking Method), 기록법(Filling out Method), 평가척도법(Graphical Rating Scales), 대조표법(Check-list Method), 강제할당법(Forced Distribution Method), 업무보고법(Performance Report Method) 등이 있다.

사회복지기관에서는 업적평가와 관련된 문제가 많이 발생한다. 측정에 있어 임의적이거나 주관성이 개입될 여지가 많고 평가 기법의 신뢰성과 평가자의 편향성도 문제가 될 수 있다. 따라서 이러한 문제에 대처하기 위하여 다양한 유형의 업적평가 시스템이 나타났다.

(3) 효과적 인사고과를 위한 지침

인사고과의 문제점을 제한하고 효과적인 인사고과를 위해서는 다음과 같은 사항에 유의해야 한다.

- 자기평가 실시: 상급자에 의한 본격적 평가가 이루어지기 전에 자기평가를 실시하고 이를 이용한다. 공식적이든 비공식적이든 이 절차를 통해 조직구성원이 자기 스스로의 업무 기준과 성과를 돌아볼 수 있으며 조직구성원이 절차의 공정성을 인식할 수 있다.
- 다각도의 피드백 실시: 본질적으로 인사고과는 부정적인 피드백이 주를 이룬다. 그러나 당연한 것이라도 좋은 성과, 긍정적인 결과물에 대해서는 충분한 칭찬을 통해 효율성을 향상시킬 수 있다.
- 행위척도 사용: 사람의 특성보다도 일정한 행위와 관련된 척도를 사용하는 것이 좋다. '고객과의 친절한 대화, 친절한 인사, 동료에 대한 업무지원, 명확한 1일 보고' 등 명확한 행위척도는 성과를 직접적으로 평가할 수 있고 공정성이 높다.
- 지속적 피드백: 1년에 한 번 공식적인 평가만 하는 것은 조직구성원의 성과향상과 능력향상의 기회를 박탈하는 것이다. 평소에도 관리자는 조직원과 성과에 대한 예상과 과정의 문제점을 수시로 의논하는 것이 좋다. 이러한 과정을 거친다면 최후 평가결과에 대해 조직원이 더 쉽게 납득할 수 있다.

3 인사관리

인적자원은 일시적인 것이 아니라 지속적인 과정이다. 지속적으로 효율적인 인사관리를 하기 위해서는 적절한 보상체계와 유인책이 필요하다. 더불어 조직원들 간의 갈등은 피할 수 없는 것이므로 마찰을 효과적으로 제어하는 것이 필요하다.

사회복지조직은 사회복지사와 클라이언트 간의 직접적인 접촉활동을 통해 이루어지기 때문에 사회복지사의 전문성 증진을 위해 사회복지사를 비롯한 복지조직 종사자는 서비스를 효율적으로 생산하여 클라이언트에게 전달해야 한다. 이러한 목적을 달성하도록 지원하고 격려하는 활동이 슈퍼비전이며, 이는 인사관리의 주요 기능 중 하나이다(김치영 · 최영민, 2006).

1) 보상체계

직원들은 기관 목적의 성취를 위해 자신의 에너지와 노력을 기여하는 데 따르는 인센티브와 보상을 기대한다. 이러한 보상에는 물질적, 심리적인 것 모두 포함된다. 인사관리를 위한 보상 및 인센티브 시스템은 다음의 기준을 따른다.

- 보상수준: 직원들은 기본적 욕구 충족에 충분한 보상을 요구한다.
- 평등성: 외부적으로는 다른 조직과 비슷한 수준 혹은 그 이상이어야 하고, 내부적으로는 직원들 간 형평성이 맞아야 한다.
- 개별성: 개인들의 욕구에 적합한 보상을 필요로 한다.
- 수행성: 개인적 및 집단적 수행 실적에 보상을 연계한다.
- 구조: 관리 스타일과 조직 위계에 적합한 방식으로 보상을 배부한다.

직원들에 대한 보상체계에는 기본적으로 지급되는 급여, 근무시간 외 업무에 대한 수당, 근속 수당, 기타 인센티브 시스템 및 연금이나 유급휴가와 같은 부가급여 등이 포함된다.

- 기본급여: 각 지위 분류 틀에 의거해 기본 급여 계획이 개발되고 적용된다. 평등성의 개념 기준에 따라 각 직급들이 급여계획 안에서 분석되고 자리매김하는데 유사한 지식, 기술, 책임을 갖는 직위들이 유사한 급여를 받도록 한다. 각각의 지위에 대해 최저와 최고 급여액이 결정된다.
- 초과시간 수당: 규정된 근무시간을 초과한 업무 시간에 대한 보상으로 야간이나 주말 혹은 공휴일 근무에 지급되는 것을 말한다. 사회복지서비스조직의 경우 업무의 성격상 근무시간이 명확히 구분되기 어렵지만 24시간 클라이언트 관리가 필요한 일부 사회복지조직에서는 상당한 비율을 차지하기도 한다.
- 근속 수당: 해당 조직에 일정 기간 이상 근무한 사람들에게 지급하는 보상급여이다. 이러한 보상은 유능한 직원을 계속 붙잡아 둘 수 있는 유인책이 되며 근속 기한이 늘수록 지급액이 늘어난다.
- 인센티브제: 전통적인 인센티브 급여나 보너스 제도는 공공 휴먼서비스조직, 비영리 휴먼서비스조직에 적용이 어려웠다. 그러나 최근 들어 수행성과에 따른 공로 포상이 인센티브를 제공하는 것, 유급휴가와 병가, 모성휴가, 연가 보장 등의 부가급여 등이 도입되고 있다.

사회복지행정조직에 있어서도 조직구성원의 성과에 따른 메리트 임금제도를 활용하거나 객관적 성과지표를 개발하여 인센티브를 지급하는 것은 필요하다. 그러나 사회복지조직의 목표의 불명확성과 비시장성, 형평성 강조 등으로 인하여 이를 활용하는 데는 한계가 있다.

2) 조직의 갈등관리

(1) 갈등과 갈등관리의 개념

우리나라 사회복지행정조직의 구성원들은 자신이 근무하고 있는 조직의 가치, 신념, 사고방식에 통합되고 수용되지 못하여 심각한 갈등을 경험하는 경우가 많으며, 이러한 긴장과 갈등이 해소되지 못하고 조직의 현실과 상충되어 개인과 조직 모두의 사기 저하와 능률 저하로 이어지는 경우가 많다. 물론, 현대 조직사회에서 많은 사람들과 집단들이 제각기 목표를 가지고 활동하다 보면 심리적 마찰이나 불편한 관계가 발생하고 갈등(conflict)이 보편적으로 나타나는 현상인 것은 사실이다. 그렇지만 우리나라 사회복지조직의 경우 제도적 측면에서 열악한 보수, 업무시간의 과다, 자율성 결여 등 매우 열악한 근무환경에 놓여있기 때문에 조직구성원들은 개인적으로나 조직 내·외적으로 그리고 클라이언트와 자원봉사자와의 관계에 있어서도 많은 심리적 갈등과 스트레스를 겪고 있다.

갈등이 발생하는 관계나 상황이 매우 복잡하고 다양하기 때문에 갈등에 대한 정의 또한 여러 가지로 규정된다. 토마스(Thomas, 1992)는 '갈등이란 어떤 개인이 관심을 갖고 있는 것에 대하여 다른 사람이 부정적으로 영향을 주거나 영향을 줄 것으로 지각할 때 일어나는 과정'이라 정의하고 있으며, 마일스(Miles)는 '갈등이란 어떤 개인이나 집단의 목표지향적 행동이나 기대가 다른 집단 구성원에 의해서 좌절되거나 방해를 받을 때 나타나는 상태'라고 정의하고 있다.

조직에서 갈등이 거의 발생하지 않거나 반대로 그 정도가 너무 높은 것 모두 바람직하지 않으며 조직의 효율성을 위해 적당한 정도의 갈등을 유지하는 것이 필요하다. 그러므로 갈등의 관리란 갈등을 단지 해소·완화시키는 것뿐만 아니라 갈등을 예방하고 필요시 적정 수준으로 유지시키는 것 모두를 포함한다.

(2) 갈등의 원인

갈등의 요인으로는 첫째, 활동의 방향 및 과업달성의 평가기준이 서로 불일치하는 목표의 비양립성 또는 차이이다. 갈등은 조직 내 직원 간 서로 다른 목표를 지닐 때 그만큼 쉽게 일어날 수 있다. 목표 차이는 조직체의 규모가 크고 기능이 다양할수록 쉽게 발생하며 조직 내 분화가 많이 일어나고 갈등의 가능성이 높다.

둘째, 상호의존성이다. 두 개의 단위가 각자의 작업성과를 위해 협조, 정보교환 등 조정적 활동으로 인해 상대방에 의존하는 것을 말한다. 이러한 상호의존성은 공동협력을 위한 유인을 제공하지만 중간 과정에서 갈등의 기회도 함께 제공한다.

셋째, 한정된 자원이다. 목표달성에 있어 자원과 수단을 어떻게 동원할 것인가 그리고 제한된 자원을 누가 차지할 것인가에 대해 행동주체 간 의견이 일치하지 않고 경쟁과 갈등이 발생할 수 있다.

넷째, 지각의 차이이다. 사람마다 가치관, 경험, 지위, 역할, 목표, 입장과 상황이 다르므로 이러한 개인차는 갈등의 원인이 될 수 있다.

다섯째, 의사소통의 왜곡이다. 갈등의 원인으로 자주 인용되는 것으로 정보가 전달되는 과정에 정보가 모호해지거나 변질되어 갈등의 원인이 된다.

여섯째, 외부인사의 개입이 조직의 갈등을 야기할 수 있다. 전문가와 같은 외부인사의 의견이 기존의 조직구성원의 의견과 상이할 경우 갈등이 일어난다.

(3) 갈등관리전략

갈등관리의 전략으로 토마스(K.W. Thomas)는 회피, 순응, 경쟁, 타협, 협력 다섯 가지를 제시했다.

〈표 8-1〉 갈등관리전략의 유형

회피	갈등에 대항하지 않고 갈등으로부터 물러나게 하는 방법
순응	다른 사람의 필요나 관심에 비해 자신에게 중요치 않은 갈등으로 받아들이게 하는 방법
경쟁	갈등에 물러서지 않고 자신의 필요를 주장하며 경쟁하는 방법
타협	갈등의 당사자가 서로의 일부를 포기하여 갈등을 해결하는 방법
협력	타협으로도 문제해결이 되지 않고 통합적 방법이 더 큰 이익을 제공하는 갈등일 때 갈등 당사자를 협력시키는 방법

다른 모든 조직과 마찬가지로 공공 및 민간 사회복지행정조직에 있어서도 특유의 조직문화와 조직이 처한 여건에 따라 다양한 갈등이 일어난다. 갈등은 다양한 형태로 변화할 수도 있기 때문에 갈등관리는 갈등의 원인, 내용 그리고 이해당사자와 갈등의 변수 등을 다각도로 고려하고 동태적 변화를 주시하고 대응해야 한다.

3) 슈퍼비전

(1) 슈퍼비전의 의의

슈퍼비전(supervision)은 라틴어의 'super(영 over)'와 'videre(영 watch)'의 합성어로써 그대로 정의하자면 상급자가 책임을 갖고 하급자를 감독하는 감독자(overseer)라 해석할 수 있다. 사회복지실천현장에서는 슈퍼비전을 직원능력을 발전·향상시키는 데 기여할 수 있는 하나의 교육적·행정적 과정으로 책임 있는 지위에 있는 자가 자신의 직무 관련 지식과 경험을 이용하여 하위 조직원들에게 직무지도를 행하는 것이다. 또한 사회복지조직에서 직원이 서비스를 효과적으로 전달하기 위해 지식과 기술을 잘 사용할 수 있도록 도움을 주는 것을 의미한다. 즉, 슈퍼비전이란 사회복지실천현장에서 활동하고 있는 종사자나 직원 또는 실습생이 우호적 인간관계를 형성하고 전문성과 능력을 발휘할 수 있도록 교육 · 훈련 · 지도 · 원조 · 지지 · 격려 등을 하는 활동을 의미한다.

(2) 슈퍼바이저의 역할과 자질

슈퍼비전 업무를 담당하는 사람을 슈퍼바이저(superviser)라 하며 제공받는 사람을 슈퍼바이지(supervisee)라 한다. 효과적인 슈퍼비전을 수행하기 위해서 슈퍼바이저는 다음과 같은 자격을 갖춰야 한다(Skidmore, 1990). 첫째, 전문직에 대한 충분한 지식과 종합적인 지식을 갖춰야 하며, 둘째, 사회복지의 일반적 실천에 대한 능력과 실천방법에 대한 충분한 능력을 갖추고 있어야 한다. 셋째, 일선 사회복지사의 접근이 용이해야 하며, 넷째, 슈퍼바이저는 해당기관과 일선 사회복지사, 조직구성원 등과 자신 간의 제반 관계에 대해 지속적인 관심을 가지고 적극적으로 동기부여를 통해 슈퍼바이지의 지식과 기술 향상에 도움을 주어야 한다. 다섯째, 슈퍼바이저는 일선 사회복지사가 제기한 문제의 해결방법이 도출되지 않으면 자신의 입장을 솔직히 밝혀야 한다. 마지막으로 감사와 격려, 그리고 칭찬의 태도로 일선 사회복지사의 동기를 유발하고 전문직업적 발전을 도모해야 한다.

슈퍼비전의 기능은 크게 교육 및 행정기능으로 구분할 수 있고(Bunker & Wijnberg, 1988: 7) 더 나아가 업무 수행을 위한 사회복지사의 의욕과 동기를 고취시키기 위한 지지적 기능을 포함할 수 있다(Kadusin, 1985: 295-296).

- 교육적 기능: 사회복지사의 지식, 업무에 필요한 기술, 태도, 지식을 적절히 하는 것이다. 그래서 교육적 슈퍼비전에서는 이론과 지식의 습득, 방법론, 전문적 발전의 기회제공 등이 이루어진다. 이는 전문성 발전을 위해 필요한 실무수행을 효율적으로 할 수 있는 지식과 기술이 제공됨을 의미한다. 이와 같은 슈퍼비전의 기능은 결국 하나의 전문인으로서 사회복지사의 능력을 향상시키는 데 초점을 둔다.

- 행정기능: 사회복지사들로 하여금 기관의 정책과 절차를 정확하고 효과적이며 적절하게 수행하도록 하는 것으로 기관의 정책과 절차를 적절하게 수용하지 못하는 사회복지사들에게 작업환경의 구조화와 업무 수행에 필요한 접근법을 제공하는 것이다. 이러한 행정기능에는 의사소통체계 연결, 사업프로그램 평가, 정서적 지지, 직무수행의 책임성, 각 조직구성원의 경험이용에 관한 것이 포함된다.
- 지지적 슈퍼비전: 사회복지사의 사기와 일에 대한 만족감을 쟁점으로 보아 그 주요한 목적을 사기의 진작과 만족감을 느끼도록 하는 것으로 사회복지사의 개별적 욕구에 관심을 갖는다. 슈퍼바이저는 일선 사회복지사가 사회복지서비스 전달업무에 있어서 맡겨진 일을 스스로 노력하여 잘 감당할 수 있도록 장애요소나 방해요소를 제거해 주고, 용기를 주고 지지해 주는 역할, 즉 업무 촉진자의 기능을 수행한다.

(3) 사회복지조직에서 슈퍼비전

일반적으로 사회복지기관에서의 슈퍼비전은 직원과 실습생에 대한 지도 · 감독이 주가 된다. 사회복지사의 전문적 활동에 대한 지지와 통제를 수반하는 슈퍼비전활동은 서비스의 효과성과 효율성의 제고를 위한 주된 요인들이 되므로 실무자에 대한 지도 · 감독과 실습지도는 사회복지사의 자질향상과 사회복지조직의 전문성 증진에 직접적 영향을 미치게 된다(사회복지협의회, 1996: 257-263).

① 직원에 대한 슈퍼비전

직원에 대한 것은 개별슈퍼비전과 집단슈퍼비전으로 행해진다. 개인슈퍼비전은 슈퍼바이지(supervisee)의 학력, 실무경력, 기관 등에서의 경험 등을 고려하여 슈퍼비전 횟수를 설정하고 성격, 전문 지식, 기술과 본인의 영향 등에 대해 지도한다. 집단슈퍼비전은 사례발표나 회의, 프로그램 계획과 수행평가에 관한 토론 등을 활용하여 동료 간 또는 슈퍼바이저와 슈퍼바이지 간 경험을 공유하며 원활한 의사소통을 꾀한다.

② 사회복지실습에 대한 슈퍼비전

학생의 입장에서 사회복지실습은 학교에서 배운 지식을 현장에서 실제로 경험해보는 기회를 제공하며 새로운 실천기술을 익히는 기회가 될 수 있다. 또한 지역사회복지현장과 기관에 대한 지식을 습득할 수 있고 자신의 사회복지에 관한 인식과 직업선택 동기에 대한 성찰의 과정이 된다.

학교에서는 사회복지학습평가의 기초가 되며 실습기간 차원에서는 사회복지서비스의 동향에 맞게 서비스를 개발하고 전문사회복지사 양성을 위한 이론적 · 기술적 향상을 도모할 수 있다.

SOCIAL WELFARE ADMINISTRATION

chapter 09

재정관리

1. 재정관리의 요소와 특수성
2. 예산관리의 이론
3. 회계 및 회계감사
4. 사회복지법인 재무회계규칙

SOCIAL WELFARE ADMINISTRATION

1 재정관리의 요소와 특수성

1) 재정관리의 의의

재정관리는 조직이 목표달성을 위해 기관운영에 필요한 재정을 계획하고 집행 · 관리하는 과정이다. 재정관리는 물적 자원의 동원에 해당되는 세입과 자원의 활용을 의미하는 지출로 구분된다. 사회복지조직에서도 재무계획, 기금조성, 부채관리, 예산편성, 지출통제와 관련한 일들을 사회복지행정가가 주도한다. 재정관리를 통해 기관의 목표달성을 촉진하며 법률, 전문직의 윤리 및 지역사회의 수준과 일치하는 방향에서 재원과 다른 부족한 자원을 통제하고 계획적으로 사용한다(강종수, 2011). 재정관리는 그 자체로서 한 조직이 추구하는 목표나 실행 방식에 관한 대부분의 의사결정을 대변하는 것이나 마찬가지다. 사회복지조직에서도 재정관리의 중요성이 크며, 그 실행방식에는 비영리 사회서비스 환경의 독특성이 반영된다(이준영, 2019).

사회복지기관의 재정관리는 '필요한 재원을 합리적이고 계획적으로 동원 · 배분하고 이를 효율적으로 사용 · 관리하는 과정'으로 정의할 수 있다(장인협 · 이정호, 1993). 비영리 사회복지서비스 기관에 있어 수입과 지출을 일치시키는 것과 연결되는 재정관리는 다음과 같이 세분화할 수 있다.

에젤(Ezell)은 사회복지기관의 재정관리 과정이 순환과정임을 강조하고 있다. 따라서 사회복지기관의 재정관리는 크게 ① 재정획득, ② 재정계획, ③ 재정집행, ④ 재정평가의 과정으로 세분할 수 있다(Skidmore, 1983). 이는 기관의 재정관리는 당해 연도뿐만 아니라 과거 재정에 대한 평가와 미래의 예산상태에 대한 계획을 동시에 고려하는 과정이기에 순환적인 과정이라는 것을 의미한다.

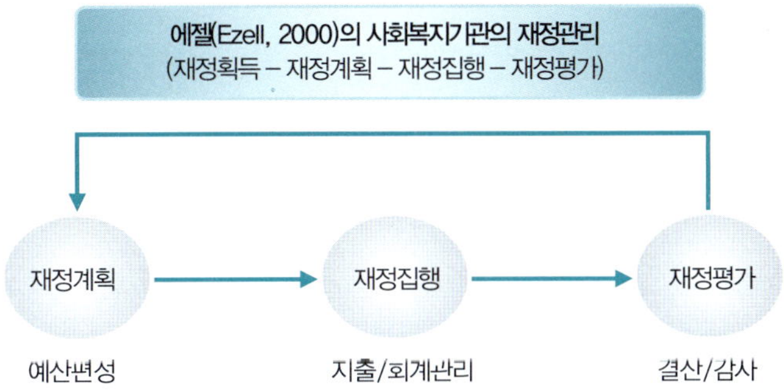

[그림 9-1] 재정관리의 순환적 과정

Lohmann은 사회복지기관의 재정관리 중요성을 다음과 같이 강조하고 있다(Lohmann, 1980; 김형식 외, 2007 재인용).

첫째, 재정관리는 기관의 생존과 직결되는 사항이다. 기관의 존립을 위해서는 재원의 확보와 조달이 가장 중요한 요인이 된다.

둘째, 재정운용의 중요성 강조는 최근의 경향이다. 국가 · 지방자치단체 및 민간 기부자 등을 비롯한 재원의 제공자들은 그들이 사회복지기관에 제공한 재원이 어떻게 사용되는가에 관심을 갖는다. 사회복지기관에서도 재정의 투명성을 확보하고 재정운영에 관한 원칙과 통제 노력이 매우 필요하다.

셋째, 재정관리는 기관의 기획과정과 평가과정에서 매우 중요한 영향력을 갖는다. 예산이 확정되어야 기관의 기획과 평가의 노력이 실행될 수 있으며, 기관의 미래활동에 대한 기획과 실행 및 이에 대한 평가의 노력은 근본적으로 기관의 재정관리와 함께 다루어져야 한다.

사회복지행정의 재정관리는 기관의 목표달성을 촉진하고 법률, 전문직의 윤리 및 지역사회의 수준과 일치하는 방향에서 재원과 다른 부족한 자원을 통제하고 계획적으로 사용하는 것이다. 사회복지서비스의 재정은 예산, 기부금 신청, 급료, 세금, 여비 등에 관련된 범위에서 출발하여 사회복지조직의 근본적인 활동에 까지 영향을 미친다(신복기 외, 2012).

사회복지조직의 재정은 사회복지수요를 해결하기 위하여 재화와 서비스를 생산하는 데 소요되는 정부의 비용을 말한다. 이러한 사회복지조직에서 재정의 중요한 특징 중의 하나로 대규모 사회보장비를 들 수 있는데, GNP 대비 사회보장비용의 지출비율은 복지국가의 수준을 가늠하는 중요한 지표로 사용되기도 한다. 다음으로 사회복지조직의 재정은 소득세 중심의 조세체계를 주요한 재원조달수단으로 이용하고 있다(강용규 외, 2007).

2) 재정관리의 특수성

사회복지조직의 가장 큰 특징 중의 하나는 자원의존성이 강한 것이다. 자원 중에서도 재원에 대한 의존성이 높은 편이어서, 사회복지조직들은 편성되는 예산에 따라 사업을 진행할 수 있게 된다. 따라서 사회복지조직의 행정가들은 항상 안정적인 재원확보를 위한 노력에 많은 신경을 쓰게 된다(황성철 외, 2014).

사회복지행정은 그 특성상 공 · 사 복지기관을 전제로 하고 있기 때문에 사회복지행정의 재정관리는 재정관리로 이해하면서 재무행정의 원칙들을 원용하는 것이 바람직하다(오세영, 2009).

사회복지조직에서 재정관리는 재정자원을 동원하고 예산을 수립하여, 효율적으로 집행하는 과정으로 구성된다. 재정관리는 일반적으로 기관의 목표달성을 촉진하고, 재원과 기타 관련자원을 법적 및 사회복지윤리성에 근거하여 통제하고, 계획적으로 사용하는 데 관계하는 것이다. 목적적인 측면에서 볼 때, 사회복지조직에서 재정관리는 예산, 교부금 신청, 인건비, 세금 및 여비 지급 등과 관련된 기술적이며 부차적인 문제이다. 그러나 수단적인 측면에서 볼 때에는 재정관리가 사회복지기관의 근본적인 활동에 광범위하게 관계하고 있다(강용규 외, 2007).

사회복지조직의 재정관리 특성은 다음과 같다(Hasenfeld, 1992).

첫째, 사회복지조직은 재원의 지속적인 조달을 직접적으로 통제할 수 없으며 통제하려 하지도 않는다. 사회복지조직은 법적으로 위임된 서비스라 할지라도 재정할당 정도를 스스로 정할 수 없고, 입법기관에서 정해 주어야 한다. 이는 사회복지조직이 예산과 관련된 정책결정과정에 참여할 수 있는 권한을 제한당하는 것을 의미한다.

둘째, 사회복지조직은 매우 다양한 재원을 갖는다. 정부지원금, 재단지원금, 협찬후원금, 기부금, 서비스 요금, 수입 사업에 의한 이용료 등 다양하며, 이러한 가각의 유형들은 사회복지조직 특성에 따라 중요성의 비중이 달라진다.

셋째, 사회복지조직은 다양한 원천으로부터 재원을 확보하기 위해 특별한 업무를 수행해야 한다. 재단에 사업제안서를 쓰거나, 정부와 계약관계를 맺고, 기부자에게 후원금을 요청하거나, 사회복지서비스에 참여하는 대상자들에게 요금을 지불하도록 한다. 또한 기부금품을 모집하거나 접수받고, 특별행사를 조직화하는 등의 다양한 재원확보 전략을 추진해야 한다.

2 예산관리의 이론

1) 예산의 정의

예산(budget)이란 일정기간 내에 요구된 사업들에 대한 소요자원과 가용자원을 추계하여 수치로 나타낸 계획서이다. 따라서 장래 일정기간 동안 계획된 수입과 지출의 예정적 계산으로 자금조달계획의 서술이라 할 수 있다.

사회복지기관에서 예산은 조직이나 프로그램 운영에 관한 계획의 청사진으로 활용되며 정책 실행을 위한 지침이면서, 조직의 재무 건전성을 판단하는 기준이 된다(이준영, 2019).

예산은 수입 · 지출의 종류 및 금액을 계통적 · 조직적으로 편성한 것이며, 사업계획의 내용과 방향을 계수적으로 표시한 것으로서 재정의 규모, 내용 및 방향을 알 수 있게 해준다. 일정기간이란 회계연도를 의미하며 일반적으로 다음 1년간의 재정계획을 말한다. 여기에서 세입이란 1년 회계연도 간의 수입을 말하며, 세출이란 1년 회계연도 간의 지출을 말한다.

이와 같은 예산은 사회복지행정기관에 따라 적용을 받는 예산회계의 관계규정이 다르다. 즉, 공공사회복지기관은 정부의 '국가재정법' 적용을 받고, 민간사회복지기관은 보건복지부의 '사회복지법인 재무 · 회계규칙'의 적용을 받아 전국적인 통일성과 행정의 표준화를 도모하고 있다.

2) 예산의 원칙

예산의 원칙이란 예산의 편성 · 집행에 있어서 준수되어야 할 원칙을 말하며 전통적으로 다음과 같은 원칙들이 강조된다(황성철 외, 2014).

〈표 9-1〉 예산의 원칙

방법	내용
공개의 원칙	예산의 편성, 심의, 집행과정의 주요단계는 공개되어야 한다.
명료성의 원칙	예산은 모든 국민이 이해할 수 있도록 작성되어야 한다.
포괄성의 원칙	예산은 총계주의 원칙에 입각하여 모든 세입, 세출을 포괄해야 하며, 정부의 모든 활동을 나타내야 한다.
예산통일성의 원칙	모든 세입은 하나의 일반기금으로 납부되고 여기서 모든 세출이 나와야 한다. 이 원칙은 세입과 세출 간에 특별한 직접적인 관계가 있는 경우 등을 제외하고는 특정한 세출과 세입이 직결되는 것을 금지한다.
명세성의 원칙	예산수지는 구체적, 명세적으로 제시되어야 하며, 특별한 경우 외에는 예산의 이용 · 전용은 금지되어야 한다.
사전승인의 원칙	예산은 사전에 의회의 심의 · 의결을 받아야 한다.
정기성의 원칙	지출권한을 일정 기간에 한하여 부여하여야 한다. 이 기간이 끝날 때까지 사용되지 않은 예산은 효력을 상실하든지 금액과 용도를 정하여 의회의 재의결을 받아야 한다.
정확성의 원칙	예산의 추계는 가능한 한 정확해야 하며, 세출을 과다하게 적산하거나, 세입의 과소추계에 의한 은폐된 재원이 존재해서는 안 된다는 것이다.

3) 예산의 종류

예산은 성질에 따라 일반회계와 특별회계로 구분되는데 사회복지조직에서는 구체적인 구별이 없고 일반적으로 일반회계에 따라 구분된다(강용규 외, 2007). 대상에 따라서 법인회계와 시설회계, 수익사업회계 그리고 시기에 따라 본예산, 수정예산, 추가경정예산, 준예산으로 구분된다.

〈표 9-2〉 예산의 종류

구분	종류	내용
성질	일반회계	일반적인 국가 또는 민간기관의 활동에 관한 세입과 세출을 편성한 예산
	특별회계	특정한 세입이나 자금으로 특정한 세출(사업)을 충당함으로써 일반적인 세입 · 세출과 구분하여 경리하는 회계
대상	법인회계	법인 업무 전반에 관한 회계
	시설회계	법인이 설치 · 운영하는 사회복지시설에 관한 회계
	수익사업회계	법인이 수행하는 수익사업에 관한 회계
시기	본예산	예산 수립 절차에 따라 확정된 예산
	수정예산	본예산의 수립 과정에서 필요에 따라 일부 수정한 예산
	추가경정예산	예산이 성립되고 회계연도가 개시된 후에 변경이 필요해서 추가로 편성한 예산
	준예산	회계연도 개시 전까지 예산이 성립되지 아니하여 전년도에 준하여 집행하는 예산 임직원의 보수, 운영에 직접 사용되는 필수 경비, 법령상 지급의무가 있는 경비만 가능

출처: 강종수(2011).

4) 예산체계의 모형

사회복지서비스 예산의 유형은 예산편성이 어떻게 구성되고 조직되는가에 따라 분류된다. 예산체계 모형은 예산 수립에서 무엇을 가장 중요한 요소로 삼는가에 따라 구분된다. 일반적으로 항목별예산(LIB), 성과주의 예산(PB), 계획예산(PPBS), 영기준(ZBB) 등으로 구분되고 있다.

(1) 항목별 예산

항목별 예산(Line-Item Budget: LIB)은 일반적으로 1회계 연도를 기준으로 지출하고자 하는 예산을 항목별로 기재하는 가장 전통적인 예산체계 모형이다. 지출대상을 항목별로 분류하여 지출대상과 한계를 명확하게 규정하는 통제 지향적인 예산편성의 방법이다. 사회복지기관의 경우에 지출항목을 인건비, 운영비, 사업비 등 지출의 대상에 따라 분류하며, 운영비의 경우에는, 공공요금, 통신비, 임대료 등의 품목으로 다시 세분화하는 방법을 활용한다. 이 방법은 집행이 품목별로 표시되어 작성이 용이하고 예산의 집행내역을 명확하게 보여 주고 있으며 회계 담당자가 지출을 통제하기 쉽다.

항목별 예산의 장점을 살펴보면 다음과 같이 정리할 수 있다.

첫째, 지출 항목을 나열하여 제시하고 있어 사용하기에 간편하다.

둘째, 지출의 근거와 책임이 명확함으로 예산 통제에 효과적이다.

셋째, 예산 항목별로 지출이 정리되므로 회계처리가 용이하다.

그러나 항목별 예산은 다음과 같은 단점을 가지고 있다.

첫째, 전년도 예산을 근거로 하고 있으며, 일정한 양만큼 증감시켜나가는 것으로 점진주의적 특성을 가지고 있어 예산의 증감을 신축성 있게 할 수가 없다.

둘째, 예산증대의 근거가 프로그램의 특성과 평가에서 나오지 못하고 전반적인 인상률을 적용하는 것으로 타당한 근거가 되지 못하며 효율성에 한계를 가지고 있다.

셋째, 프로그램의 평가와 연계성이 부족하기 때문에 사회적 책임성이라는 요구를 충족시키기 어렵다.

〈표 9-3〉 항목별 예산 사례 (단위: 천원)

항목	전년도 예산(A)	당해 연도 예산(B)	증감
급여	72,480	79,728	7,248
퇴직적립금	6,039	6,643	604
사회보험부담금	6,733	7,406	673
공공요금	5,654	5,371	Δ283
제세공과금	1,380	1,587	207
사업비	12,000	15,600	3,600
...	…	…	…
합계	…	…	…

출처: 대전광역시 D재가노인복지센터 세입세출 총괄표의 일부를 참고로 하여 재구성.

(2) 성과주의 예산

성과주의 예산(Performance Budget: PB)은 기능주의 예산(Functional Budget) 또는 프로그램 예산(Program Budget)이라고 부른다. 성과주의 예산체제는 오래된 예산에 점차적인 증가를 더해가는 것으로 주된 이슈는 총예산이 아니라 앞으로 필요하게 되는 자금 증가의 합이다. 지출을 프로그램의 실행 결과 나타나는 '성과(산출물)'에 관심을 둔다. 정부의 기능, 활동 및 사업계획을 기초로 하여 정부예산을 편성하는 것이며, 사회복지조직에서 구입하는 물품, 용역보다 수행하는 업무에 중점을 두는 관리지향의 예산제도라 할 수 있다. 즉, 성과주의 예산은 조직의 활동을 기능별 또는 프로그램별로 나누고 이를 다시 세부프로그램으로 나누어 세부프로그램 단위의 원가를 계산한다. 여기에 업무량을 곱하여 예산액을 정하고 있다.

단위원가 × 업무량 = 예산액

성과주의 예산제도는 사회복지기관의 예산을 기능활동(사업) 계획에 근거를 두고 정부계획의 비용(지출)과 효과 간의 관계를 명시하는 제도로서, 사회복지기관 조직별로 또는 사업활동별로 사회복지기관이 제공하는 서비스에 대한 목표를 세우고, 이에 대한 구체적인 실행 계획을 수립한 후 이러한 계획의 실행과정과 결과에 대한 성과를 측정하고 보고하며, 측정된 성과정보를 평가하고 이를 예산과 연계하는 제도이다(한신애외, 2018).

성과주의 예산은 새로운 서비스를 제공하기 위해서 현행 프로그램을 수정하는 비용을 사정하는 데 유용하다. 따라서 기관의 지출내용과 그 지출로써 이루고자하는 달성 목표를 명확하게 나타내기에 적합하다. 또한 목표와 프로그램을 분명히 알 수 있고 단위 원가를 계산하여 자금을 배분함으로써 합리성을 도모할 수 있으며, 프로그램별로 통제하기 쉽고 프로그램의 효율성을 기할 수 있다. 장점이 있다. 그러나 프로그램 단위의 원가를 계산하는 데 있어 비용계산이 용이하지 않고 업무단위와 비용 측정이라는 요소에만 중점을 두기 때문에 손쉬운 업무만을 선호하는 경향이 있다. 또한 회계책임이 명백하지 못하며, 충분한 공금관리 확보가 곤란하다는 단점이 있다.

〈표 9-4〉 성과주의 예산 사례 (단위: 천원)

항 목	세부사업명		2010년 예산
아동 · 청소년 복지사업	집단상담	진행비 2만원×10명×10회	2,000
	문화체험	견학비 2만원×30명×2회	1,200
	대학생 멘토링	봉사자 활동비 10만원×30명	3,000
재가복지사업	자원봉사자 교육	교재 및 다과 2만원×30명×2회	1,200
	도시락 배달	부식비 3천원×50개×월10회×6개월	…
	…	…	…
자원개발사업	…		…
소 계			…

출처: 강종수(2011).

(3) 계획 예산

계획 예산(Planning-Programming-Budgeting Systems: PPBS)은 목표달성을 위한 장기적 사업계획을 수립하고, 그것을 실천하기 위한 당해 연도의 프로그램별 계획과 이를 뒷받침하는 예산을 통합하여 수립하는 산출 중심 예산제도이다. 즉, 계획 예산은 프로그램 예산 형식에 따라 장기계획과 단기적 예산을 프로그래밍이라는 연결고리를 통해 유기적으로 결합시킴으로써 자원배분에 관한 의사결정을 합리적으로 일관성 있게 하기 위한 예산제도이다.

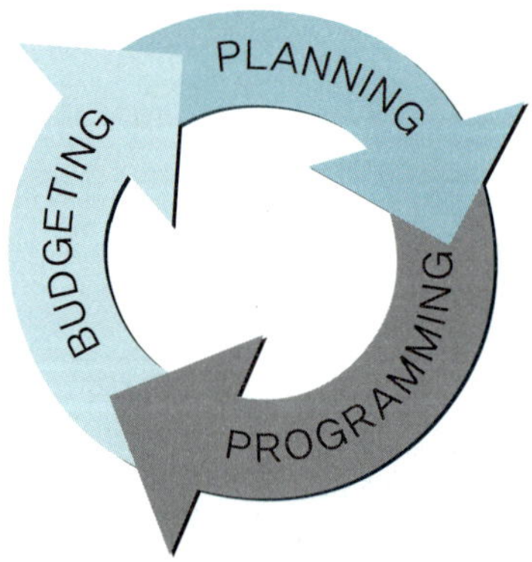

[그림 9-2] 계획 예산의 순환적 과정

계획 예산은 장기적인 계획을 수립하고 그것을 실천하기 위한 프로그램을 계획하여 이에 맞게 예산을 수립하는 방식으로 다음과 같은 장점을 가지고 있다.

첫째, 조직목표와 프로그램을 보다 정확하게 파악할 수 있다.

둘째, 여러 목표 가운데서 가장 긴급한 것을 선택할 수 있다.

셋째, 목표달성을 위한 효율적인 수단의 분석이 가능하다.

넷째, 자금 분배를 합리적으로 할 수 있다.

나섯째, 장기적 프로그램 계획에 대한 객관적 신뢰도가 높다.

여섯째, 조직의 통합적 운영이 편리하다.

계획 예산의 단점으로는 다음과 같은 네 가지를 들 수 있다.

첫째, 목표설정의 어려움을 가지고 있다. 목표설정에는 여러 가지 이해관계 및 정치적 요인이 개입되므로 합리적인 목표설정이 어렵다.

둘째, 중앙집권화의 초래를 가져올 수 있다. 계획 예산은 최고 책임자에게 권한을 집중시키는 경향이 있다.

셋째, 정량화 및 계량화의 어려움을 가지고 있다. 달성되는 효과의 정량화가 곤란하며, 산출 · 효과의 계량화에 중점을 두고 있는데 공공사업의 경우 대체로 계량화가 곤란하다.

넷째, 조직품목과 예산이 직접 연결되지 않기 때문에 실제운영에 있어서 성과의 양적 확산에 어려움을 가지고 있으며 직접비용이 아닌 간접비용의 배분을 어떻게 할 것인지에 대한 어려움이 있다.

〈표 9-5〉 계획 예산 사례

<table>
<tr><th>목표
연도별 세부목표</th><th colspan="6">농어촌 주민의 보건복지 향상
(전체예산 3조)</th></tr>
<tr><td>농어촌 사회안전망 확충
(2013년)</td><td colspan="2">기초생활보장 및
자활지원
(5,000억 원)</td><td colspan="2">치매노인 그룹홈
설치
(3,000억 원)</td><td colspan="2">국민연금 확충
(2,000억 원)</td></tr>
<tr><td>농어촌 보건복지
공급기반 개선
(2014년)</td><td>공공의료기관
확대
(4,000억 원)</td><td colspan="2">응급의료시설
확충
(3,000억 원)</td><td colspan="2">5대암
조기검진
(2,000억 원)</td><td>건강보험 개선
(1,000억 원)</td></tr>
<tr><td>주민의 복지참여
(2015년)</td><td colspan="2">가사간병
인력의 확대배치
(3,000억 원)</td><td colspan="2">농어촌
재가복지센터 확충
(4,000억 원)</td><td colspan="2">농어촌 지역보건복지
네트워크 구축
(3,000억 원)</td></tr>
</table>

(4) 영기준 예산

영기준 예산(Zero-Based Budget: ZBB)은 지금까지의 관행이나 전년도 예산과는 무관하게 처음부터 영(0)의 상태에서 새롭게 시작한다는 전제하에서 예산을 세우는 것을 말한다. 즉, 조직은 모든 프로그램을 매년 처음 시작한다는 전제하에 매년 프로그램의 필요성에 대한 정당성을 제시하고 다른 프로그램과의 경제적인 상태에서 우선순위에 입각하여 예산을 수립하는 것으로 점증주의적 특성을 갖지 않는다. 현재의 프로그램 효과성과 효율성, 시급성에 따라 예산의 증감을 결정하는 예산 체계로 매년 모든 프로그램을 새로 시작한다는 전제하에 서로 비교하여 우선순위에 따라 예산을 배분하는 제도로서, 예산의 감축 기능에 적합한 관리 중심의 예산 제도이다(임정문외, 2017).

영기준예산의 장점은 예산의 절약과 프로그램 증진에 기여하고 예산배분에 합리성을 기하며 재정운영과 예산배정에 탄력성을 기할 수 있어 사업의 효율성을 높일 수 있다. 나아가서 프로그램의 효율성과 효과성을 높일 수 있으며 목표달성능력에 대하여 토의와 논쟁을 유도함으로써 예산에 대한 책임성을 증가시킬 수 있다는 장점을 가지고 있다. 그러나 합리성만을 강조하고 정치적 · 심리적 요인을 무시하는 경향이 있고, 매년 영기준을 적용하기 위해서 조직은 효과적 의사소통과 의사결정, 평가 등에 대해 훈련된 관리자를 확보해야 하는 부담이 있으며 특히 의사결정의 우선순위 선정 등에 시간과 노력이 지나치게 많이 들어 장기적 계획에 의한 프로그램 수행을 위한 예산으로는 부적합하다는 단점이 있다.

〈표 9-6〉 예산체계 모형

모형 특성	품목별 예산(LIB)	성과주의예산(PB)	계획예산(PPBS)	영기준예산(ZBB)
정의	구입하고자 하는 물품 또는 서비스별로 편성하는 예산 (투입 중심 예산)	활동을 기능별 또는 프로그램별로 구분한 후에 이를 다시 세부 프로그램으로 나누고 각 프로그램의 단위원가와 업무량을 계산하여 편성하는 예산 (과정 중심 예산)	목표달성을 위한 장기적 기본계획을 수립하고 기본계획을 연차적으로 실행하기 위하여 프로그램별로 편성하는 예산 (산출 중심 예산)	전년도 예산을 전혀 고려하지 않고 계속 프로그램 또는 신규 프로그램의 정당성을 매년 새로이 마련하고 다른 프로그램과의 경쟁적 기반 위에서 우선순위를 정하여 편성하는 예산
특징	• 전년도 예산이 주요 근거가 됨 • 회계계정별로 구입 품목별로 편성 • 통제적기능이 강함 • 회계자에 유리한 예산임	• 단위원가×업무량=예산으로 계산함 • 장기적 계획을 고려하지 않음 • 효율성을 중시함 • 관리자에 유리한 예산임	• 장기적 계획과 단기적 예산편성을 구체적인 실행계획을 통하여 유기적으로 연결시킴 • 장기적 계획을 전제로 함 • 목표를 분명히 하고 달성을 강조함 • 계획기능이 강함 • 계획자에 유리한 예산임	• 매년프로그램 목표와 수행능력을 새로 고려함 • 목표달성을 위한 다양한 프로그램을 고려함 • 사업의 비교평가에 기초하여 우선순위를 정하여프로그램을 선택함 • 성과(결과)의 한계 증가량에 관심을 둠 • 의사결정 기능이 강함 • 소비자에게유리한 예산임
장점	• 지출근거를 명확히 하므로 예산 통제에 효과적임 • 회계에 용이함	• 목표와 프로그램을 분명히 이해할 수 있음 • 자금 분배를합리적으로 할 수 있음 • 프로그램의 효율성을 기할 수 있음	• 목표와 프로그램을 분명히이해할수있음 • 자금 분배를 합리적으로 할 수 있음 • 장기적 프로그램 계획을 신뢰할 수 있음 • 프로그램 계획과 예산 수립의 괴리를 막을 수 있음 • 프로그램의 효과성을 높일 수 있음	• 예산절약과 프로그램의 쇄신에 기여함 • 재정운영과 자금배분의 탄력성을 기할 수 있음 • 관리에의 참여를 확대할 수 있음 • 자금의 배분을 합리화할 수 있음 • 프로그램의 효율성과 효과성을 기할 수 있음

모형 특성	품목별 예산(LIB)	성과주의예산(PB)	계획예산(PPBS)	영기준예산(ZBB)
단점	• 예산의 신축성을 저해할 우려가 있음 • 예산증대의 정당성 부여 근거가 희박함 • 결과나 목표달성에 대한 고려부족 • 프로그램내용을 알기 어려움 • 효율성을 무시함	• 예산통제가 어려움 • 비용산출의 단위설정과 비용책정이 어려움 • 효과성이 무시됨	• 목표설정이 어려움 • 결과에만 치중하므로 과정을 상대적으로 무시함 • 권력과 의사결정이 중앙집권화될 경향이 있음	• 효과적으로의사소통, 의사결정, 프로그램 평가에 대한 관리자의 훈련이 필요함 • 정치적 · 심리적 요인을 무시함 • 장기계획에 의한 프로그램 수행이 곤란함

출처: 최성재·남기민(2002).

5) 예산편성의 과정

예산편성은 조직의 목표를 달성하기 위해 소요되는 비용을 추정해내는 과정으로서 사회복지조직의 예산편성은 정치적인 과정이며, 조직 활동의 기획 및 관리과정이다.

사회복지조직에서 예산은 주로 하부단위에서 지출예산을 수립하여 상부단위로 제출하며 최고 책임자에게 제출한다. 최고 책임자는 예산편성지침을 하부단위에 하달하고 각 단위에서 이 지침에 의거하여 예산을 편성하는 절차를 밟고 있으며 구체적인 예산편성의 과정을 살펴보면 다음과 같다(최성재 · 남기민, 2002).

(1) 조직의 단기적·구체적 목표설정

조직의 단기적 목표는 장기적 일반목표와 부합되는지 또는 새로운 단기적 목표를 설정하는 경우 장기적 일반목표와의 관계는 어떤지를 명시해야 할 것이다. 조직의 단기적 · 구체적 목표는 그 달성의 정도를 정기적으로 평가할 수 있도록 관찰가능하고 측정가능하게 제시되어야 한다.

(2) 조직운영에 대한 자료 수집

조직의 과거 및 현재의 운영전반에 관한 정보를 수집해야 하는데, 여기에는 조직 전체, 부서별 및 개인별 업무와 프로그램실적, 프로그램평가, 조직 내 · 외의 가용자원, 재정 사항 등에 관한 정보가 포함되어야 할 것이다.

(3) 운영대안의 고려

수집된 정보를 기초로 하여 조직의 기존목표 및 새로 설정된 목표달성을 위해 가능한 대안을 생각해 보는 것이 필요하다. 기존의 운영방법이나 프로그램의 효율성과 효과성뿐만 아니라 새로운 대안의 효율성과 효과성을 검토해 보아야 한다.

(4) 조직 활동의 우선순위결정

각각의 운영 대안들을 비교 · 검토하고 조직의 장기적 · 단기적 목표와의 관련성, 조직으로서의 필요성, 시급성, 효과성, 효율성, 재정가용성 등을 비교하여 우선순위를 정한다.

(5) 우선순위에 따른 예산안(지출 및 수입예산)의 잠정적 확정

우선순위에 따라 지출예산을 운영단위, 프로그램 단위, 기능 단위에 배정하여 지출예산안을 잠정적으로 확정하되 다양한 수입원에 대한 정보를 수집하여 재정자원의 동원가능성을 검토하고 지출예산을 잠정적으로 확정한다.

(6) 재정원천과의 접촉 및 확인

잠정적으로 확정된 예산안을 가지고 가능하다고 생각되는 재정원천과 접촉하여 수입을 확인해야 한다. 이러한 일은 조직의 행정책임자 또는 관련 직원뿐만 아니라 이사가 해야 할 것이다. 특히 우리나라에서는 사회복지법인의 이사회 및 이사의 역할이 형식적이고 유명무실하게 인식되고 실제로 그렇게 운영되고 있어 문제인데, 이사의 주요역할 중의 하나는 재정자원을 확보하는 일이라는 것에 유의하여야 할 것이다.

(7) 예산안 수정 및 확정

재정원천과 접촉하여 수입의 확인이 이루어지면 수입예산 및 지출예산을 수정(삭감 또는 증액)하여 최종적으로 예산안을 확정하고 이사회에 제출하여 승인을 얻도록 한다.

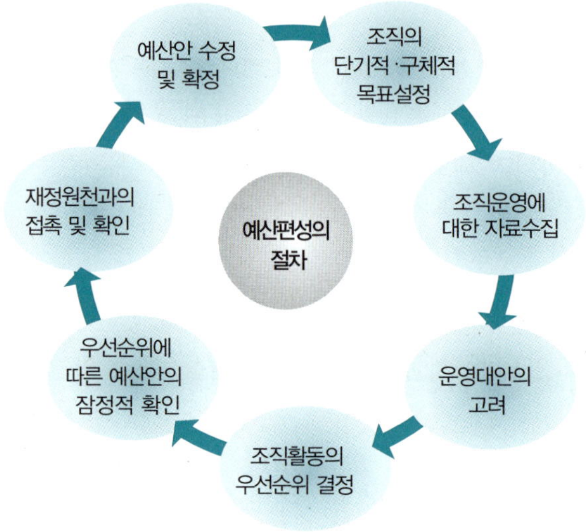

[그림 9-3] 예산편성의 과정

'사회복지법인 및 사회복지시설 재무·회계규칙'에 의한 사회복지법인의 경우 예산편성 및 결정 절차를 살펴보면 법인의 대표이사는 회계연도 개시 1개월 전까지 예산편성 요령을 정하고, 이를 바탕으로 예산을 편성하여 이사회의 의결을 거쳐 확정하고, 이를 매 회계연도 개시 5일 전까지 관할 시장·군수·구청장에게 제출하여야 한다. 시장·군수·구청장은 예산을 제출받은 때에는 20일 이내에 법인과 시설의 회계별 세입·세출 예산을 시·군·구의 게시판에 20일 이상 공고하고, 법인의 대표이사로 하여금 당해 법인과 시설의 게시판과 인터넷 홈페이지에 20일 이상 공고하여야 한다.

예산에 첨부되어야 할 서류는 예산 총칙, 세입·세출명세서, 추정대차대조표,

추정수지계산서, 임 · 직원보수일람표, 당해 연도 예산을 의결한 이사회 회의록 사본 등의 서류가 첨부되어야 하며 단식부기로 회계를 처리하는 경우에는 추정대차대조표와 추정수지계산서는 첨부하지 아니한다.

6) 예산의 내용

예산의 내용은 세입과 세출로 구성되며, 세입과 세출은 '예산총계주의 원칙'에 의거하여 모두 예산에 계상되어야 한다. 세입은 사업수입, 정부보조금, 후원금 등으로 구성되어 있으며, 세출은 사무비, 재산조성비, 사업비 등으로 구성되며 세입 · 세출명세서를 살펴보면 다음과 같다.

〈표 9-7〉 세입 · 세출명세서 예시

과목			전년도 예산액	당해 연도 예산액	증감	산출근거
관	항	목				

예산은 '사회복지법인 재무 · 회계규칙'에 의거하여 세입 · 세출예산과목 구분에 의해 편성된다. 과목 구분은 법인회계, 시설회계, 복지관 등 시설회계, 어린이집 시설회계 등으로 나누어 세입예산과목과 세출예산과목으로 구분하여 운용되고 있으며, 참고로 시설회계의 세입예산과 세출예산의 예산과목을 살펴보면 다음과 같다.

〈표 9-8〉 시설회계 세입 · 세출 예산과목 구분 예시

세입예산과목 구분			세출예산과목 구분		
관	항	목	관	항	목
01 입소자 부담금 수입	11 입소비용 수입	111 ㅇㅇ비용수입	01 사무비	11 인건비	111 급여 112 제수당 113 일용잡급 115 퇴직금 및 퇴직적립금 116 사회보험 부담금 117 기타후생경비
				12 업무 추진비	121 기관운영비 122 직책보조비 123 회의비
				13 운영비	131 여비 132 수용비 및 수수료 133 공공요금 134 제세공과금 135 차량비 136 기타운영비
02 사업수익	21 사업수익	211 ㅇㅇ사업수입	02 재산 조성비	21 시설비	211 시설비 212 자산취득비 213 시설장비 유지비
03 과년도 수입	21 과년도 수입	311 과년도 수입	03 사업비	31 운영비 32 교육비 33 ㅇㅇ사업비	311 생계비 312 수용기관경비 … 321 수업료 322 학용품비 … 331 의료재활 사업비 … 332 사회심리 재활사업비
04 보조금 수입	41 보조금 수입	411 국고보조금 412 시 · 도 보조금 …	04 전출금	41 전출금	411 법인회계 전출금

세입예산과목 구분			세출예산과목 구분		
관	항	목	관	항	목
06 요양급여 수입	61 요양급여 수입	611 장기요양 급여 수입	06 상환금	61 부채 상환금	611 원금상환금 612 이자지불금
07 차입금	71 차입금	711 금융기관 차입금 712 기타차입금	07 잡지출	71 잡지출	711 잡지출
08 전입금	81 전입금	811 법인전입금 812 법인전입금 (후원금)	08 예비비 및 기타	81 예비비 및 기타	811 예비비 812 반환금
09 이월금	91 이월금	911 전년도이월금 912 전년도이월금 (후원금) 913 ㅇㅇ이월 사업비			
10 잡수입	101 잡수입	1011 불용품매각대 1012 기타예금 이자수입 1013 기타잡수입			

7) 예산의 집행

예산집행이란 세입 · 세출예산안이 담고 있는 정책 목표와 프로그램을 성취하는 데 필요한 수입과 지출을 실행하는 일체의 행위를 말한다(강종수, 2011). 예산의 집행은 수입과 지출에 관한 단순한 관리나 통제로서의 의미뿐만 아니라 회계의 통제, 프로그램관리 통제, 인사관리의 통제, 제공된 서비스의 통제, 관리행위의 통제라는 의미도 가지고 있다(최성재 · 남기민, 2002). 원활한 조직 활동을 위해서는 적절한 시기에 예산이 충분히 조달되어야 하나 그렇지 못한 경우가 발생함에 따라 인위적으로 예산을 통제할 필요가 있으며 예산집행을 통제하는 방법은 다음과 같다(Weiner, 1990).

① 분기별 할당: 예산의 수입과 지출을 분기별로 조정하여 수지의 균형을 유지하도록 하는 것을 말한다.

② 지출의 사전 승인: 사회복지조직에서 일정액 이상의 지출을 할 경우 사전승인을 받도록 하는 것이 일반적이다. 이와 같은 사전승인은 수입과 지출의 균형을 유지하는 데 도움이 되고 때때로 승인을 의도적으로 연기하여 지출을 억제할 수도 있다.

③ 자금지출의 취소: 예상된 재정원천으로부터 예상된 수입액이 입금되지 않을 경우는 자금지출을 잠정적으로 취소하거나 최종적으로 취소할 수 있다.

④ 정기적 보고: 행정책임자는 월별, 분기별로 재정현황을 보고받아 검토하여야 한다. 보고서의 내용은 수입지출 현황, 변제비용, 인원당 비용, 기능별 비용, 서비스 단위당 비용 등이 포함된다.

⑤ 대체: 회계연도 말쯤에 재정현황이 사업별 또는 계정별로 과도지출되었거나 과소지출된 경우에는 과소지출 분에서 과다지출 분을 메우기 위하여 대체할 필요가 있다.

⑥ 지불연기: 이 방법은 조직 내 · 외로부터의 지출요청에 대하여 의도적으로 적당한 방법을 통해 지불을 연기함으로써 수입예산이 입금되기까지 여유를 갖는 것이다. 특히 지불연기로 인한 벌칙이나 벌금이 없는 경우는 요청자의 양해를 얻어 최대한으로 지불연기를 할 수 있다.

⑦ 차용: 차용은 은행 또는 특별단체로부터 자금을 빌리는 것을 말한다. 수입예산이 계획대로 확보되지 않을 경우 불가피한 지출을 위해서는 일반적으로 은행, 사회복지 관련 기관 · 단체 또는 정부기관으로부터 장기적 또는 단기적으로 자금을 대여할 필요가 있는 경우이다.

위와 같이 예산을 통제할 필요가 있을 때 예산을 통제하는 원칙은 다음과 같다.

〈표 9-9〉 예산통제의 원칙

원칙	내용
개별화의 원칙	예산통제는 개별기관 그 자체의 특성에 맞게 고안되어야 한다.
강제성의 원칙	예산통제 체계는 강제성을 띠는 명시적인 규정이 있어야 한다.
예외성의 원칙	규칙에는 반드시 예외사항을 고려하여야 하고 그러한 상황에 적용되는 다른 규칙도 명시되어야 한다.
보고의 원칙	예산통제체계는 재정 상황을 정기적으로 보고하여야 한다.
개정의 원칙	규칙은 일정한 기간이 지난 후에는 새로 개정할 수 있어야 한다.
효율성의 원칙	예산통제는 비용과 노력을 최소화하는 정도에서 이루어질 수 있어야 한다.
의미의 원칙	효과적인 통제가 되기 위해서 규칙, 기준, 의사소통 및 계약 등은 관계되는 모든 사람들에게 동일하게 전달되어야 한다.
환류의 원칙	예산통제 체계에 관한 규칙, 기준, 의사소통, 계약 등을 적용할 때 발생할 수 있는 여러 가지의 부작용 및 장단점 등을 관련자들로부터 들어서 개정과 개선의 기초가 되어야 한다.
생산성의 원칙	서비스 전달이라는 생산성에 장애와 갈등이 발생하지 않도록 서비스가 효과적이고 효율적으로 전달되어야 한다.

8) 결산

결산이란 한 회계연도 내에서 모든 수입과 지출을 확정적인 계수로 표시하는 절차이다. 세입 · 세출결산보고서는 법인은 대표이사, 시설은 시설장이 작성하므로 예산집행의 마무리 단계라고 볼 수 있다. 사회복지조직에서 결산이 필요한 것은 법인 이사회의 의도대로 법인 및 시설이 예산을 집행하였는가를 규명하고 결산의 결과를 다음 연도의 예산에 반영시키기 위한 것이다.

사회복지법인의 경우는 대표이사가 법인회계와 시설회계의 세입 · 세출결산보고서를 작성하여 이사회의 의결을 거친 후 다음 연도 3월 31일까지 시장 · 군수 · 구청장에게 제출한다(사회복지법인 재무 · 회계규칙 19조). 시설의 경우는 시설장이 수입지출결의서와 사업실적보고서를 법인 이사회에 제출해야 한다. 시장 · 군수 · 구청장은 결산보고서를 제출받은 때에는 20일 이내에 법인과 시설의 세입 · 세출예산 개요와 후원금품의 수입 및 사용내역 개요에 대한 사항을 시 · 군 · 구 게시판에 20일 이상 공고하고, 법인의 대표이사로 하여금 법인 · 시설의 게시판에 20일 이상 공고하도록 해야 하며 일간신문이나 정기간행물에 게재하는 것으로 대체할 수도 있다.

결산서에 첨부하여야 할 서류는 다음과 같다.

1. 세입·세출결산서
2. 과목 전용조서
3. 예비비 사용조서
4. 대차대조표
5. 수지계산서
6. 현금 및 예금명세서
7. 유가증권명세서
8. 미수금명세서
9. 재고자산명세서
10. 기타 유동자산명세서(제6호 내지 제9호의 유동자산외의 유동자산을 말한다)
11. 고정자산(토지·건물·차량운반구·비품·전화가입권)명세서
12. 부채명세서(차입금·미지급금을 포함한다)
13. 제충당금명세서
14. 기본재산수입명세서(법인만 해당한다)
15. 사업수입명세서
16. 정부보조금명세서
17. 후원금수입명세 및 사용결과보고서(전산파일을 포함한다)
18. 후원금 전용계좌의 입출금내역
19. 인건비명세서
20. 사업비명세서
21. 기타비용명세서(인건비 및 사업비를 제외한 비용을 말한다)
22. 감사보고서
23. 법인세 신고서(수익사업이 있는 경우에 한한다)

3 회계 및 회계감사

1) 회계의 개념

회계는 금전 거래 등 조직의 재정적 거래를 분류하여 기록하고, 그 결과를 해석하는 표준화되고 요약된 방법으로 재정적 거래를 분류, 기록, 요약하고 그 결과를 해석한다. 회계는 금전거래 등 어떤 조직체의 재정적 활동과 수지에 관한 사실 확인과 그 결과를 해석하는 여러 가지 사건들의 관점에서 본 기록과 분류 및 요약의 기술로서 정확하고 표준화된 재정보고서의 준비가 회계와 사회복지서비스를 연결해 주는 핵심이 된다(한신애외, 2018). 회계는 목적에 따라 재무회계와 관리회계로 구분되는데 재무회계(financial accounting)란 내부 및 외부 정보 이용자의 경제적 의사결정에 필요한 재무상태, 경영 성과, 현금 흐름의 변동 등의 내용을 일정기간 동안의 수입과 지출 사항을 기록하여 보고하는 것이다. 주요내용으로는 거래자료 기록, 시간표 작성, 분개 작성, 결산 등이 있다. 관리회계(managerial accounting)란 행정책임자가 행정적인 의사결정을 하는 데 필요한 모든 재정관계 자료를 정리하는 것으로 미래 상황에 대한 예측을 가능하게 하는 예산단위의 비용을 계산하여 예산의 실행성과를 분석한다.

2) 주요 회계활동

회계의 주요한 활동을 보면 기록업무, 회계 정리업무, 재정보고서 작성 및 보고업무 등 크게 3단계로 진행된다. 이를 구체적으로 살펴보면 다음과 같다.

① 기록업무: 금전적인 수입과 지출에 관한 다양한 기록 장부를 마련하고 회계원칙에 따라 장부에 기록하는 일이다. 수입과 지출이 발생한 경우에 분개장과 보조부에 기록하고, 분개장의 기록을 총계정 원장에 옮겨 적어서 시산표 작성 및 정리분개를 하여 정산표를 작성하거나 혹은 대차대조표, 손익계산서, 이익잉여금 처분계산서, 재무상태 변동표 등 재무제표를 작성한다.

② 정리업무: 장부에 기록된 회계사항을 월별, 분기별로 정리하는 업무인데 이는 주기적으로 재정상태를 파악하기 위한 재정보고서 작성을 위해서도 반드시 필요한 절차이다.

③ 재정보고서 작성 및 발행: 사회복지조직의 재정상태를 정기적으로 파악하기 위하여 월별, 분기별 재정보고서를 작성하여 시설내부 및 이사회에 보고한다. 회계연도 말에는 1년분의 수입지출 현황을 알 수 있는 적절한 양식의 보고서를 작성하여 정부기관 및 이사회에 보고한다. 재정지원 조직이나 개인에게도 보고하거나 공개하여 그들이 제공한 재정자원이 어떻게 사용되었는지를 알려주는 것이 바람직하다. 재정보고서와 병행하여 사업실적보고서도 만들어 보고하는 것이 바람직하다(최성재 · 남기민, 2002).

3) 회계감사

회계감사란 조직의 수입 · 지출의 결과에 관련된 사실을 확인하고 검증하여 이를 보고하기 위하여 장부 및 기타 기록을 체계적으로 검사하는 것을 말한다. 사회적으로 할당된 자원들에 대한 청지기로서 조직이나 프로그램이 그 역할을 적합하게 수행하고 있는지를 확인하는 작업이다(김영종, 2003). 회계감사는 결산과 더불어 예산과정 중의 마지막 과정으로서, 예산을 정확하게 그리고 효율적으로 집행하기 위해서 필요하다. 즉, 회계감사란 회계제도(accounting system)가 정확하게 활용되고 있는가를 검증하는 것이다(Thomas, 1979).

사회복지기관의 경우 감사는 지출과 수입에 대한 회계관리의 전반적인 검사를 통하여 오류 및 부정행위를 발견하고 그 정확성을 확보하고자 하는 행위를 뜻한다(McLaughlin, 1995).

이처럼 사회복지법인과 시설에 대한 회계감사는 사회복지법인 재무 · 회계규칙 42조 1항과 2항 규정에 의해 매년 1회 이상 감사를 실시하여야 한다. 법인의 대표이사는 시설의 장과 수입원 및 지출원이 사망하거나 경질되는 경우에는 그 관장에 속하는 수입, 지출, 재산, 물품 및 현금 등의 관리상황을 감사로 하여금 감사하게 하여야 한다. 규정에 의하여 감사를 한 때는 감사보고서를 작성하여 당해법인의 이사회에 보고하여야 하고, 재산상황 또는 업무집행에 관하여 부정 또는 불비한 점이 발견된 때에는 시장 · 군수 · 구청장에게 보고하여야 하며 감사보고서에는 감사가 서명 또는 날인하여야 한다.

사회복지행정 관리자들은 재정관리에 대해 어느 정도의 지식을 갖추어야 회계감사에 적절히 대처할 수 있다. 이는 감사나 평가의 과정에서 사회복지조직 및 사회복지사들의 이익을 위해서가 아니라 사회복지 대상자들의 이익을 대변하여야 하기 때문이다. 아울러 회계감사는 사회복지조직의 재무 · 회계의 명확성과 공정성 확보 및 사회복지조직 내 · 외부로부터의 지지를 얻을 수 있는 좋은 기회가 되기도 한다(강용규 외, 2007).

4) 회계감사의 유형

회계감사의 유형은 감사를 실시하는 주체, 대상조직, 영역에 따라 구분할 수 있다. 이를 구체적으로 살펴보면 다음과 같다.

〈표 9-10〉 회계감사의 유형

유형	구분	내용
주체	내부감사	조직의 내부인 중 최고 행정책임자 또는 다른 중간 행정책임자가 행하는 감사
	외부감사	조직외부의 독립된 회계기관, 회계사, 정부의 업무감독 기관에서 행하는 감사
대상 조직	정부기관에 대한 감사	정부의 감독관청 및 감사원이 행하는 감사
	법인에 대한 감사	법인에서 지정한 외부의 회계기관 또는 정부의 감독관청이 행하는 감사
	사회복지조직에 대한 감사	당해법인, 외부 회계기관 및 감독관청이 행하는 감사

유형	구분	내용
영역	규정준수 회계감사	대부분 기관의 재정적 운영이 적절한 회계절차에 따라 시행되었는지, 재정이나 다른 보고서들이 적절하게 준비되었는지, 기관에 적용된 각종 규칙과 규제들에 기관이 적절하게 따랐는지를 확인하는 것에 목적을 둠
	운영 회계감사	바람직한 프로그램 결과가 성취되었는지의 여부, 목표들은 어느 정도의 경제성과 효율성으로 성취되었는지 등과 같은 문제들에 관심을 둠

4 사회복지법인 재무회계규칙

사회복지법인 및 사회복지시설에서 재정관리의 기본이 되는 보건복지부령 제831호 '사회복지법인 및 사회복지시설 재무 · 회계규칙'(2021. 9. 30. 일부개정)의 주요 내용을 살펴보면 다음과 같다.

1) 총칙

① 회계연도: 법인 및 시설의 회계연도는 정부의 회계연도에 따른다. 정부의 회계연도와 동일하게 1월 1일부터 12월 31일까지로 하며 출납기한은 다음 연도 2월 말까지 완결하여야 한다.

② 회계의 구분: 법인의 회계는 법인회계, 해당 법인이 설치 · 운영하는 시설의 시설회계 및 수익사업회계로 구분하여야 하며, 시설의 회계는 해당 시설의 시설회계로 한다.

③ 정보통신매체에 의한 재무 · 회계처리: 법인 및 시설의 재무 · 회계업무의 효율성 및 투명성을 높이기 위하여 「사회복지사업법」 제6조의 2 제2항에 따른 정보시스템으로서 법인 및 시설의 재무회계를 처리하기 위한 정보시스템을 구축 · 운영할 수 있다.

2) 예산과 결산

① 예산총계주의 원칙: 세입과 세출은 모두 예산에 계상하여야 한다.

② 예산의 편성 및 결정절차: 예산을 편성하여 각각 법인 이사회의 의결 및 운영위원회에의 보고를 거쳐 확정한다. 다만, 법인이 설치 · 운영하는 시설인 경우에는 시설운영위원회에 보고한 후 법인 이사회의 의결을 거쳐 확정한다. 확정한 예산은 매 회계연도 개시 5일 전까지 관할 시장 · 군수 · 구청장에게 제출한다.

③ 예산에 첨부하여야 할 서류: 예산에는 다음 각호의 서류가 첨부되어야 한다. 다만, 단식부기로 회계를 처리하는 경우에는 제1호 · 제2호 · 제5호 및 제6호의 서류만을 첨부할 수 있다.

1. 예산총칙
2. 세입 · 세출명세서
3. 추정재무상태표
4. 추정수지계산서
5. 임직원 보수 일람표
6. 예산을 의결한 이사회 회의록 또는 예산을 보고받은 시설운영위원회 회의록 사본

④ 준예산: 회계연도 개시 전까지 법인 및 시설의 예산이 성립되지 아니한 때에는 법인의 대표이사 및 시설의 장은 시장 · 군수 · 구청장에게 그 사유를 보고하고 예산이 성립될 때까지 다음의 경비를 전년도 예산에 준하여 집행할 수 있다.

1. 임직원의 보수
2. 법인 및 시설 운영에 직접 사용되는 필수적인 경비
3. 법령상 지급 의무가 있는 경비

⑤ 예산의 전용: 법인의 대표이사 및 시설의 장은 관 · 항 · 목간의 예산을 전용할 수 있다. 다만, 법인 및 시설(소규모 시설은 제외한다)의 관간 전용 또는 동일 관내의 항간 전용을 하려면 이사회의 의결 또는 시설운영위원회에의 보고를 거쳐야 하되, 법인이 설치 · 운영하는 시설인 경우에는 시설운영위원회에 보고한 후 법인 이사회의 의결을 거쳐야 한다.

⑥ 특정목적사업 예산: 법인의 대표이사 및 시설의 장은 완성에 수년을 요하는 공사나 제조 그 밖의 특수한 사업을 위하여 2회계연도 이상에 걸쳐서 그 재원을 적립할 필요가 있는 때에는 회계연도마다 일정액을 예산에 계상하여 특정목적사업을 위한 적립금으로 적립할 수 있다. 적립금의 적립 및 사용 계획(변경된 계획을 포함한다)은 시장 · 군수 · 구청장에게 사전에 보고하여야 한다. 적립금은 그 적립목적에만 사용해야 한다. 다만, 노인장기요양기관의 경우 「재난 및 안전관리 기본법」 제14조 제1항에 따른 대규모 재난으로 인하여 인건비 지급이 어려운 경우로서 보건복지부장관이 정하는 기준에 해당하는 때에는 관할 시장 · 군수 · 구청장의 승인을 받아 한시적으로 인건비로 사용할 수 있다.

⑦ 결산서의 작성 제출: 법인의 대표이사 및 시설의 장은 법인회계와 시설회계의 세입 · 세출 결산보고서를 작성하여 각각 이사회의 의결 및 시설운영위원회에의 보고를 거친 후 다음 연도 3월 31일까지 시장 · 군수 · 구청장에게 제출하여야 한다. 다만, 법인이 설치 · 운영하는 시설인 경우에는 시설운영위원회에 보고한 후 법인 이사회의 의결을 거쳐 제출하여야 한다. 시장 · 군수 · 구청장은 제1항에 따라 결산보고서를 제출받은 때에는 20일 이내에 법인 및 시설의 세입 · 세출결산서를 시 · 군 · 구의 게시판과 인터넷 홈페이지에 20일 이상 공고하고, 법인의 대표이사 및 시설의 장으로 하여금 해당 법인 및 시설의 게시판과 인터넷 홈페이지에 20일 이상 공고하도록 하여야 한다.

3) 회계

① 회계의 방법: 회계는 단식부기에 의한다. 다만, 법인회계와 수익사업회계에 있어서 복식부기의 필요가 있는 경우에는 복식부기에 의한다.

② 수입금의 수납: 모든 수입금의 수납은 이를 금융기관에 취급시키는 경우를 제외하고는 수입원이 아니면 수납하지 못한다. 수입원이 수납한 수입금은 그다음 날까지 금융기관에 예입하여야 한다.

③ 지출의 원칙: 지출은 지출사무를 관리하는 자 및 그 위임을 받아 지출명령이 있는 것에 한하여 지출원이 행한다. 지출명령은 예산의 범위 안에서 하여야 한다.

④ 지출의 방법: 지출은 상용의 경비 또는 소액의 경비지출을 제외하고는 예금통장에 의하거나 「전자문서 및 전자거래 기본법」 제2조 제5호에 따른 전자거래로 행하여야 한다. 다만, 시설에 지원되는 국가 또는 지방자치단체의 보조금 지출은 보조금 결제 전용카드나 전용계좌를 이용하여야 한다. 지출원은 상용의 경비 또는 소액의 경비를 지출할 수 있으며, 이를 위하여 100만원 이하의 현금을 보관할 수 있다.

4) 후원금의 관리

① 후원금의 범위: 「사회복지사업법」 제45조에 따라 아무런 대가 없이 무상으로 받은 금품이나 그 밖의 자산을 후원금으로 하며, 수입 · 지출 내용과 관리에 명확성이 확보되도록 하여야 한다. 시설거주자가 받은 개인결연후원금을 당해인이 정신질환 기타 이에 준하는 사유로 관리능력이 없어 시설의 장이 이를 관리하게 되는 경우에도 동일하다.

② 후원금의 영수증 발급: 기부금영수증 서식에 따라 후원금 영수증을 발급하여야 하며, 영수증 발급목록을 별도의 장부로 작성 · 비치하여야 한다. 금융기관 또는 체신관서의 계좌입금을 통하여 후원금을 받은 때에는 법인명의의 후원금전용계좌나 시설의 명칭이 부기된 시설장 명의의 계좌를 후원금전용계좌로 하며 이를 사용하여야 한다. 이 경우 후원자가 영수증 발급을 원하는 경우를 제외하고는 영수증의 발급을 생략할 수 있다.

③ 후원금의 수입 및 사용내용 통보: 법인의 대표이사와 시설의 장은 연 1회 이상 해당 후원금의 수입 및 사용내용을 후원금을 낸 법인 · 단체 또는 개인에게 통보하여야 한다. 이 경우 법인이 발행하는 정기간행물 또는 홍보지 등을 이용하여 일괄 통보할 수 있다.

④ 후원금의 수입 · 사용결과 보고 및 공개: 결산보고서를 제출할 때에 후원금수입 및 사용결과보고서(전산파일을 포함)를 관할 시장 · 군수 · 구청장에게 제출하여야 한다. 시장 · 군수 · 구청장은 제출받은 후원금수입 및 사용결과보고서를 제출받은 날부터 20일 이내에 인터넷 등을 통하여 3개월 동안 공개하여야 하며, 법인의 대표이사 및 시설의 장은 해당 법인 및 시설의 게시판과 인터넷 홈페이지에 같은 기간 동안 공개하여야 한다. 다만, 후원자의 성명(법인 등의 경우는 그 명칭)은 공개하지 아니한다.

5) 감사

① 감사: 법인의 감사는 당해 법인과 시설에 대하여 매년 1회 이상 감사를 실시하여야 한다. 법인의 대표이사는 시설의 장과 수입원 및 지출원이 사망하거나 경질된 때에는 그 관장에 속하는 수입, 지출, 재산, 물품 및 현금 등의 관리상황을 감사로 하여금 감사하게 하여야 한다.

② 회계감사: 시 · 도지사 또는 시장 · 군수 · 구청장은 법인 및 시설이 다음 각호의 어느 하나에 해당하는 경우 회계감사를 실시할 수 있다.

1. 「사회복지사업법」 제40조 제1항 제4호에 따른 회계 부정이나 불법행위 또는 그 밖의 부당행위 등이 발견된 경우
2. 「사회복지사업법」 제42조 제3항 제1호에 따라 거짓이나 그 밖의 부정한 방법으로 보조금을 받은 경우
3. 「사회복지사업법」 제42조 제3항 제2호에 따라 사업 목적 외의 용도에 보조금을 사용한 경우
4. 「사회복지사업법」 또는 「사회복지사업법」에 따른 명령을 위반한 경우
5. 제42조 제4항에 따라 감사가 시장 · 군수 · 구청장에게 보고한 경우

chapter 10

사회복지조직의 마케팅과 홍보

1. 마케팅의 개념과 필요성
2. 사회복지조직의 마케팅
3. 사회복지조직의 홍보

1 마케팅의 개념과 필요성

1) 마케팅의 개념과 목적

(1) 마케팅의 개념

마케팅(Marketing)이란 시장(market)과 진행(ing)이 결합된 말로서 계속적으로 시장을 창조하고 시장이 경직되지 않고 유연성을 갖도록 계속적으로 순환시키는 노력과 활동이라고 할 수 있다. 즉, 생산자가 상품 또는 서비스를 소비자에게 유통시키는 데 관련된 모든 체계적 경영활동이라고 할 수 있는 것이다.

즉, 마케팅이란 구매자와 판매자 간의 물품을 구매하는 과정에서 수반되는 활동을 말하며, 활동의 목적은 판매자인 고객의 욕구를 충족시켜 최대한의 가치를 창출 하는 것으로 정의할 수 있다(박차상 외, 2010).

그러나 마케팅은 과거와 달리 현재는 일반기업에만 국한되는 것이 아니라 비영리조직은 물론 학교, 병원 등에서도 중요한 기능과 활동이 되고 있다. 단지, 마케팅 활동의 목적에 있어 일반기업은 이윤극대화를 최종 목적으로 하지만, 비영리조직인 사회복지조직은 기관이 지향하는 공익적인 목적과 가치를 달성하기 위하여 고객(클라이언트), 재원제공자, 자원봉사자, 자격부여기관, 그리고 지역사회 등이 사회복지조직에 대해 좀 더 많은 관심과 요구를 갖도록 하기 위한 종합적인 제반 활동으로 볼 수 있는 것이다(장천식, 2006: 280).

즉, 사회복지조직의 마케팅이란, 자금 확보와 관련된 제반 활동들이 포함되며 조직의 소비자인 클라이언트, 재원제공자, 자격부여기관 및 사회 전체가 사회복지조직에 대해 좀 더 많은 관심과 요구를 갖기 위한 제반 활동이다.

1960년대에는 마케팅을 생산자로부터 소비자 또는 사용자에게로 제품이나 서비스의 흐름을 지시하는 기업활동의 수행이라는 비교적 좁은 의미로 규정되었지만, 1980년대 접어들면서부터는 제품과 서비스 이외에 아이디어의 마케팅과 비영리조직의 마케팅을 포함하는 넓은 의미로 마케팅의 개념정의가 보급되기 시작하였다. 특히 코틀러(Kotler, 1980)는 마케팅을 '교환과정을 통해 필요와 욕구를 충족시키기 위한 인간활동'이라고 정의하여, 마케팅을 영리기업뿐만 아니라 영리를 목적으로 하지 않는 개인이나 조직에서 거래 혹은 설득이나 커뮤니케이션 등 교환이나 그것을 촉진하기 위한 모든 활동을 포함하고 있다.

우리나라의 경우 1980년대부터 외국의 원조를 받았던 대규모 사회복지조직들은 외원이 철수되면서 생존을 위하여 이벤트, 캠페인, 정기후원자 모집 등 마케팅에 의한 모금을 하기 시작하였다. 1990년대부터는 다양한 비영리조직에서 DM, ARS 모금, 이벤트, 정기 후원자 개발 등 본격적인 모금활동과 운동이 확산되었다. 아직도 전문적인 마케팅에 의한 모금운동은 대규모의 일부 비영리조직을 통해서 이루어지고 있으나 사회가 보수화되면서 사회복지의 시장화 개념이 도입되었고, 민간자원 확보의 필요성이 증대되면서 많은 사회복지기관들이 마케팅 개념의 적용을 통한 자원개발에 관심을 갖게 되었다.

(2) 마케팅의 목적

사회복지조직은 비영리 또는 이타주의적 성향이 강하므로 사회복지조직의 마케팅은 영리적인 상업적 마케팅보다는 고도의 윤리성을 기대하게 된다. 즉, 마케팅의 이념이나 목적이 윤리적 기준을 넘어서는 안 된다는 것이다.

전통적으로 마케팅 기술이 적용되어 오던 영리부문에서만이 아니라 사회복지조직의 많은 활동들도 마케팅 이론의 관점에서 보려는 노력들이 시도되었는데, 사회복지조직도 체계적으로 마케팅을 도입하고 활용할 필요가 있는 것이다(권육상 외, 2004: 295).

이에 착안하여 사회복지조직의 마케팅 목적을 간략히 살펴보면 다음과 같다.

첫째, 개인의 발전을 도모하기 위해서이다. 사회복지관에서 월별 프로그램을 알리는 것이나, 자원봉사자를 모집하기 위한 노력은 비록 방법은 다르다 하더라도 거기에 참여하는 개인의 발전을 촉진하기 위함이다.

둘째, 사회적인 아이디어를 제시하고 설득하기 위함이다. 입법화를 위한 대부분의 캠페인 활동이나 의회나 국회에 입법 필요성을 탄원하는 일 등이 여기에 포함된다.

셋째, 행동의 변화를 유도하기 위해서이다. 사회복지조직은 자신과 사회에 이로울 수 있도록 개개인의 행동을 변화시키려고 시도한다. 알코올중독자, 마약 사용자 혹은 아동학대자에 대한 행동변화의 노력이 여기에 해당된다.

넷째, 새로운 정보와 실천을 전파하기 위함이다. 사회복지조직은 주민들에게 그들의 이익이 되는 정보를 전달하며 어떤 실천을 촉구한다. 학교사회복지와 관련된 프로그램을 실시함으로써 지역 내 학교와의 교류를 증진하면서 학교사회복지가 정착될 수 있는 근거를 마련할 수 있다.

2) 마케팅의 필요성

현대 산업사회는 사회복지조직에게 서비스의 책임성과 효과성, 그리고 효율성을 강조하고 있다. 이와 같이 마케팅이 사회복지조직에 있어 필요성으로 대두되는 내용은 다음과 같이 정리할 수 있다.

첫째, '행정적인 측면'에서 사회복지조직은 정부의 보조금과 기타 단체의 기부금 등 제한적인 재정구조를 지니고 있다. 따라서 서비스 제공 과정에서 책임성, 효과성, 효율성을 강조할 수밖에 없기 때문에 전문적이고 체계적인 마케팅의 도입이 필수적이다.

둘째, '대상자 관리 측면'에서 사회복지조직은 클라이언트, 기관의 이용자, 기부자, 지역사회 등을 주요 고객으로 인식함으로써 그들의 욕구를 세분화하여 체계적으로 관리할 필요가 있다. 따라서 고객의 흥미와 그에 따른 만족을 최대한 유도할 수 있는 전문적인 마케팅 접근이 필요하다.

셋째, '서비스 개발 측면'에서 사회복지조직은 비영리성과 클라이언트의 욕구충족이라는 특수성을 지니고 있다. 따라서 사회복지조직을 둘러싼 외부환경에 대한 의존성이 대두되고 있기 때문에 정치적 · 경제적 · 사회적 · 법적 · 문화적 환경을 세분화하고 분석하여 질적인 서비스 개발에 있어 상품의 가치를 높일 필요가 있으므로 마케팅이 필요하다.

넷째, '재정확보 측면'에서 사회복지조직의 목표를 달성하기 위해서는 재정자원의 계획과 동원, 배분, 효율적인 사용과 책임성 있는 관리는 필수적이다. 특히 사회복지조직은 기금조성을 위한 모금시장 환경에 대한 철저한 조사, 다양한 후원자를 개발하기 위한 상품개발, 전략적인 모금 홍보계획을 통해 잠재된 후원자들을 개발하는 등 마케팅의 도입이 필수적이다.

3) 마케팅의 핵심요소

사회복지조직에서 마케팅 개념의 중요성은 점차 증대되고 있으며, 이러한 마케팅을 구성하는 핵심요소는 다음과 같다(박차상 외, 2010).

첫째, '소비자의 욕구와 수요'이다.

자신들이 가지고 있는 욕구를 만족시킬 수 있는 구체적인 제품이나 서비스에 대한 선호를 갖게 되는데, 이러한 선호는 문화나 사회에 따라 다르며, 사회적 제도나 힘에 의해 형성되고 끊임없이 변형되어 간다. 특정 제품이나 서비스에 대한 욕구가 구매 의사와 능력에 의해 뒷받침될 때 그것을 수요라고 할 수 있는데, 즉 지불능력이 있는 욕구는 시장에서 수요가 되며 소비자들은 제품이 주는 혜택이나 이익을 계산하고, 지불하는 금액에 비해 가장 큰 이익을 주는 제품을 선택하게 된다.

효과적인 조직은 고객들의 욕구와 수요를 파악하는 데 철저하다. 즉, 그들은 소비자들이 좋아하는 것과 싫어하는 것을 알기 위해 소비자조사를 수행하고 고객의 요구사항, 보증 및 서비스 자료를 분석한다. 따라서 고객의 욕구와 수요를 세밀하게 이해한다는 것은 마케팅 전략을 위한 중요한 투입요소이다.

둘째, '소비자의 만족과 가치 인식'이다.

소비자는 제품이나 서비스를 통해 그들의 욕구와 수요를 충족시킨다. 그리고 소비자들은 여러 대안들 중에서 그들의 욕구를 가장 잘 만족시켜 줄 수 있다고 생각하는 대안을 선택한다.

가치라는 것은 고객이 그 제품을 소유하고 사용하여 획득한 혜택(혹은 이익)과 그 제품을 획득하는 데 소요되는 비용 간의 차이이다. 대안의 가치는 가격을 고려한 대안의 고객 만족 수준이다. 만족은 소비자의 기대에 비하여 가치를 전달하는 데 있어 제품에 대해 지각하는 성능에 의해 좌우된다. 만약 제품의 성능이 소비자의 기대에 미치지 못한다면 그 구매자는 불만족하게 된다. 반면 제품의 성능이 기대에 일치한다면 구매자는 만족하는 것이다.

셋째, '교환'이다.

마케팅은 사람들이 교환을 통해서 그들의 욕구나 수요를 충족하려고 결정하였을 때 발생한다. 교환(exchange)이란 어떤 측면으로부터 바람직한 목적물을 획득하고, 그 대신에 상대방에게 어떤 것을 제공하는 행위이다. 즉, 교환은 가치 있는 제품이나 서비스에 대해 대가를 제공 · 획득하는 행위를 말하는 것으로 가치를 창조하는 과정으로 이해된다. 따라서 욕구나 수요를 충족시키는 수단으로서 교환은 상당히 중요한 것이다.

넷째, '시장'이다.

시장은 어떤 제품이나 서비스의 실제 또는 잠재적 구매자들의 집합을 의미하는 것으로 원래 시장이란 용어는 구매자와 판매자가 그들의 재화를 교환하기 위해 모인 장소, 즉 마을 광장과 같은 공간성을 갖는 장소를 의미하는 것이었다.

오늘날의 경제는 노동의 분업원리에 따라 운영되는데, 노동의 분업이 이루어지는 곳에서 각 사람들이 어떤 것을 생산하는 데 전문화하고, 대금을 받으며, 이러한 돈으로 필요한 것을 구입한다. 따라서 현대 경제에서는 다양한 시장들이 존재하며 기업은 마케팅을 통해 특별한 시장의 욕구와 수요를 파악하고, 최상으로 서비스를 제공할 수 있는 시장을 선정한다. 이러한 과정을 통하여 기업들은 시장의 고객들에게 가치와 만족을 창출하는 제품과 서비스를 개발할 수 있으며, 그 결과로 기업은 판매와 이익을 얻게 된다.

[그림 10-1] 마케팅의 핵심요소

2 사회복지조직의 마케팅

1) 특성

사회복지조직에서의 제품은 유형의 상품이 아니라 주로 무형의 서비스를 제공하고, 반면 기업에서의 제품은 주로 유형의 상품을 제공한다. 이처럼 사회복지조직에서 제공하는 서비스와 기업체에서 생산하는 상품 간의 차이는 마케팅에서도 그대로 나타나고 있다(황성철 외, 2014: 347-348).

첫째, 서비스의 무형성(intangibility)이다.

기업체에서 생산하는 제품은 유형의 형태를 갖추고 있는 반면, 사회복지조직에서 제공하는 서비스는 눈으로 확인할 수 있는 유형의 형체가 존재하지 않는다. 또한 기업체에서 생산하는 제품의 경우 외형, 냄새 등을 통해 상품의 품질을 평가하게 되고, 경험을 통해 품질에 대한 확신과 상품을 통해 얻게 될 이익을 어느 정도 기대할 수 있다. 반면, 사회복지조직의 서비스는 그것을 이용해보기 전에는 서비스 제공자의 의도를 확인할 수 있는 방법이 적다. 이러한 비유형성으로 인해 서비스는 상품처럼 진열하거나 재고정리를 하기가 어렵고, 상대방을 설득하기 위해 홍보를 하거나 특허를 내기도 힘들다. 서비스는 이용자가 실제 이용을 해본 후에만 평가가 가능하기 때문에 마케팅의 어려움이 있다.

둘째, 서비스의 다양성(heterogeneity)과 복잡성(complexity)이다.

사회복지서비스는 개별적인 욕구를 중시하기 때문에 다양한 서비스가 제공되고, 또한 욕구를 충족시키는 과정이 매우 복잡하다. 반면, 기업체의 상품은 대량소비를 유도하여 높은 이익의 창출을 목적으로 하기 때문에 비용을 낮추기 위해 표준화된 상품을 개발 · 공급하므로 다양성이 부족하다. 여기서 사회복지서비스는 개별적인 욕구에 초점을 맞추어 서비스를 제공하는 것이 중요한 실천가치이기 때문에 대량생산이 불가능하고, 결국 사회복지서비스 단위비용은 영리부문 상품의 단위보다 훨씬 높을 수밖에 없다.

셋째, 사회복지부문의 서비스는 생산과 소비가 동시에 일어난다.

영리부문에서의 물리적 상품은 생산이 선행되고, 고객에 의해 소비가 발생한다. 그러나 사회복지조직에서 제공되는 서비스는 생산과 소비가 분리되지 않고 동시에 발생한다. 이는 생산자와 소비자가 서비스 생산과정에 동시에 참여한다는 것을 의미한다. 따라서 사회복지 마케팅에서는 상품의 교환과정뿐만 아니라 생산자와 소비자의 상호작용을 강조할 필요가 있다.

마지막으로 서비스는 소멸성(perishability)이 있다.

기업체에서 생산하는 제품은 판매 혹은 소비되지 않을 경우 재고로 남아 있는 반면, 사회복지서비스의 경우 한번 생산이 되어 제공되면 설사 그 서비스에 참여하지 않더라도 서비스를 비축해 둘 수 없고 소멸해 버린다. 따라서 사회복지 마케팅에서는 서비스가 가능한 한 최적의 조건에서 제공된다는 것을 확신시키는 전략과 실제로 그렇게 제공하는 노력이 요구된다.

2) 사회복지조직의 마케팅 전략과 과정

(1) 마케팅 믹스(Marketing Mix)

기업이 시장에서 고객의 지지를 획득하고 확대하기 위한 전략적인 대응을 마케팅이라고 하는데 전략적인 의미는 시장과 고객의 지지를 획득하고 확대하는 것을 의미하며 최종적으로 기업의 발전을 목표로 한다. 사회복지서비스 제공 조직에서도 지역주민이나 이용자의 지지를 획득하고 확대함으로써 조직발전을 지향하는 마케팅 전략이 요청된다.

마케팅 믹스(Marketing Mix)는 기업이 표적시장에서 원하는 반응을 얻을 수 있도록 하기 위해서 혼합하여 통제 가능한 전술적인 마케팅 도구의 집합을 뜻한다. 따라서 마케팅 믹스(Marketing Mix)란 마케팅의 모든 요소를 통합하여 사용하면 그 효과를 최대한 발휘할 수 있다고 보는 것으로, 제품(Product), 가격(Price), 유통(Place), 촉진(Promotion)이 이에 해당된다. 마케팅 믹스인 4P에 대해 살펴보면 다음과 같다(박차상 외, 2010; 원석조, 2012).

첫째, '제품(Product)'은 구매자가 지닌 다양한 욕구를 충족시키기 위한 산출물을 의미한다. 사회복지조직에서 제품은 대부분 무형의 프로그램과 서비스 등으로 클라이언트의 욕구가 무엇인지를 파악하는 것이 가장 우선시된다. 따라서 사회복지조직의 후원자 개발을 위한 마케팅에서는 후원금 자체에 중점을 두기보다는 후원행위를 통한 사회적 기여와 소외계층의 삶의 질 향상에 중점을 두고 상품개발이 이루어져야 한다.

둘째, '가격(Price)'은 사회복지조직이 제공하는 서비스와 프로그램에 대한 가격을 의미한다. 대부분 사회복지조직은 비영리조직이기 때문에 서비스 이용료가 무료이기도 하지만 클라이언트의 참여 동기를 극대화하기 위하여 최소한의 이용료 지불, 모금 프로그램에 대한 가격 그리고 후원금 등이 포함된다.

사회복지조직에서 서비스 가격은 경합관계에 있는 타 조직의 가격정책, 정부의 규정, 조직 내규나 정책, 고객의 소득 정도 등에 의해 결정된다.

셋째, '유통(Place)'은 마케팅 상품이 구매자들이 구입하기 가장 적합한 때와 장소에 있도록 하는 것을 의미한다. 즉, 상품을 고객에게 전달할 수 있는 최적의 장소를 의미한다. 사회복지조직에서 유통은 클라이언트가 서비스에 접근할 수 있는 물리적 · 정서적 접근의 용이성, 즉 클라이언트가 사회복지조직을 쉽게 찾을 수 있도록 하는 것을 의미한다. 그러기 위해서 사회복지서비스는 공간적인 접근성뿐만 아니라 심리적인 접근성도 고려해야 한다.

넷째, '촉진(Promotion)'은 고객의 관심과 구매할 의도를 자극하기 위해서 활용되는 모든 판매촉진기술을 의미한다. 특히 사회복지조직에서는 서비스와 프로그램에 적합한 클라이언트를 모집하고, 후원기업이나 후원자를 발굴하기 위한 다양한 인쇄물 제작과 언론 및 방송매체를 통한 홍보, 인터넷을 이용한 홍보와 의사소통 등을 의미한다.

Product	Place	Price	Promotion
어떤 상품을 제공할 것인가?	어떻게 접근할 것인가?	어떻게 가격을 결정할 것인가?	어떻게 판매를 보다 증진할 것인가?

[그림 10-2] 마케팅 믹스(4P)

이러한 마케팅 개념을 토대로 성공적인 마케팅을 위한 요소인 마케팅 믹스에 대해 일반적으로 네 가지 요소(4P; Product, Place, Price, Promotion)를 제안하는데, 비영리기관의 마케팅에 관해 언급한 Fine(1992)은 비영리기관에서 4P만을 가지고 최적의 함수를 도출해 내는 것은 무리가 있다고 주장하면서 추가적으로 3P가 포함되어야 한다고 강조하였다. 즉, 마케팅을 하는 주체인 생산자(Producer), 마케팅을 통해 호소를 해야 하는 대상자인 구매자(Purchaser), 과학적 탐구과정인 조사(Probing) 등이 마케팅 함수에서 고려되어야 한다는 것이다.

• 생산자(Producer)

마케팅을 위해 구매자와 교환할 아이디어를 창출하고 메시지를 생산해 내는 주체를 의미한다. 후원자 개발을 위한 마케팅에서는 사회복지조직이 생산자가 된다. 생산의 주체인 사회복지조직은 사회복지조직의 목적을 달성할 수 있는 상품인 서비스를 기획하고 이에 대한 가치를 사회로부터 평가받아야 한다. 이것은 지역사회 내에 필요한 사회서비스를 파악하고 이를 필요로 하는 클라이언트에게 적절한 서비스를 제공함으로써 지역사회로부터 신뢰받는 사회복지조직이 되어야 한다는 것이다. 신뢰할 수 있는 개인이나 조직에 의해 마케팅이 이루어질 때 그 효과가 더욱 커지기 때문이다.

• 구매자(Purchaser)

영리조직의 마케팅에서 구매자는 일반적으로 잠재적 고객을 의미한다. 특히 사회복지조직의 후원자 개발을 위한 마케팅에서 구매자는 잠재적 후원자들이다. 구매자인 잠재적 후원자가 될 사람들은 마케팅 초기 단계에서 반드시 파악되어야 한다. 또 다른 구매자인 클라이언트에 대한 정보도 프로그램을 기획하기 이전에 파악해야 한다. 이를 위해서는 지역사회에서 사회복지서비스가 필요한 사람이 누구이며 그들이 어떤 서비스를 필요로 하는지를 파악해야 한다.

• 조사(Probing)

마케팅에서 가장 중요한 과제는 소비자에 대한 조사, 즉 시장을 연구하는 것이다. 사회복지 영역에서 시장은 지역사회를 의미하여 사회복지조직의 마케팅 활동은 지역사회의 사회복지욕구를 발견하여 충족시켜 주는 것이다. 사회복지조직에서의 조사는 시장을 질적 · 양적으로 분석하여 사회복지조직이 목표로 하는 일에 적합한 후원자나 클라이언트를 찾아내는 일이며, 여기서 선택된 클라이언트의 욕구를 충족시킬 수 있는 서비스를 개발하여 그들에게 제공하는 것이다.

소비자 조사는 마케팅 담당자들이 사용하는 가장 중요한 도구이지만 때로 지나치게 남용될 수도 있다. 따라서 조사는 필요성이 매우 높을 때 행해져야 하며, 철저하고 주의 깊게 이루어져야 한다.

(2) 마케팅 활동의 과정

사회복지조직은 클라이언트의 욕구를 충족시키기 위한 제반 활동을 수행할 때 다음과 같은 마케팅 활동의 과정을 통해 접근하게 된다.

마케팅 활동은 기관 환경분석, 마케팅 조사, 목표설정, 시장 분석, 마케팅 도구 설정, 마케팅 실행, 마케팅 평가 등의 과정을 거쳐 이루어진다(김형식 외, 2009; 김성옥 외, 2012).

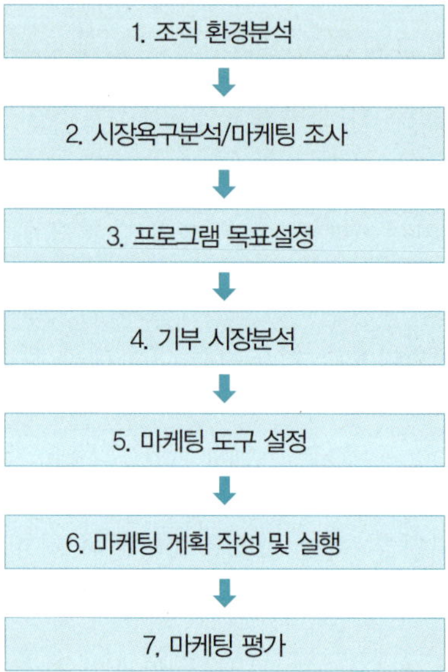

[그림 10-3] 사회복지 마케팅 활동의 과정

① 조직 환경분석

조직이 본격적인 마케팅을 하기 위해서는 기관의 목표와 프로그램, 자원, 정당성 등을 분석하는 준비단계이기 때문에 기관의 존재이유, 기관 프로그램, 기관지원, 기관지원의 당위성, 지원자에 대한 혜택과 같은 사항들에 대한 분석이 필요하다. 조직 환경분석 단계에서 쓰이는 기법은 SWOT(Strength, Weakness, Opportunity, Threath) 분석으로 이는 기관의 마케팅상의 강점과 약점을 확인하고, 외부환경인 기회요인과 위협요인을 규명하는 분석기법이다.

즉, 후원자 개발 가능성을 분석하기 위해 조직의 직원이 일하는 환경과 자원을 파악하고자 하는 것으로 현재 우리 기관의 강점과 약점, 기회와 위협 등이 무엇인지 점검해 보는 일이다. 그러나 보다 정확한 예측을 위해서는 경험을 바탕으로 과거 실적에 대한 정보 분석이 필요하다. 〈표 10-1〉은 사회복지조직의 후원자 개발에 따른 SWOT 분석사례이다.

〈표 10-1〉 후원자 개발에 따른 SWOT 분석

Strength(강점)	Weakness(약점)
• 기관 내 의사결정권자 및 직원들의 높은 정보화 마인드 • 지역사회 내 다양한 공중과 상호 우호적인 관계 유지 • 기관에 대한 대중적인 인지도 확보	• 시스템 구축의 미비 • 내부 운영재원의 부족
Opportunity(기회)	**Threat(위협)**
• 정보통신기술 발전과 인터넷 사용인구 증가 • 민간사회복지서비스의 필요성 증대 • 웹사이트를 이용한 영리조직과의 다양한 자원개발 연계	• 자본투입규모에 따른 사회복지기관 간의 부익부 빈익빈 현상 • 마케팅 전개능력에 따른 영리조직의 복지자원 개발 주도권 선점 가능

출처: 임종민(2001).

② 시장욕구분석/마케팅 조사

조직이 해결하고자 하는 문제에 대해 지역사회가 가지는 인식과 태도를 분석한다. 마케팅 조사에서는 상품이나 서비스에 대한 욕구가 있는지, 욕구를 가진 사람들이 구매 욕구가 있는지, 상품 구매력이 있는지, 구매의 의지가 있는지 등을 확인한다. 이러한 초기단계에서 요구하는 6하(5W1H)원칙은 다음과 같다.

① 누가 후원하기를 원하는가(Who)
② 어떠한 분야에 후원하기를 원하는가(What)
③ 언제 후원하기를 원하는가(When)
④ 어디에서 후원하기를 원하는가(Where)
⑤ 어떤 방법으로 후원하기를 원하는가(How)
⑥ 왜 후원자들은 우리 기관에 후원하는가(Why)

마케팅에서 상황의 중요성은 마케팅의 전체적인 내용이 함축되는 과정이다. 따라서 사회복지조직의 상황은 조직 내부의 사업여건과 분위기에 대한 충분한 검토가 필요하며, 더불어 조직 외부의 상황에 대한 정확한 분석과 대처를 위한 조사가 이루어져야 한다.

③ 프로그램 목적 설정/마케팅의 목표설정

목표설정은 정확한 문제의 진술, 표적집단의 성격과 규모, 기관의 정책, 자원동원 등의 변수들에 의해 범위와 방향이 정해진다. 따라서 목적과 목표는 마케팅 과정에서 초기에 설정되어야 하며 그에 의해 세부 목표는 중요도에 따라 우선순위가 정해진다. 일반적으로 목표는 상위목표(goals), 하위목표(objectives)로 구분할 수 있으며 상위목표는 장기적으로 달성될 결과를 의미하고 하위목표는 1년 이내의 단기적인 목표를 의미한다. 마케팅의 세부 목표는 SMART하게 구성되어야 하는데, 이는 구체적으로(Specific), 측정가능하게(Measurable), 실현가능하게(Attainable), 결과지향적으로(Result-Oriented), 시간구조를 갖도록(Time frame)의 틀 속에서 명확히 제시되어야 함을 의미한다.

목표설정 단계에서는 사회복지조직의 모든 구성원이 마케팅 목표의 중요성을 인식하게 하고 이러한 목표달성을 위해 적극적으로 참여하도록 하는 데 관심을 두어야 한다. 특히 사회복지조직의 마케팅 활동은 유형의 상품이 아닌 무형의 서비스를 판매해야 하기 때문에 더욱더 사회복지조직 구성원의 헌신적인 자세가 필요하다.

④ 기부 시장분석

마케팅 목표가 설정되면 시장분석을 실시한다. 시장분석은 다양한 개성을 가진 소비자의 욕구를 정확히 파악하여 그들의 욕구에 적합한 제품을 클라이언트에게 공급해야 한다. 이에 적합한 시장분석은 시장세분화(Segmentation), 표적시장 선정(Targeting), 포지셔닝(Positioning) 전략의 세 단계를 거친다(안운석 · 장형섭, 2003).

첫째, 시장세분화(segmentation)는 전체 시장을 비슷한 기호와 특성을 가진 차별화된 마케팅 프로그램을 원하는 집단별로 나누는 것을 의미한다. 전체 시장을 욕구가 비슷한 고객집단으로 구분하고 각 집단별로 차별적인 접근을 시도한다. 마케팅 관리자는 시장세분화 과정에서 우선 어느 수준에서 하나의 세분시장으로 묶을 것인지에 대해 의사결정을 내려야 한다.

제품시장 내 고객들을 구분하지 않고 전체 소비자에 대해 하나의 마케팅 프로그램을 제공하는 방법인 대량 마케팅, 소비자의 연령에 따라 제품시장을 세분화하는 방법인 세분화 마케팅, 세분시장을 더욱 세분화한 보다 작은 규모의 소비자 집단을 의미하는 틈새시장 마케팅, 각 고객의 욕구에 제품과 프로그램을 개발하여 제공하는 방법인 미시적 마케팅이 이에 속한다.

둘째, 표적 시장선정(targeting)은 시장세분화의 작업을 통해 시장을 여러 개로 나누고 공략 가능한 시장을 선택하는 것이다. 즉, 시장세분화의 결과를 나누어진 각각의 세분시장 평가를 통해 후원가능성이 있는 요소를 발견한 후 하나 또는 둘 이상의 목표시장을 선정하는 것이다. 표적 시장을 선정하기 위한 기준은 기업의 목표와 마케팅의 목표가 일치하는지 여부, 목표를 달성하는 데 필요한 자원을 가지고 있는지 여부, 수익을 낼 수 있는지 여부가 검토되어야 한다.

셋째, 시장 포지셔닝(positioning)은 시장 내 고객들의 마음에 위치 잡기란 의미를 가지며 경쟁기업과 효과적으로 경쟁하기 위하여 소비자의 마음 속에 자사 제품이 경쟁사의 제품에 비하여 우월하다는 인식을 심어주는 활동이다. 즉, 세분화되고 표적이 된 각각의 집단을 지배하는 것으로 대상 집단으로 하여금 후원을 하도록 확정하는 것을 말한다.

⑤ 마케팅 도구 설정

마케팅을 본격적으로 진행할 구체적인 방법을 설정하는 것으로 직접우편(DM), 이벤트 모금, 대중매체, 자동응답시스템(ARS), 인터넷 모금, 캠페인 모금, 정기 후원 개발 등의 도구를 설정하게 된다. 사회복지조직에서 주로 마케팅 도구를 설정하는 방법은 다음과 같다(홍봉수 외, 2012).

첫째, 직접우편(DM: Daily Mail)은 가장 전통적인 방법으로 후원을 요청하는 편지를 잠재적인 후원자 및 현 후원자들에게 발송하여 후원자를 개발하고 지속적으로 유도하는 방법이다. 효과적인 직접우편을 위해서는 불특정 다수에게 발송하기보다는 특정한 표적시장을 선정하여 집중적으로 발송하는 것이 권장된다.

둘째, 이벤트 모금은 후원자들에게 특정의 모금 동기를 부여하기 위해 특별한 활동을 하는 것으로 이벤트를 개최하는 과정에서 재정적인 분야에 대한 고려가 필요하다. 사회복지조직에서 많이 사용하는 방법은 캠페인, 걷기대회, 바자회, 음악회, 기아체험 등이 있다.

셋째, 대중매체는 주로 이윤을 추구하는 영리조직에서 많이 활용하는 방법이지만 최근 비영리조직인 사회복지조직에서도 잡지 및 라디오 등을 통한 마케팅 방법은 증가추세에 있다.

넷째, 자동응답시스템(ARS)은 전화로 통화당 일정 금액의 후원금이 자동으로 전화요금에 부과되는 방식으로 후원자들의 접근성을 쉽게 유도할 수 있고 적은 금액이기 때문에 심리적인 부담도 덜 수 있다는 장점을 지니고 있다.

다섯째, 인터넷 모금은 이용자 중심의 기관 홈페이지를 개설하여 이용자가 많은 포털사이트와 협력하면서 배너 교환이나 공익연계캠페인 등을 통해 후원자를 개발하는 방법으로 급속하게 증가하고 있다.

여섯째, 캠페인 모금은 사회복지재원의 모금을 위하여 조직적이고도 지속적으로 행하는 운동기법으로서, 이에 대한 성공 여부는 시민들의 관심과 참여를 얼마만큼 유발하느냐에 달려 있다.

일곱째, 정기 후원 개발에서의 정기 후원은 시민사회단체의 모금방법 중 가장 바람직한 방법으로서 시민들의 안정적이면서 장기적인 자원개발기법이다.

⑥ 마케팅 실행

마케팅 실행이란 전략적인 마케팅 목표를 달성하기 위해 마케팅 기획 활동으로 옮기는 과정을 의미한다. 마케팅 기획이 마케팅 활동을 왜 하는가에 관한 것이라면 집행은 누가, 언제, 어디서 어떻게 하는가에 관한 것이다. 이러한 마케팅 기획과 실행을 통해 잠재적 기부대상자들에게 기부를 요청하는 과정으로 핵심적 단계라고 할 수 있다.

⑦ 마케팅 평가

마케팅의 마지막 단계인 평가는 기부행위의 발생에 대한 종합적인 평가와 함께 새로운 외부환경에 대한 분석으로 연계되는 과정으로 마케팅의 기획 단계에서부터 시작해야 하며 평가는 어떤 내용을 언제, 어떻게 측정할 것인지 그리고 평가결과를 어떻게 활용할 것인지에 중점을 두어야 한다. 한편 마케팅 평가는 다음과 같은 네 가지 특성을 포함하고 있다.

첫째, 평가는 포괄적이어야 한다. 즉, 마케팅 활동의 일부에 대해 하는 것이 아니라 전체에 대해 평가를 해야 한다.

둘째, 평가는 체계적이어야 한다. 즉, 내부 평가시스템을 포괄하는 체계적인 평가이어야 한다.

셋째, 평가는 독립적이어야 한다. 즉, 독립성을 갖추고 객관성 및 전문지식 등을 보유한 외부감사가 유용하다.

넷째, 평가는 주기적이어야 한다. 즉, 사회복지조직의 환경변화에 적극적으로 대처하기 위해서는 주기적으로 평가를 실시해야 한다.

3) 사회복지조직의 마케팅 기법

(1) 다이렉트 마케팅(DM: Direct Marketing)

다이렉트 마케팅은 사회복지조직에서 우편에 의해 클라이언트나 서비스 이용자, 기부자나 잠재적 후원자 등에게 현재 기관의 운영상황이나 프로그램 이용실적, 프로그램이나 서비스에 대한 이용정보 등을 제공하는 방법이다.

(2) 고객관계관리 마케팅(CRM: Customer Relationship Management Marketing)

고객관계관리 마케팅은 신규 후원자의 개발, 기존 후원자의 관리, 그리고 잠재적 후원자의 개발을 위해 그들의 욕구를 파악하여 이른바 '맞춤서비스'를 제공함으로써 모금효과를 극대화하는 기법이다. 예를 들면, 가족봉사 프로그램의 제공, 대학동아리나 직장 동호회의 봉사나 모금 프로그램 개발 등 수요자의 욕구에 부응하는 지속가능한 기부 또는 봉사 프로그램의 개발이 성공의 관건이 된다.

(3) 기업연계 마케팅(CRM: Cause-Related Marketing)

기업연계 마케팅은 기업이 사회복지조직에 기부함으로써 이윤을 사회에 환원한다는 철학을 달성하고, 세제혜택을 누린다는 개념보다 더욱 광범위한 의미를 가지고 사회복지조직에 기부함으로써 기업의 이미지가 좋아지며, 그것은 바로 상품의 판매를 촉진시킬 수 있는 하나의 홍보전략이라고 할 수 있다. 이 기법을 효과적으로 달성하기 위해서는 기업이 원하는 것이 무엇인지 정확히 파악하여 기업의 생산성과 대국민 이미지 향상에 도움이 되는 방향의 기부 프로그램을 개발하는 것이 관건이다.

(4) 데이터베이스 마케팅(Database Marketing)

데이터베이스 마케팅은 고객의 지리적, 인구통계적, 심리적 특성, 생활양식, 행동양식이나 구매기록 같은 개인적인 정보를 컴퓨터에 데이터베이스화하여 구축함으로써 수익공헌도가 높은 고객에게 마일리지와 같은 차별적인 서비스를 제공하는 등 개별 고객의 정보를 바탕으로 차별적인 전략을 펼치는 마케팅 기법이다. 기관을 찾는 이용자의 개별정보, 즉 명단과 주소, 프로그램 이용 횟수와 시기 등의 정보를 활용하여 복지기관의 기부나 봉사활동, 프로그램 참여 등에 활용하는 것이다.

(5) 인터넷 마케팅(Internet Marketing)

인터넷 마케팅은 인터넷을 통해 고객에게 정보를 전달하고 전자우편이나 홈페이지 등을 통하여 이익을 극대화하는 마케팅 기법이다. 사회복지조직에서 인터넷 마케팅은 인터넷이라는 매체를 활용하여 기관의 사업과 프로그램을 알릴 수 있는 홍보, 기부금 모집, 기관에 대한 만족도 조사 등 각종 평가조사까지 가능하므로 경제적인 측면에서뿐만 아니라 마케팅 접근성에 있어서도 매우 효과적이다.

(6) 사회 마케팅(Social Marketing)

사회 마케팅은 정부나 지방자치단체, 시민과 지역사회를 위하여 대중의 행동변화를 통해 공익을 실천하기 위한 기법으로 금연운동이나 생태보호운동, 지구 온난화 캠페인과 국제적인 기아 퇴치나 아동학대 방지 운동 캠페인 등 대중의 각성과 참여를 촉구하여 사회문제를 해결하는 집단적이고 조직적인 노력이다.

〈표 10-2〉 마케팅 기법의 종류

기법	내용
다이렉트 마케팅 (DM)	비영리조직에서 DM은 우편에 의해 클라이언트, 서비스 이용자, 기존 기부자와 기부를 유도하기 위한 잠재적 후원자 등에게 현재 기관의 운영 현황이나 이용할 수 있는 서비스와 프로그램에 대한 다양한 정보를 전달하는 방법
고객관계관리 마케팅 (CRM)	비영리조직에서 CRM은 클라이언트 관리는 물론 특히 후원자 관리에 이 마케팅 기법이 유용한데 신규 후원자의 개발, 기존 후원자의 관리, 잠재적 후원자의 개발을 위해 그들의 욕구를 파악하여 이른바 '맞춤서비스'를 지속적으로 제공함으로써 모금 효과를 극대화할 수 있음
기업연계 마케팅 (CRM)	기업이 사회복지조직에 기부함으로써 이윤을 사회에 환원한다는 철학을 달성하고 기업이미지는 더욱 좋아지며 그것은 바로 상품 판매를 촉진시킨다는 홍보 전략으로서의 마케팅 전략
데이터베이스 마케팅 (DB Marketing)	기관을 찾는 이용자의 개별접촉을 통해 명단과 주소, 프로그램 이용 현황(프로그램명, 이용 횟수, 이용 시기) 등의 정보를 입력하고 기관이나 프로그램에 관련된 태도, 기호와 생활스타일 등의 세심한 정보까지 많을수록 활용도가 커짐
인터넷 마케팅 (Internet Marketing)	인터넷이라는 매체를 활용하여 기관의 사업과 프로그램을 알릴 수 있는 홍보, 기부금 모집 등이 가능. 또한 메일링 서비스를 통해 개별적인 고객 관리를 할 수 있으며 베너 교환이나 이메일링 서비스 등의 방법이 있음
사회 마케팅 (Social Marketing)	정부나 지방자치단체, 시민과 지역사회를 위한 공중의 행동 변화를 위한 마케팅 기법으로 공익을 실현하기 위한 집단적이고 조직적인 노력

4) 사회복지조직 마케팅의 과제

Narver와 Slater(1990)는 효과적 마케팅을 위한 조직의 행동적 특성을 고객지향성(customer orientation), 경쟁지향성(competitor orientation), 부서 간의 조화(inter-functional orientation)로 제시하고 있다.

첫째, 고객중심 마케팅이다. 고객중심(customer orientation)은 조직의 가치보다 고객에게 가장 중요한 것이 무엇인지에 대한 충분한 이해를 통해서 가치를 창출하는 것을 의미한다. 가치창조의 서비스 환경은 관리자와 소비자의 상호작용에 많이 의존하므로 시장지향성의 목표달성은 궁극적으로 조직 전체에 퍼지게 되는 문화적 특성의 적절한 개발과 정착을 요구한다(Deshpande & Webster, 1993).

둘째, 경쟁지향 마케팅이다. 현재와 미래의 경쟁조직의 장단점과 능력, 전략을 이해하는 조직화를 포함한다. 경쟁적 환경에서 살아남기 위해 조직은 끊임없는 혁신이 요구될 뿐만 아니라 효과적인 경쟁상대를 모니터링하는 시스템 개발을 요구한다. 이것은 벤치마킷 수행에 대해 중요한 데이터를 제공하고, 지속적인 경쟁우위(sustainable competitive advantage)의 근거로 사용될 수 있는 관리를 위한 핵심부분이라고 할 수 있다.

셋째, 부서 간의 조화(inter-functional co-ordination)이다. 표적소비자를 위한 보다 나은 가치의 창조를 위한 내부자원을 유용화하는 것이다. 부서 간 조화의 문제가 조사되고 그것의 유지를 위한 내부마케팅(internal marketing) 개념이 도입되었다. 최고관리자는 조직 최고의 마케팅 담당임원으로 마케팅에 대해 자주 언급함으로써 마케팅을 수용할 분위기를 조직 내에 환기시켜야 한다. 또한 마케팅 훈련을 통해서 마케팅이 조직에서 효과를 발휘할 수 있도록 조직 내 마케팅 교육훈련이 활성화되어야 한다. 무엇보다도 조직을 마케팅 지향적으로 만드는 가장 효과적인 방법은 조직의 계획 시스템을 개선하는 일이다. 따라서 조직의 현재 상태를 파악하여 마케팅 사업계획 시스템을 구축해야 할 것이다.

3 사회복지조직의 홍보

1) 홍보의 개념

일반적으로 홍보라 함은 PR, 즉 대중관계(Public Relations)를 의미한다. PR은 '대중관계'라는 그 말 자체가 의미하듯이 '조직이 그의 사회적 환경이 되는 대중과의 원활한 관계를 유지하고자 하는 제반 노력'을 일컫는다. 사회복지조직의 입장에서는 조직을 둘러싼 이해관계자(클라이언트, 가족, 지역사회, 후원자, 정부, 기타 기관 등)와 다양한 관계를 형성하는 노력을 의미한다. 이러한 과정을 통해 자원을 개발하고, 이용자를 확보하며, 조직 생존을 위한 지지를 얻기도 한다.

마케팅은 잠재적 클라이언트 혹은 소비자에 대한 직접적인 활동이며 동시에 서비스 프로그램에 대한 정보를 주된 내용으로 하고 홍보는 지역사회 내 존재하는 집단 간의 쌍방적 의사소통을 원활히 하는 것으로 조직의 이미지와 능력을 증진시키는 측면이 강하다. 이런 측면에서 홍보는 사회복지조직과 같은 조직에서는 그 자체가 바로 서비스가 된다.

즉, 사회복지조직은 지역사회 주민들에게 복지서비스를 제공하기 위해서 존재하고 이를 위해서는 지역사회 내의 여러 개인, 단체 및 조직 등과 관계를 유지해야 한다. 서비스에 대한 정보제공, 지역주민과 단체들의 협조 및 이해를 얻기 위해서는 홍보가 대단히 중요하다.

기본적으로 홍보는 시각적 매체, 청각적 매체, 시청각적 매체 등을 다양하게 활용하고, 특히 TV, 라디오, 신문, 인터넷 등과 같은 대중매체를 활용하는 것이 효과적이다.

Skidmore는 효과적인 홍보를 위해 다음과 같은 사항을 제시하고 있다(Skidmore, 1995: 황성철 외, 2014: 362 재인용).

① 목표가 무엇이며 어디에 있는가를 알아야 한다.
② 접촉하려고 하는 사람이 누구인가를 알아야 한다.
③ 이용 가능한 자원(돈, 정보, 인력 및 기술 등)을 고려해야 한다.
④ 돌아오는 이익이 접촉하고자 하는 상대방과 어떻게 연관되는가에 유의해야 한다.
⑤ 홍보에 관한 구체적인 기법을 알고 있어야 한다.
⑥ 절대적으로 정직해야 한다.
⑦ 사람들에게 감사해야 한다.

2) 사회복지조직의 홍보전략

사회복지조직의 홍보전략은 서비스 당사자인 클라이언트, 지역사회, 후원자, 정부 등의 이해당사자들과 다양한 지지적 관계를 형성하고자 하는 노력의 제반 활동이다(홍봉수 외, 2012). 특히 정부의 재정지원이 축소된 현대 사회에서는 사회복지조직의 홍보의 필요성이 최근에 대두된 분야이기 때문에 그 역사가 미비하여 전문적이고 체계적인 홍보전략의 기반이 마련될 필요가 있다.

(1) 홍보전략의 필요성에 대한 공유

사회복지조직은 비영리조직이기 때문에 마케팅의 필요성에 대한 인식이 미비한 상황이다. 그러나 사회복지조직은 서비스의 질적인 부분에 대해서 상호우호적인 관계에서 선의의 경쟁이 필요하며 클라이언트와 후원자 등의 입장에서 자신들의 욕구를 적절히 충족시켜 줄 조직을 선택할 수 있어야 한다. 사회복지조직은 더 많은 후원자들을 개발하고 유지할 수 있도록 적극적인 홍보전략을 전개해 나가야 할 필요성을 지닌다. 따라서 기존의 보수적인 홍보전략에서 과감히 벗어나 현대 사회

소비자의 욕구를 충족시킬 수 있도록 다양한 대중매체의 방법, 스포츠 마케팅, 연예인 홍보 대사 활용 등 효과적인 전략을 선택해야 한다.

홍보를 위한 매체는 크게 시각적 매체(잡지, 신문, 책자, 회보, 보고서, 유인물, 사진 등), 청각적 매체(강연회, 라디오, 이야기, 좌담 등), 시청각적 매체(영화, 텔레비전, 인터넷, 연극, 공개토론 등)가 있다. 이들 매체는 각기 고유한 특성이 있고 효과도 다르기 때문에 특정한 목표달성을 위해 가장 효과적이라 판단되는 매체를 선택해야 한다.

(2) 효율적인 홍보를 위한 직원들의 훈련

사회복지조직이 후원자를 개발하고 유지하기 위해서는 기관장 단독으로 활동하는 것은 제한적이다. 따라서 모든 조직원이 본인들이 속한 조직에서 왜 마케팅이 필요한지에 대한 설득력을 인식할 필요가 있다. 사회복지조직원들이 하나의 목소리로 후원자들에게 기금 조성에 대한 제안과정, 제안내용 등 대처방법에 대해 전문적이고 체계적으로 교육을 해야 하고 후원자들이 고객이라는 입장을 주지시켜 접근하도록 해야 한다. 특히 영리조직은 주로 직원들에게 고객 만족(CS)에 대해 교육하는 과정을 체계적으로 교육하고 있는 실정이기에, 우수사례로 소개하는 것도 좋은 방법으로 볼 수 있다. 타 분야의 아이디어라 하더라도 기관의 특성 에 맞게 장점을 잘 활용한다면 긍정적인 효과를 기대할 수 있다.

(3) 조직의 긍정적·전문적인 이미지 부각

사회복지조직은 해당 지역사회에서 사회복지서비스를 제공하는 전문성과 긍정적인 이미지를 부각할 수 있도록 최선의 노력을 기울여야 한다. 이러한 긍정적인 이미지는 후원자들 및 클라이언트들을 확보할 수 있는 결정적인 마케팅 전략이다. 사회복지조직의 이미지는 기관장이 단독으로 형성할 수 있는 문제가 아니라 구성원 모두가 조직의 이념과 가치를 공유하고 조직에 대한 충성심(loyality)을 통해 발현할 수 있는 것이다.

따라서 사회복지조직의 내 · 외부의 자원들이 해당 조직의 긍정적 · 전문적 이미지를 개발 · 유지할 수 있도록 지지자로서 역할을 부여하고 이 과정에 최선의 노력을 유지해야 한다.

(4) 조직에 맞는 효과적인 홍보매체 전개

사회복지조직은 다양한 홍보매체 선정을 위한 과정에 심혈을 기울여야 한다. 특히 정보기술의 발전은 우리 사회복지조직에게 영향을 미쳐서 신문, 잡지, 기관의 소식지 등 기존의 전통적인 인쇄매체의 방법은 점점 수요가 감소하는 실정이다. 반면 인터넷, 이메일, SNS 등 전자매체를 통한 소통매체가 현대 후원자들의 욕구에 쉽게 접근할 수 있는 채널이 증가하고 있다. 그러나 비영리조직인 사회복지조직은 재정운영의 제한성을 지니고 있기 때문에, 관련 제반여건을 직시하여 해당 조직의 상황에 맞는 효과적 · 효율적인 방법을 전개할 필요가 있다.

SOCIAL WELFARE ADMINISTRATION

chapter 11

기획과 정보 관리

1. 기획의 중요성과 유형
2. 프로그램 기획기법
3. 정보관리의 의의와 체계
4. 국가복지정보 시스템의 활용

1 기획의 중요성과 유형

1) 기획의 개념

일상에서나 조직생활에서 누구나 매순간마다 사소하거나 중요한 결정들을 하게 된다. 또한 사회복지조직을 포함하여 모든 조직은 계획을 수립 · 진행하고 평가하는 것이 운영에서 중요한 부분이다. 사회복지조직도 계획을 수립하는 과정이 기획이다. 특히 사회복지조직은 확보된 자원을 바탕으로 사회복지대상자에게 최선의 서비스를 제공해야 하기 때문에 기획의 중요성은 그만큼 클 수밖에 없다. 기획의 개념은 그 특성을 고려하면 보다 잘 이해할 수 있다. 요크(York, 1982; 최성재 · 남기민, 2006: 212 재인용)는 기획을 ① 미래지향적이고, ② 계속적인 과정이고, ③ 의사결정과 관련되고, ④ 목표지향적이고, ⑤ 목표를 위한 수단적인 것이라는 특성을 지닌다고 하였다.

일반적으로 '기획(planning)'은 '계획(plan)'이란 용어와 서로 혼용하여 사용되고 있다. 계획이란 어떤 일을 수행하기 전에 방법이나 순서 등을 미리 생각하여 준비하는 것을 의미한다. 그리고 기획은 계획을 세워나가는 과정이라고 할 수 있다. 따라서 계획은 미래에 해야 할 일에 대한 결정된 결과에 초점을 두는 개념이라면, 기획은 과정에 초점을 두는 개념이라고 할 수 있다.

〈표 11-1〉 기획과 계획의 차이

기획(planning)	계획을 세워 나가는 과정, 즉 동적인 활동에 초점을 두는 개념
계획(plan)	어떤 구체적인 사업이나 프로그램에 대한 도출된 결과, 즉 결정된 결과에 초점을 두는 개념

따라서 기획은 현재 주어진 상황에 대한 분석에 근거하여 조직의 목표달성을 위해 미래에 수행해야 할 과업과 그 과업의 결과에 대한 효과를 현재의 시점에서 수행하는 활동이라고 할 수 있다.

2) 기획의 필요성

사업기획은 보다 훌륭하고 뛰어난 성과를 도출해야 하며 그를 위해 뛰어난 아이디어를 활용해야 한다. 참신한 결과를 기대할 수 있는 계획서가 만들어져야 최고 결정권자의 승인을 얻어 실현 가능성이 높아진다. 따라서 이러한 기획이 대부분의 조직에서 왜 필요하고 수행해야 하는지에 대해 살펴보면 다음과 같이 정리할 수 있다(York, 1982; 최성재 · 남기민, 2006: 213-214 재인용; Skidmore, 1990: 42-43).

첫째, 기획은 미래에 대한 불확실성을 감소시킨다. 기획이 없다면 급변하는 외부 상황과 환경에 적극적으로 대응하기가 어렵고, 그에 따른 목표설정과 조직의 유지에 혼돈이 올 수도 있다.

둘째, 기획은 합리성의 증진을 위해 필요하다. 기획은 문제해결과 정책결정을 위한 제반 활동에 합리적인 기술을 제공함으로써 조직 내부의 의사결정을 통해 결정하기 때문에 합리성을 높여준다.

셋째, 효율성의 증진을 위해 필요하다. 사회복지조직에서 인력과 자원은 제한되어 있기 때문에 최소한의 비용과 노력으로 최대의 효과를 산출하기 위해서 필요하다.

넷째, 효과성의 증진을 위해 필요하다. 사회복지조직이 사회복지대상자에서 제공한 서비스는 그의 문제나 욕구를 해결하는 데 효과가 있어야 한다.

다섯째, 책임성의 증진을 위해 필요하다. 사회복지조직은 정부의 인가를 받아 보조금과 후원금을 재원으로 하여 운영되고 있기 때문에 목표하는 서비스를 효과적이고 효율적으로 제공할 책무성을 가져야 한다.

여섯째, 사회복지조직 구성원의 사기 진작이다. 사회복지조직의 중요한 기획과정과 의사결정에 참여할 수 있으며, 그에 따른 구성원들의 기여와 의견수렴이 이루어지고 구성원의 사기를 높일 수 있다.

기획의 개념과 필요성을 바탕으로 기획의 특징을 살펴보면 다음과 같다(오세영, 2019: 224-225 재정리).

첫째, 기획은 미래지향적이어야 한다. 기획은 과거의 활동을 바탕으로 조직의 목표달성과 관련된 활동들을 통해 긍정적인 결과를 만들기 위한 활동이어야 한다.

둘째, 기획은 지속되는 과정이다. 기획과정은 일회적인 활동이 아니며, 조직의 목표달성을 위한 과정에서 끊임없이 모니터링과 피드백을 통해 수정하면서 진행하는 활동이어야 한다.

셋째, 기획은 의사결정과정이다. 기획은 목표를 달성하기 위한 모든 활동을 포함하는 개념으로, 구성원들의 다양한 논의와 의견수렴을 통해 진행하는 과정이어야 한다.

넷째, 기획은 목표지향적이다. 모든 행정은 조직의 목표달성과 연관되어 있고, 기획도 목표달성을 위한 하나의 행정활동이자 수단이어야 한다.

다섯째, 기획은 다양한 대안을 찾아가는 과정이다. 기획은 미래의 목표달성을 위한 활동이지만 조직의 상황을 고려하면서 여러 가지 대안들 중에서 최선의 대안을 찾아가는 과정이어야 한다.

여섯째, 기획은 개방성을 가져야 한다. 기획은 수행하는 과정에서도 변화하는 상황에 따라 변화의 가능성을 열어놓고 진행해야 한다.

3) 기획의 유형

(1) 기준에 따른 기획 유형

기획은 기준에 따라 조직의 위계적 수준에 따른 기획, 시간 차원에 따른 기획, 대상에 따른 기획 등으로 구분할 수 있다.

① 위계수준에 따른 기획

기획은 모든 단위에서 필요하지만 조직의 위계에 따라 기획 유형은 달라질 수 있다.

〈표 11-2〉에서와 같이 최고관리층은 조직 전체와 관련된 장기적 기획에 관심이 있다. 중간관리층은 부서별 · 운영별 기획에 관심이 있으며 마지막으로 일선 실무자는 일상적인 업무 기획이나 기본 업무지침 반영에 집중한다.

〈표 11-2〉 조직의 위계에 따른 기획 유형

위계수준	기획의 유형
최고관리층(리더)	조직 전체, 장기적 기획, 외부 환경분석
중간관리층	부서별 기획, 운영기획
일선 실무자	일상적 업무 기획, 기본 업무지침 반영

② 시간에 따른 기획

시간에 따른 기획은 보통 장기기획과 단기기획으로 나눌 수 있다. 장기기획은 1년 이상의 기간에 걸친 기획과 관련된다. 장기기획은 외부환경에 대한 분석을 반영하여 조직의 목표를 설정하고 연도별 수행 전략을 짜는 것과 관련된다. 단기기획은 1년 미만 기획으로 장기기획에 근거하여 구체적인 실행전략을 수립하는 것과 관련된다.

기관 하위직에서 상위직으로 올라갈수록 단기기획에서 장기기획 방향으로 관리 책임이 높아진다. 단기기획은 장기기획과 상호 밀접한 연관성을 가지면서 통합적으로 관리되어야 한다.

③ 대상에 따른 기획

대상에 따른 기획은 전략적 기획과 운영기획으로 나눌 수 있다. 전략적 기획은 조직의 목표설정, 우선순위 설정, 자원 확보 방안에 대한 기획과정을 의미한다. 운영기획은 조직의 목표를 효과적이고 효율적으로 달성하기 위해 확보된 자원을 배분하고, 진행과정이 원활하게 이루어지도록 하는 기획과정이다.

전략적 기획은 다음의 단계로 이루어진다(이봉주 외, 2012: 134-135).

첫째, 조직의 미션을 점검하고 설정한다. 조직의 가치와 철학이 무엇이고 존재하는 이유를 재점검한다.

둘째, 현재 조직이 수행하는 과업과 조직을 둘러싼 환경을 체계적이고 종합적으로 분석한다. 환경분석은 외부의 정치적, 경제적, 사회적 환경과 그 변화추이에 대한 분석을 포함한다.

셋째, 조직의 강점과 약점을 분석한다.

전략적 기획에서 환경분석과 조직분석에서 많이 활용하는 대표적인 분석이 SWOT 분석이다. SWOT 분석은 내부조직의 장단점 분석과 외부환경의 변화 등을 분석하여 실행전략에 반영하는 분석방법이다.

SWOT분석은 조직의 강점(Strength)과 약점(Weakness), 외부환경의 기회(Opportunities)와 위협(Threats)의 네 가지 영역에 대해 문제를 분석하는 것으로, 내부 환경분석, 외부 환경분석으로 나눌 수 있다. 내부 환경분석은 현재 다른 조직과의 상황을 비교하여 유사조직에 비해 강점과 약점을 파악하여 분석대상의 조직이 처한 상황을 분석하는 것이라고 할 수 있다. 외부 환경분석은 분석 대상의 조직을 둘러싼 외부적인 환경이 조직에 기회를 주는 요인과 위협을 주는 요인을 분석하는 것과 관련된다.

[그림 11-1] SWOT 분석표

이러한 SWOT 분석은 각 영역에 분석된 내용을 정리하여 체계적으로 현재 조직이 처한 상황을 진단하는 기법이다. 다음의 [그림 11-2]는 최근 빠르게 증가하고 있는 노인인구를 대상으로 하는 노인요양시설과 관련한 SWOT 분석의 사례이다.

강점 (Strengths)	약점 (Weaknesses)
• 평가에서 우수기관 선정 • 보호자의 만족도가 높음	• 지리적 접근성이 떨어짐 • 연계기관(3차병원)과의 거리가 먼 편임
기회 (Opportunities)	**위협 (Threats)**
• 노인인구의 지속적 증가 • 핵가족화에 따른 노인부양체계 약화	• 노인요양시설 간 경쟁 심화 • 대상자들의 서비스에 대한 민감성 증대

[그림 11-2] SWOT 분석 예시: A 노인요양시설

넷째, SWOT 분석을 기반으로 해서 조직의 목적과 목표를 설정한다.

다섯째, 목표달성을 위한 시간 및 활동계획을 세우고, 세부적인 전략을 설정한다. 이러한 활동계획에는 조직의 구조나 운영체계, 예산과 같은 자원분석 등도 포함된다.

여섯째, 전략을 수행하기 위해 발생할 수 있는 다양한 상황을 예측하여 대비하고, 실행하면서 계속적으로 목표달성 상황을 점검한다.

(2) 사회복지행정의 기획 유형

사회복지 행정의 기획은 자원 기획, 프로젝트 기획, 개인 기획 등으로 구분할 수 있다.

① 자원 기획

자원 기획은 사회복지사업에서 필요로 하는 자원에 관한 것으로, 여기에는 재원, 시설과 장비, 인적자원 등이 포함된다. 만일 재원이 부족할 경우에는 서비스의 양이나 범위를 조정하여 자금수요를 줄이거나 지역사회 모금운동을 통하여 필요한 자금을 마련한다.

② 프로젝트 기획

프로젝트 기획은 적절하게 계획된 프로젝트가 주어진 시간 내에 최소의 비용으로 성공적으로 달성하기 위하여 필요하다.

③ 개인 기획

개인 기획이란 관리자가 자신의 목표를 설정하고 취해야 할 과정활동을 기술하는 것으로 업무와 관련된 기획뿐만 아니라 개인적 목표와 성취해야 할 과업과 관련된 기획도 고려해야 한다.

2 프로그램 기획기법

기획을 통해 결정된 실행전략들을 수행하기 위해 많이 사용되는 프로그램 기획기법의 몇 가지 사례들을 살펴보면 다음과 같다.

1) 시간별 활동계획 도표(Gantt Chart)

시간별 활동계획 도표는 필요한 각각의 활동들과 그 활동들이 이루어지는 일정 또는 소요될 것으로 예상되는 기간을 시간단위(월, 주)로 표시함으로써 전체 활동계획의 과정을 보여준다〈표 11-3〉.

시간별 활동계획 도표는 행정조직뿐만 아니라 많은 조직에서 활용하고 있고, 대부분의 사회복지조직은 모든 계획서나 각종 제안서 등에 활용되고 있다. 이러한 시간별 활동계획 도표는 작성하기가 쉽고, 개별 활동에 대한 일정 등에 대한 이해도 쉽지만, 개별 활동 간 상호 관련성 등을 이해하기가 어렵다는 단점이 있다.

〈표 11-3〉 시간별 활동계획 도표(예: 사회복지사 보수교육)

활동 \ 기간	1월	2월	3월	4월	5월	6월	7월	8월	9월	10월	11월	12월
전문강사 모집	=	=										
보수교육 프로그램 홍보		=	=									
보수교육 프로그램 A				=	=	=			=	=	=	
보수교육 프로그램 B					=		=		=		=	
보수교육 프로그램 C				=	=		=	=		=	=	
프로그램별 평가											=	=

2) 프로그램 평가 검토기법(PERT: Program Evaluation and Review Technique)

프로그램 평가 검토기법은 활동 간의 연관성을 보여주지 못하는 시간별 활동계획 도표의 단점을 보완하여 보다 복잡한 프로그램 수행과정의 기획을 위해 사용되는 기법이다. 프로그램 평가 검토기법은 [그림 11-3]에서처럼 각 칸에는 수행해야 할 사건(활동)들을 표시하고, 사건과 사건 사이에 걸릴 것으로 예상되는 시간을 표시한다.

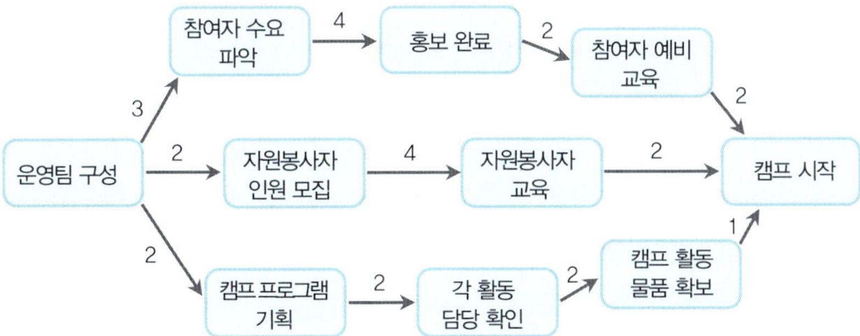

[그림 11-3] PERT 도표(예: 장애인 여름캠프)

이와 같이 프로그램 평가 검토기법은 전체 프로그램을 진행하기 위해 활동과 활동 간의 연관성을 볼 수 있도록 배치하고 다음 활동을 수행하기 위해 선행되어야 할 활동들과 각각의 활동들의 소요되는 시간을 체계적으로 표시하는 관리기법이다.

장점으로는 구성원들에게 프로젝트 완수를 위하여 어떠한 활동이 필요하며 소요되는 시간은 얼마인지, 활동 간의 순서는 어떻게 되어 있는지를 전체 그림을 통해 보여주는 것이다.

3) 월별 활동계획 카드(Shed-U Graph)

월별 활동계획 카드는 특정 활동이나 업무를 알림판 등에 기입하여 이 달에 해야 하는 주요 활동을 기록하고 알리는 방법이다. 사회복지조직이나 부서 또는 팀에서 월별 핵심사업 또는 프로그램에서 해야 할 활동을 기입해서 일상 업무와 관련하여 관리하는 기법이다.

3월	4월	6월	8월
· 캠프 운영 계획 수립	· 장애인캠프 홍보 후원 발굴 및 관리	· 자원봉사자 모집 · 자원봉사자 교육	· 캠프 실시 · 종결평가

[그림 11-4] 월별 활동계획 카드(예: 장애인캠프)

이러한 월별 활동계획 카드는 대부분의 사회복지조직에서도 월별 주요 활동을 모든 구성원들이 참고할 수 있도록 큰 게시판에 기입함으로써 업무를 상기시키는 효과가 있어 많이 활용되고 있다.

이 카드는 업무 시간에 따라 변경하여 이동하기 쉬운 점이 있으나 시간별 활동계획 도표처럼 업무와 완성된 행사 간의 상관관계를 알 수 없는 단점이 있다.

3 정보관리의 의의와 체계

사회복지조직들은 책무성에 대한 국가와 사회적 요구가 점차 강화되면서 자신들의 주요 활동에 대한 성과를 관리하고 보고해야 할 필요성이 점점 커지고 있다. 정보화시대에 사회복지조직에서도 정보관리는 성과관리뿐만 아니라 자원정보, 클라이언트정보 등에 대한 관리의 중요성도 커지고 있다.

1) 정보관리의 개념

일반적으로 정보란 특정 목적을 위하여 광(光) 또는 전자적 방식으로 처리되어 부호, 문자, 음성, 음향 및 영상 등으로 표현된 모든 종류의 자료 또는 지식을 의미한다. 특히 특정한 목적이나 용도에 적합하게 사용될 수 있도록 유용한 형태로 처리된 자료는 조직의 목표달성을 효과적이고 효율적으로 관리하는 데 도움이 된다.

정보관리는 대부분의 조직이 그 조직의 목적을 효과적 · 효율적으로 달성하기 위해서 정보를 수집하고 처리하여 유용한 형태로 재조직화하는 모든 활동을 말한다.

오늘날의 모든 조직은 정보를 수용하는 정보망을 형성하고 있으며, 이러한 제반 정보의 효율적인 관리를 위해 정보관리를 필요로 한다.

2) 정보관리체계

사회복지조직에서 정보관리체계는 조직이 달성해야 할 목표를 원활하게 수행하기 위해 필요하다. 사회복지조직(시설)에서 필요한 정보는 공통적으로 다음의 〈표 11-4〉와 같이 정리할 수 있다.

〈표 11-4〉 사회복지시설이 필요로 하는 주요 정보 관리

항목	주요 기능
회계	• 전표의 입·출력, 검색, 보고서 출력 • 거래내역 관리(지출결의서, 수입결의서 등) • 예산관리 및 예산실적/잔액 관리
인사·급여·자산 관리	• 임·직원의 급여 작업 및 관리 • 교육/자격증/상벌/경력 관리 • 인사발령/인사카드 관리 • 근태관리, 일용직 관리, 추경예산 관리 등 • 비품·소모품 등 자산관리
세무	• 과세 수입에 대한 부가세신고, 임·직원 급여의 원천세 신고 • 세무신고/퇴직정산/연말정산 관리 • 기타 원천세 관리(사업소득, 기타소득 등) • 매출·매입 세금계산서 관리, 신고서류 관리 등
이력관리	• 서비스종별 서비스 이력관리 기능 • 생활자(이용자)등록, 검색, 입·퇴소의 정보 관리 등 • 기본사항, 건강상태 및 가족사항 관리 • 상담 관리, 일지 관리 등 정보 관리
후원관리	• 후원자 등록, 후원금 입력, 영수증 발행 등 • 후원자 및 결연자 정보 관리 • 후원금 입금/지급 관리 및 CMS • 후원단체 관리/결연자 통장 관리
시·군·구 보고	• 사회복지시설 소관 시·군·구로 문서 보고 • 사회복지시설 보조금 교부금 신청 및 정산보고, 정기/수시 보고 • 예산서, 추경예산서 작성 및 세입세출 결산 보고 등
평가관리	• 연도별 평가일정 조회 • 자체평가 등록 및 연도별 이력 조회 가능 • 연도별 평가결과 조회 • 평가위원 만족도 조사 등록 • 기관별, 유형별 등 통계로 조회 가능

출처: 사회보장정보원(www.ssis.or.kr).

사회복지조직에 요구하는 정보는 효율적으로 관리되어야 하는데 이를 위해 정보관리체계가 필요하다. 중앙정부도 정보관리체계를 표준화하여 정보를 관리하도록 하는 지침을 각각의 사회복지조직에 요구하면서 관리할 수 있도록 하는 작업이 진행되어 왔다.

4 국가복지정보 시스템의 활용

1) 사회보장정보시스템(범정부)

사회보장정보시스템(범정부)은 각 부처 및 정보보유기관에서 제공하고 있는 복지사업정보와 지원대상자의 자격정보, 수급이력정보를 통합관리하는 시스템으로, 복지 업무 담당자가 관리 정보를 기반으로 민원대응, 업무처리, 복지사업설계 등 효율적 복지행정업무를 수행하고 복지 대상자에게 꼭 필요한 복지서비스를 맞춤형으로 제공할 수 있도록 지원하기 위해 구축하였다. 기본적인 시스템 구성도는 [그림 11-5]와 같다.

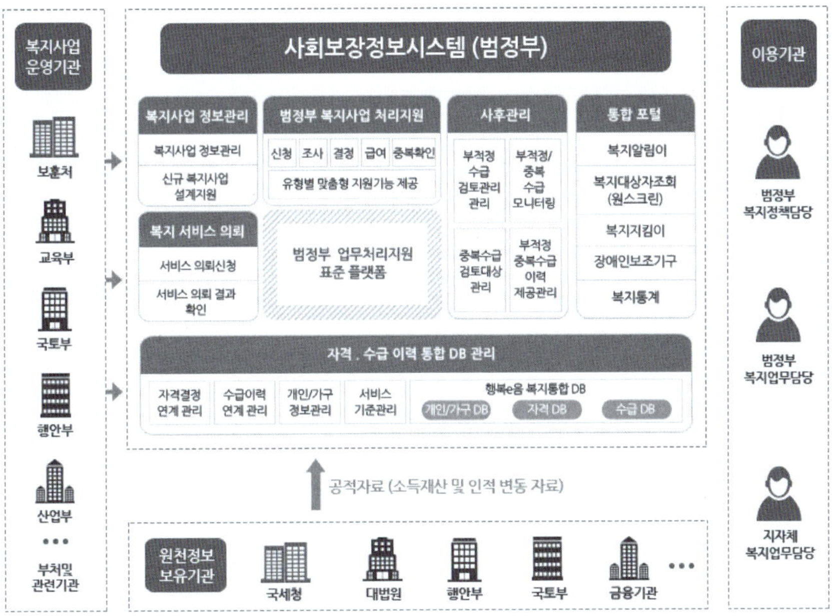

[그림 11-5] 사회보장정보시스템 구성도

출처: 사회보장정보원(www.ssis.or.kr).

사회보장정보시스템(범정부)의 주요 서비스는 다음과 같다.

① 자격 · 수급 이력 통합DB 운영: 부처별로 분산되어 운영되던 복지정보(복지사업 대상자 및 자격 · 수급 이력정보)를 연계하여 통합 · 관리하고 있다.

② 복지지킴이: 복지대상자의 중복이나 부적정한 복지서비스 수혜를 사전에 방지하고 사후에 중단할 수 있도록 지원하고 있다.

③ 복지알림이: 중앙부처 및 지자체 복지사업의 서비스내용, 자격요건, 신청절차 등을 일반국민, 지자체, 각 부처에 제공하고 있다.

④ 업무처리 지원: 다양한 소득재산, 자격 정보의 공동 활용으로 정확한 복지대상자 선정 등 효율적인 복지업무처리를 지원하고 있다.

⑤ 서비스 의뢰: 복지서비스를 신청하기 위하여 방문한 민원인에게 중앙부처뿐 아니라 해당 지자체의 각종 복지서비스를 안내하고 서비스 제공에 대한 의뢰가 가능하게 되었다.

사회보장정보시스템(범정부)을 운영함에 따라 나타나는 장점은 다음과 같다.

① 수요자 중심의 맞춤형 복지서비스 제공: 시민들에게 복지 · 보건 · 일자리 · 교육 · 돌봄 · 주거 등 각 부처 및 지자체 복지서비스를 수요자의 생애주기별, 욕구별로 상담 · 연계 · 제공이 가능하게 되었다.

② 정확한 복지 대상자 선정 및 재정 누수 방지: 중복수급 여부, 사망 등 변동정보를 각 부처에 주기적으로 제공함으로써 정확한 대상자 관리 지원이 가능하게 되었다.

③ 각 부처 복지행정업무의 효율화: 복지서비스 신청서류 간소화 및 소득재산조사 자동화로 복지행정업무의 효율화 및 복지 대상자 선정의 정확성이 향상되었다.

2) 사회보장정보시스템(행복e음)

사회보장정보시스템(행복e음)은 지속적인 복지재정의 증가에도 불구하고 관리체계 미흡으로 인해 복지재정에 누수가 발생하고 국민은 복지서비스를 이용하기 불편하여 기존 정보시스템을 보완하여 구축된 정보관리시스템이다. 사회보장정보시스템(행복e음)은 각종 사회복지 급여 · 서비스 지원 대상자의 자격 및 이력에 관한 정보를 통합관리하고 지자체의 복지업무 처리를 지원하는 사회보장정보시스템(행복e음)을 구축하고, 기존 시 · 군 · 구별 새올행정시스템(주민, 지적, 재정, 세정, 복지 등 31개 지원시스템) 중 복지 분야를 분리하여 중앙에 통합 구축한 정보시스템이다.

사회보장정보시스템(행복e음)의 주요 서비스는 다음과 같다.

첫째, 일괄신청 및 맞춤형 서비스 제공으로 서비스 신청 시 민원인의 욕구를 정확하게 파악하여 필요한 서비스를 누락 없이 맞춤형으로 설계하여 일괄 신청 안내가 가능하다.

둘째, 제출 서류의 간소화로 인한 민원 편의 증대로 사업별 유사 · 중복적인 서식의 통합 및 제출서류를 공적자료로 대체하여 민원의 편의를 증대하였다.

셋째, 복지급여, 서비스 신청에 따른 결정 처리기간 단축 및 결정 · 통보방식의 다양화로 결정 처리기간을 단축시키고 문서 또는 SMS(핸드폰 문자서비스), e-mail 등으로 처리결과를 알려 줌으로써 신속하게 안내하여 복지 급여 및 서비스를 신속하게 제공하고 있다.

넷째, 추가 지원이 가능한 서비스 안내로 복지 대상자가 연령 등의 변화로 추가적으로 제공할 서비스가 발생할 경우, 복지 대상자에게 추가서비스 신청이 가능하도록 안내하여 서비스의 누락 방지가 가능하다.

다섯째, 보건복지상담센터(129)와 시 · 군 · 구 콜센터의 연계를 통한 서비스 제공으로, 보건복지콜센터 상담 후 필요시 전화 및 상담정보를 해당 시 · 군 · 구로 이관하여 후속 서비스 제공이 가능하다.

여섯째, 복지 대상자 선정의 정확성 제고 및 적정급여 지급으로 44개 기관 523종의 소득 · 재산자료, 인적사항 정보, 서비스 이력정보 등을 연계하여 복지 대상자의 정확한 선정 및 적정급여 지급이 가능하고, 120여 개의 복지급여 및 서비스 이력을 개인별 · 가구별로 통합관리하여 중복급여 차단도 가능하다.

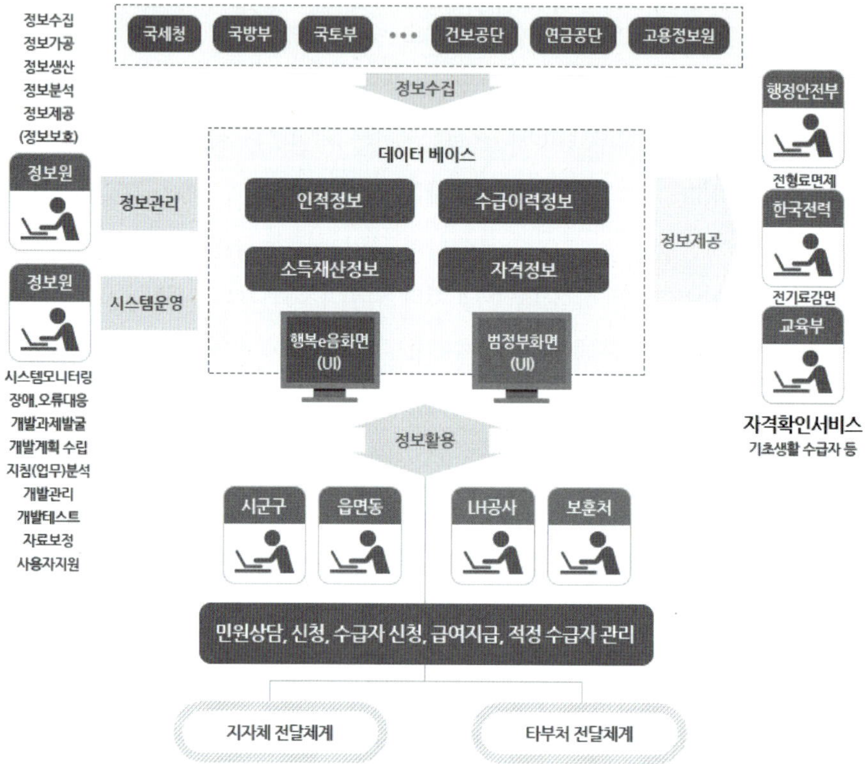

[그림 11-6] 사회보장정보시스템(행복e음) 시스템 구성도

출처: 사회보장정보원(www.ssis.or.kr).

이러한 사회보장정보시스템(행복e음)의 시스템 구성도는 [그림 11-6]처럼 운영되고 있고, 그에 따른 효과는 다음과 같다. 첫째, 복지행정 효율화, 둘째, 복지체감도 향상, 복지재정 누수 방지 및 적정 수급자 관리가 가능하게 되었다. 또한, 복지 대상자 선정 · 사후관리를 위해 소득 · 재산자료 및 서비스 이력정보를 연계하여 지자체에 제공함으로써 수급자 선정의 정확성 제고 및 담당 공무원의 업무수행 편의성이 확대되었다.

3) 사회복지시설정보시스템

보건복지부는 사회복지시설 업무의 표준화 및 투명화와 사회복지업무의 전자화를 위해 사회복지시설 통합업무관리시스템을 운영하고 있다. 사회복지시설정보시스템은 다음과 같은 목적으로 운영된다(사회복지시설정보시스템 홈페이지).

첫째, 사회복지시설 업무의 표준화이다. 다양한 사회복지시설에 포함되어 있는 아동시설, 노인시설, 장애인시설, 부랑인시설, 정신요양시설, 한부모가족시설의 내부 관리업무 분석 및 단일 표준화를 위해 구축되었다. 시설의 유형별에 관계없이 모든 생활시설 및 이용시설에서 공통으로 사용가능하다는 것이 장점이다.

둘째, 업무처리 간소화와 효율화이다. 한 시설 내 수기문서 관리 및 복잡한 업무처리를 간소화함으로서 행정업무의 효율화를 증대시킬 수 있다. 시스템 내 모든 업무가 연결성을 갖고 처리되어 업무의 중복을 방지할 수 있고, 과거의 자료 조회에 간편성 제공, 필요한 통계자료 산출을 자동 수행할 수도 있다.

셋째, 외부 제출자료 작성의 편의성이다. 대다수의 사회복지시설은 정기적으로 지방자치단체에 보고의 의무가 있는데, 이때 제출자료 작성의 편의성을 증진할 수 있는 것이다. 또한 공공기관의 기본적이고 다양한 감사에 필요한 자료를 보다 쉽게 제공할 수 있고, 사용자의 목적에 맞게 다양한 별지서식(세입세출명세서, 현금 및 예금명세서 등)을 효과적으로 작성할 수 있는 것이다.

넷째, 웹기반 시스템 구축이 용이하다. 처음 시스템 도입 시 별도의 시스템 설치가 필요 없으며, 인터넷에 접속하여 시설 코드(발급에 2~3일 소요), 아이디, 비밀번호를 입력하여 사용이 가능하다. 100% 인터넷 기반으로서, 시설의 필요에 따라 사용자 아이디가 제한 없이 발급되며, 아이디별 권한이 시설에서 원하는 대로 엄격히 제한될 수 있다. 이는 출장지나 퇴근 후에도 시스템에 접근하여 사용할 수도 있는 것이다.

다음의 [그림 11-7]은 사회복지시설정보시스템의 기본적인 구성도를 보여준다.

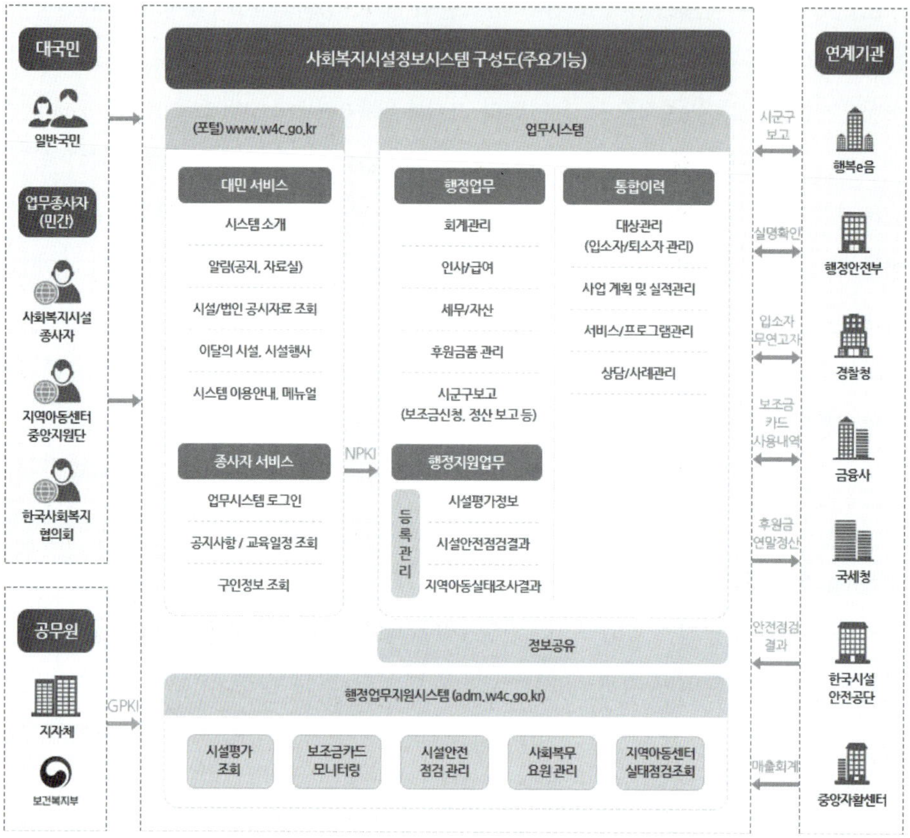

[그림 11-7] 사회복지시설정보시스템 구성도

출처: 사회복지시설정보시스템(www.w4c.go.kr).

사회복지시설정보시스템은 사회복지법인 및 사회복지시설의 회계, 예산관리, 세무, 인사관리, 급여, 이력관리, 고객관리, 지자체 보고문서 등을 무료로 이용할 수 있어 사회복지조직의 업무 표준화가 확대되어 관리 및 운영 효율성을 높일 수 있게 되었다.

사회복지시설정보시스템은 다양한 유형의 사회복지시설 업무의 표준화된 시스템을 제공하고, 시설업무의 전산화로 업무 처리의 간소화와 중복 입력을 최소화하고 있으며, 각종 복지현장의 서식을 제공하여 공공기관 등 외부 제출자료 작성의 편의성을 높일 수 있게 되었다. 또한 웹기반 보완체계를 구축하여 개인정보 및 데이터를 안전하게 관리할 수 있도록 지원하고 있다.

4) 복지로

'복지로'는 다양한 복지제도 정보와 맞춤형 복지서비스를 검색하고 시간과 장소의 제약 없이 복지서비스를 편리하게 온라인으로 신청할 수 있는 대표 복지포털(www.bokjiro.go.kr)이다.

주요 서비스는 다음과 같다.
첫째, 복지서비스 찾기, 복지서비스 모의계산, 맞춤형 급여 안내 등이 있다.
둘째, 복지지도(위치기반 사회복지시설 등 찾기), 복지신고(부정수급) 등이 있다.
셋째, 복지서비스 신청, 민원서비스 신청, 129 복지상담, 도움 요청 등이 있다.

SOCIAL WELFARE ADMINISTRATION

chapter 12

사회복지프로그램

1 프로그램 개발의 개념

1) 프로그램의 개념

사회복지의 목표는 개인과 사회를 변화시키는 것이며, 사회복지 프로그램은 궁극적으로 클라이언트의 삶의 질 변화를 목표로 삼는다. 따라서 사회복지 프로그램이란 개인과 사회를 변화시키기 위한 의도적이고 조직적인 활동으로 정의된다.

사회복지의 주요 활동은 프로그램을 관리 운영하는 것으로 프로그램은 목록, 순서, 차례, 해야 할 계획이란 의미가 있다. 일반적으로 프로그램은 앞으로 진행될 활동에 대하여 계획을 체계적으로 정리한 목록이면서 진행 순서를 의미하는 내용과 실천이 포함되어 있다고 할 수 있다(우수명, 2007: 18). 사회복지조직의 산출물은 사회복지대상자에게 제공하는 프로그램이나 서비스이기 때문에 얼마나 질 높은 프로그램을 구성하여 제공하느냐 하는 것은 사회복지조직에서 중요한 문제일 수밖에 없다.

2) 프로그램의 분석틀

프로그램을 개발하기 위해서는 기존의 프로그램들의 성과를 분석하는 것이 필요하다. 프로그램을 분석하기 위해서는 체계분석(system analysis)이 많이 활용된다(이봉주 외, 2012: 141-143). 체계분석에서는 프로그램을 투입, 활동, 산출, 성과라는 하위체계로 나누고 프로그램의 구성요소들을 하위체계별로 분석 · 평가한다.

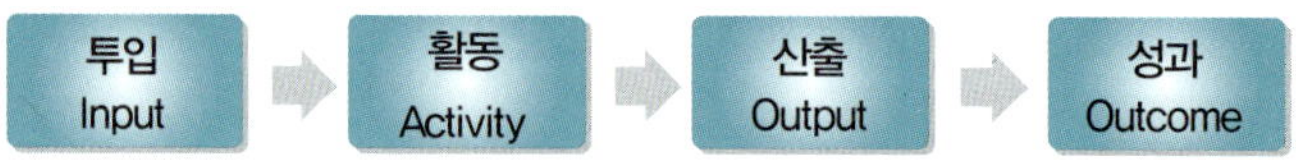

[그림 12-1] 프로그램 분석틀

프로그램 분석틀의 구성요소에서 투입은 프로그램이 목표로 하고 있는 과업을 수행하기 위해 필요한 인력, 재원, 장소, 지역사회 자원을 포함한다. 예를 들어, 프로그램 대상자, 사회복지사 등의 투입인력과 시설, 장비 등을 의미한다.

활동은 투입되는 자원을 활용하여 프로그램이 하는 활동들이다. 이러한 활동은 프로그램의 성과를 도출하기 위해 구체적으로 행해지는 과업들이다. 예를 들어, 독거노인 활동지원 프로그램을 진행할 때 독거노인과의 1대 1 면담을 통한 욕구파악, 자원봉사자의 교육, 중간 사례회의 등이 활동에 해당한다.

산출은 프로그램의 결과에 따라 직접적으로 나타나는 결과들이다. 이러한 산출물에는 프로그램을 통해 전달되는 서비스 유형, 서비스 양, 참여인원 등이 포함된다. 예를 들어 독거노인 활동지원 프로그램에서 산출은 참여 노인의 수, 활동지원의 시간 등이 산출에 해당한다.

성과는 프로그램 종결 이후 프로그램 참여자에게 나타나는 구체적인 변화이다. 프로그램 참여자의 내적인 변화를 포함하여 구체적인 행동이나 기능수준의 변화 등이 여기에 해당한다. 예를 들어, 독거노인 활동지원 프로그램을 통해 어르신의 독립성 향상, 자존감의 향상 등이 성과에 해당한다.

2 프로그램 개발 과정

일반적으로 프로그램 개발은 ① 지역문제나 욕구, 수요 확인, ② 프로그램 계획, ③ 프로그램 실행, ④ 프로그램 평가방법의 단계를 거친다. 각각의 단계는 서로 독립되어 있는 것이 아니라 프로그램을 개발하는 과정에서 서로 밀접하게 연관되어 있으면서 반복되는 순환과정을 이루고 있다. 이를 보다 세분화 하면 문제 확인 및 분석, 욕구조사, 자원조사 및 확인, 목적 및 목표설정, 실천계획의 수립, 프로그램 실행, 프로그램 평가와 같은 과정을 통해 진행된다.

1) 문제의 확인 및 분석

사회복지프로그램을 개발하기 위해 제일 먼저 해야 할 일은 프로그램이 왜 필요한지에 대한 이유를 설명하는 것이다. 이를 위해서는 지역사회의 문제나 시민의 욕구를 확인하고 분석하는 일이다. 그래야 그 지역사회와 시민에게 필요한 프로그램을 개발하는 것이 가능하기 때문이다.

문제를 확인하고 분석하기 위해 다양한 정보를 수집해야 하는데 이를 위해 다양한 지역의 문제를 확인화고 분석하기 위한 수집된 정보를 확인하고, 1차적 사회복지 대상자의 가능성이 있는 집단들에 대한 이해가 필요하다.

2) 욕구조사

사회복지프로그램은 결국 그 지역주민들이 원하는 것을 충족시켜주는 서비스와 관련이 되어 있다. 그 지역의 문제를 확인하고 분석이 되었다면 다음의 과정은 사회복지 대상자가 원하는 정확한 욕구를 파악하는 일이다.

욕구(needs)란 일반적으로 인간의 생존과 성장발전을 위해 필요하여 구하는 것으로서 예를 들어 적절한 음식, 주택, 소득, 지식, 사회참여, 개인의 자유 등이 결핍되면 충족되기를 원하는 것들이다. 욕구는 특정 개인 또는 소수의 개인에 국한되는 욕구가 사회의 다수인에게 확대되면 사회적 욕구가 되는데 이러한 욕구의 결핍은 사회적인 차원에서 접근해야 하고, 그러한 상황을 파악하기 위해 활용하는 것이 바로 욕구조사이다.

욕구조사는 다음과 같은 필요에 의해 활용된다. 첫째, 주민들이 필요로 하는 서비스 또는 프로그램을 식별하여 우선순위를 정하기 위해 활용된다. 둘째, 사회복지조직에서 새로운 서비스를 창출할 필요가 있는지 확인할 수 있다. 셋째, 프로그램 운영에 필요한 예산할당에 대한 기준을 마련하기 위해서도 활용된다. 넷째, 수행 중인 프로그램의 평가에 필요한 보조자료를 마련하기 위해서도 실시된다. 다섯째, 프로그램을 수행하는 지역사회 내 기관들 간의 상호의존 및 협동상황을 파악하기 위해 실시된다.

(1) 사회적 욕구와 범주

사회적 욕구란 생존과 성장을 위해 필요한 기본적인 요건들로써 개인적인 욕구가 모여 다수가 되면 사회적 욕구로 확대된다. 사회적 욕구는 현재의 결핍된 상태와 원하는 상태 사이에 존재하는 격차를 의미하고, 바람(want)이나 선호(preference)로서의 욕구이며 객관화된 부족함, 또는 결핍(deficit)으로서의 욕구로 파악하여 분석할 수 있다.

사회적 욕구의 범주로는 주로 다음과 같은 범주가 포함될 수 있다.

- 적절한 소득과 경제적 기회: 고용, 소득유지, 소비자 보호 등
- 기본적인 물질적 욕구를 충족하는 데 필요한 적정한 환경조건: 음식, 영양, 의복, 주거, 교통 등
- 적절한 보건: 공중보건, 의료, 정신건강, 재활 등
- 적절한 지식과 기능: 교육, 도서관, 특수교육 등
- 적절한 개인적 · 사회적 적응 및 개발: 개별 상담, 가족상담, 관계향상 프로그램 등
- 적절한 사회조직체를 통한 충족: 지역사회 및 정치적 조직, 인간 및 경제적 개발, 커뮤니케이션, 조사연구 등

(2) 욕구조사의 내용

욕구조사에는 사회복지대상자의 인구사회학적 정보, 현재 삶의 상황, 프로그램에 대한 분석 등이 포함될 수 있다. 구체적으로 보면, 〈표 12-1〉은 욕구조사에서 일반적으로 포함되어야 하는 내용이다.

〈표 12-1〉 욕구조사에 포함되는 주요 내용

기초자료	인구사회학적 특성	지역적 특성, 성별분포, 연령, 혼인, 거주형태, 종교분포, 주택보급률, 국민기초생활보장 대상자 수 등
	가족 특성	가족 수, 가족구성 형태, 수입원, 총수입, 총지출 등
욕구파악을 위한 자료	현재 삶의 상황을 파악하는 자료	사회, 경제, 교육, 건강, 고용 등 개인적인 현재 상태를 파악하는 자료
	기존의프로그램이나 정책 평가를 위한 자료	기존 프로그램의 인지도, 이용도, 만족도, 장단점, 서비스 태도, 자격조건, 경제적 부담 등을 파악하고 프로그램 개선에 사용할 정보
	신규 프로그램이나 정책개발을 위한 자료	대상집단의 구성원들이 가지고 있는 욕구를 확인하고 상대적 중요성을 파악하여 새로운 프로그램 개발에 사용할 자료
사회자원을 활용하기 위한 자료	의사소통망에관한 정보	프로그램이나 정책대안의 존재여부와 내용을 클라이언트에게 알려줄 수 있는 공식적, 비공식적 의사소통망과 매체를 파악
	지역사회자원에 관한 정보	프로그램이나 정책대안을 계획할 때 활용할 수 있는 지역사회 내 인적·물적 자원을 파악
	정치적자원에관한 정보	프로그램 정책대안이 성공적으로 집행되기 위해 지역사회 주민과 지역사회를 대표할 수 있는 사람들이나 지도자들의 지지 필요

출처: 서인해·공계순(2004: 78-79). 재구성

3) 자원조사 및 확인

자원조사 및 확인은 프로그램을 실행하기 위해서 필요한 인적·물적 자원이 어느 정도 확보가 가능한지, 그리고 지식 및 기술의 정도, 외부 환경의 변화 등이 어떠한지를 분석하는 활동을 의미한다.

(1) 프로그램 대상자 확인

프로그램 대상자 확인이란 개발된 프로그램이 누구를 대상으로 수행할 것인가를 결정하는 것을 의미한다. 일반적으로 프로그램 대상자 확인은 일반집단, 위험집단, 표적집단, 클라이언트 집단의 네 가지 집단으로 구분하여 파악한다(우수명, 2007: 163-167).

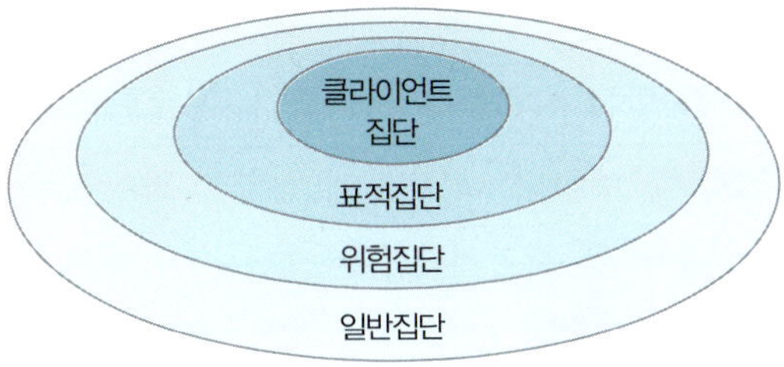

[그림 12-2] 프로그램 대상자 네 가지 집단 구분

① 일반집단(general population)

일반집단은 서비스를 제공할 대상이 속해 있는 전체 인구집단 또는 지역의 일반 인구집단을 의미한다. 조사에서 모집단과 유사한 개념이라고 할 수 있으며 일반집단은 프로그램에 영향을 미칠 가능성이 있는 모든 사람을 말한다. 예를 들어, 노인 대상 프로그램이라고 하면 그 지역의 모든 노인인구가 일반집단이 되는 것이다.

② 위험집단(at risk population)

위험집단은 일반집단 중에서 어떤 문제나 욕구를 가지고 있거나, 잠재되어 있다고 파악되는 인구집단을 의미한다. 프로그램을 통해 해결해야 할 과제 또는 문제에 노출되어 있는 집단이라고 할 수 있다. 예를 들어, 일반집단인 노인인구집단 중에서 독거노인을 잠재적인 위험집단으로 설정할 수 있다.

③ 표적집단(target population)

표적집단은 위험집단 중 문제나 욕구가 표출되었거나 있다고 확인된 집단으로 자원이 확보되어 있다면 반드시 문제를 해결하거나 욕구를 충족시켜 주어야 할 대상이라 할 수 있다. 따라서 프로그램 개발을 통해 우선적으로 서비스 제공이 필요한 집단으로 예를 들어, 위험집단을 독거노인이라고 규정할 때 표적집단은 저소득층 노인 중에서 현재 기초생활수급대상자인 독거노인으로 설정할 수 있다.

④ 클라이언트 집단(client population)

클라이언트 집단은 프로그램의 직접적인 수혜자, 즉 프로그램에 실제로 참여하는 사람으로서 서비스를 받는 사람들을 의미한다. 프로그램참여 대상인원은 사회복지조직의 자원 확보, 즉 예산의 규모 등에 영향을 받아 결정되어진다. 예를 들어, 기초생활수급 독거노인 중 접근성과 프로그램 참여 동의 등 사회복지조직으로부터 직접적 서비스를 제공받고자 하는 일정 수의 집단이라고 할 수 있다.

〈표 12-2〉 저소득층 독거노인 생활지원 프로그램

대상 구분	프로그램 대상자 산출 근거	단위(명)
일반집단	ㅇㅇ지역 전체 노인 인구수	20,392명
위험집단	일반집단 중 독거노인 인구수	4,784명
표적집단	위험집단 중 기초수급 독거노인 인구수	825명
클라이언트 집단	표적집단 중 생활지원을 신청한 인구수	80명

(2) 인적·물적 자원 검토

사회복지조직은 외부 환경의 영향을 받고, 자원 역시 외부에 크게 의존하고 있다. 프로그램 개발에서도 확보된 자원이 없다면 실행하기가 곤란한 상황이 될 수도 있기 때문에 인적 · 물적 자원 확보의 가능성을 항상 검토해야 한다. 사회복지조직의 자원 동원 역량, 인력 확보, 시설 및 장비 등이 프로그램에 어떻게 활용될 수 있는지에 대해 검토해야 하는 것이다.

4) 목적 및 목표설정

프로그램 개발을 통해 달성하고자 하는 목적(goal)과 구체적인 목표(objectives)를 설정해야 한다. 즉, 프로그램을 통해 '무엇을 이루어 내고자 하는가?'를 구체적으로 규정하는 것이다(우수명, 2007: 28). 목적과 목표설정은 프로그램의 필요성, 실현가능성을 실질적이고 구체적인 용어로 규정하여 내용을 명확하게 하는 역할을 한다.

목적이란 프로그램을 통해 달성하고자 하는 미래의 바람직한 상태를 말하며, 궁극적으로 사회복지조직에서 프로그램을 통해 달성하고자 하는 긍정적인 요소를 의미한다. 목적을 설정하고 나면 보다 구체적이고 측정 가능한 목표를 설정할 수 있게 된다. 목표는 프로그램의 내용 및 실행 계획과 관련된 것으로 하나의 프로그램 목적에는 보통 다수의 목표들이 있다. 또한 목표에는 보다 세부적이고 구체적인 하위목표가 설정될 수 있다.

5) 실천계획의 수립

목적 및 목표가 설정되고 나면 프로그램 수행을 위한 적절한 대안을 설정하고 이를 달성하기 위한 구체적인 실천계획을 수립해야 한다. 효과적인 프로그램을 수행하기 위해 관련된 자료들을 수집하고, 브레인스토밍과 같은 아이디어 기획회의를 통해 프로그램의 구체적인 실천계획들을 수립해 간다. 즉, 프로그램의 활동내용, 활동시간, 장소, 예산, 업무분담 등 구체적 실천방안을 기술한 계획서를 만들어야 한다. 구체적인 활동과 시간 등 일정을 나타내는 시간별 활동계획 도표나 프로그램 평가 검토기법 등을 활용하여 작성하고, 활동에 수반되는 예산수립과 업무분담에 따른 진행표를 작성할 수도 있다.

6) 프로그램의 실행

프로그램 실행이란 수립된 계획에 따라 실시하는 것을 의미한다. 실천계획에 따라 프로그램을 진행하면서 운영은 사회복지조직의 상황의 변화에 탄력적으로 조정하면서 진행하는 융통성이 필요하고, 때에 따라서는 목적과 목표달성을 위해 프로그램의 실행계획을 수정, 개선하면서 진행될 수도 있다.

프로그램이 원활하게 진행되기 위해서 사전에 프로그램 담당자들이 논의를 통해 다양하게 변화하는 상황을 미리 예측하여 대비하는 것이 필요하다.

7) 프로그램의 평가

프로그램 평가는 수행된 프로그램의 당초 목적과 목표를 얼마만큼 잘 달성하였는지를 확인하는 것과 관련된다. 프로그램 평가는 사회복지조직에서 공공의 자원을 통해 수행되는 프로그램 책임성을 강조하면서 점차 중요시되고 있다.

프로그램 평가는 다음과 같은 목적을 위해서도 실시되고 있다(Lewis et al., 2001; 이봉주 외, 2012: 383-384, 재인용).

첫째, 프로그램을 수행하는 실시기관의 행정적 목적을 위해 사용된다. 서비스의 질과 책무성을 향상시킬 목적으로 실시한다. 또한, 공동모금회와 같은 외부 기관의 재정지원을 획득하기 위해 실시되고 있다.

둘째, 프로그램 영향 또는 효과를 평가하기 위해 실시한다. 즉, 프로그램이 의도된 목표를 얼마나 달성하였는지 확인을 위해 평가가 필요하다. 그리고 향후 프로그램을 확대, 수정, 폐지할 것인지를 결정하기 위해 실시하는 것이다.

셋째, 평가는 프로그램에 대한 책임성을 높이는 데 도움이 된다. 프로그램 평가는 이 프로그램이 효과적이고 성과가 있음을 자원 제공자들에게 보여줌으로써 프로그램의 지속적 추진 당위성을 알리고 외부 자원 확보에 도움을 준다.

넷째, 평가를 통해 프로그램의 성과와 결과, 즉 정부나 지방자치단체, 후원자, 프로그램 참여자, 지역 주민 등이 외부의 지지를 확대하는 데 도움이 되는 정보를 제공한다.

3 프로그램 평가 방법

1) 프로그램 평가 유형

프로그램 평가는 평가주체, 평가대상 등에 따라 여러 유형으로 구분될 수 있다. 평가주체에 따라 내부평가와 외부평가로 나누어지고, 평가대상에 따라 사회복지 시설 평가와 프로그램 평가로 나눌 수 있다. 또한 평가의 시점과 접근방법에 따라 총괄평가와 형성평가로 나눌 수 있다(황성철 외, 2009: 359-362).

(1) 내부평가와 외부평가

사회복지평가는 평가주체에 따라 내부평가와 외부평가로 구분된다. 내부평가는 조직 구성원들이 실시하는 평가로 프로그램 운영 과정이나 결과에 대한 자체평가의 성격을 가진다. 이러한 내부평가는 프로그램 운영이나 개선을 할 때 주로 활용된다. 외부평가는 프로그램을 수행하는 구성원이 아니라 대학교수나 외부 사회복지 관련 전문가, 정부기관, 공동모금회와 같은 재정지원기관 등 외부의 제삼자가 수행하는 평가이다. 외부평가는 프로그램 개선을 목적으로 수행하기도 하지만 평가결과에 따라 인센티브나 제재하기 위한 수단으로 활용되기도 한다.

(2) 시설 평가와 프로그램 평가

평가대상에 따른 구분은 크게 시설 평가와 프로그램 평가로 나눌 수 있다. 시설 평가는 사회복지조직의 설치 목적에 따라 개별 프로그램을 포함하여 시설운영 전반에 대해 종합적으로 운영되고 서비스를 제공하고 있는가에 주안점을 두고 평가를 시행한다. 이러한 프로그램 평가는 프로그램 자체의 결과에 대해 효과성이나 효율성과 같은 평가기준에 따라 실시하는 것에 초점을 둔다.

(3) 총괄평가와 형성평가

평가시점이나 방법에 따라 총괄평가와 형성평가로 나눌 수 있다. 총괄평가는 프로그램이 종결된 이후 프로그램 결과를 평가하는 것이어서 결과평가라고도 하고, 형성평가는 프로그램이 운영되는 과정에 초점을 두고 있어서 과정평가라고도 한다. 총괄평가는 프로그램의 종결된 이후 당초 설정된 목표를 어느 정도 달성하였는지를 평가하면서 궁극적으로 프로그램이 참여자나 지역사회에 미친 영향을 파악하기 위한 평가이다. 형성평가는 프로그램을 실행하는 과정에서 운영 및 활동을 분석하여 보다 원활한 프로그램으로 진행될 수 있도록 프로그램 운영개선에 필요한 정보를 얻기 위한 평가이다.

2) 평가의 기준

프로그램을 평가하는 기준은 다양할 수 있다. 일반적으로 사회복지조직과 같은 비영리기관을 평가할 때 중요한 기준들은 다음과 같다(오세영, 2011: 358-359; 우수명, 2007: 228-231).

(1) 적법성(lawfulness)

적법성은 프로그램이 관련 법률과 운영규칙 등에 얼마나 적합하게 운영이 되었는가를 진단하는 것이다. 프로그램의 수행, 종결이 규정대로 적법하게 진행되었는지, 사회복지조직의 가치와 철학, 지침 등을 준수하며 진행하는 것은 매우 중요한 문제이다.

(2) 효과성(effectiveness)

사회복지기관 프로그램에서 가장 중시되는 기준으로 효과성은 프로그램의 목적 달성 정도를 측정하는 것이다. 즉, 프로그램이 당초 이루고자 하는 목적과 목표가 실제로 프로그램이 진행된 이후 달성된 정도를 측정하거나 프로그램 참여자에게 의도했던 변화가 어느 정도 일어났는지를 기준으로 하여 평가하는 것이다. 예를 들어 한부모가족의 아동대상 자존감 향상 프로그램을 진행했을 때, 아동들의 자존감이 프로그램 참여 전에 비해 얼마나 향상되었는가를 비교하여 측정하는 것이 효과성이라고 할 수 있다.

(3) 효율성(efficiency)

효율성은 프로그램의 결과로 얻어진 산출에 대하여 프로그램에 투입된 자원을 대비하는 개념으로 최소의 비용(자원)으로 최대의 산출을 했는가를 평가하는 개념이다. 효율성은 대부분의 조직뿐만 아니라 사회복지조직에서도 중요한 개념일 수밖에 없다. 대부분의 사회복지조직은 자원을 정부나 외부 지원기관, 일반 시민들의 후원 등을 통해 지원받고 있기 때문에 공공의 자원을 얼마나 잘 활용하며 사용되는가는 중요할 수밖에 없는 것이다.

(4) 노력성(effort)

노력성은 프로그램과 관련된 사람들이 프로그램을 위해 얼마나 노력하였는가를 평가하는 기준이다. 프로그램의 수행을 위해 그리고 프로그램을 통해 달성해야 할 목표를 위해 얼마나 많은 노력을 기울였는가를 평가하는 것으로 인적 · 물적 자원 등을 얼마나 투입하였는가를 보는 것이다. 예를 들어 프로그램에 소요되는 활동시간, 투입 인원, 서비스를 이용한 프로그램 참여자 수 등을 평가하는 것이다.

(5) 서비스의 질(quality)과 만족도(satisfaction)

서비스의 질은 사회복지조직이 서비스 목적을 달성하기 위해 필요한 방법과 기술을 얼마나 적절하게 활용하였는가와 관련된다. 만족도는 프로그램을 이용한 사람들의 입장에서 서비스의 질을 평가하는 것이다. 즉, 프로그램 제공자의 입장이 아니라 프로그램의 참여자가 평가를 하는 것이 만족도이다.

(6) 접근성(access)

접근성은 서비스를 필요로 하는 사람들이 시간적, 지리적, 심리적으로 손쉽게 이용할 수 있었는가와 관련된 평가이다. 프로그램의 참여와 활동에 있어서 참여자의 접근이나 이용 기회에 있어 일부 대상에게 제한되어 있거나 차별 없이 제공하려는 노력이 있었느냐와 관련된다. 예를 들어, 대부분의 장애인 이용시설이나 어린이집에서 주요 대상자들이 직접적으로 사회복지조직에 찾아가는 것이 어렵기 때문에 차량 지원을 하는 것 등의 사례들은 접근성 문제를 일부 지원하기 위한 사례가 될 수 있다.

(7) 형평성(balance)

형평성은 프로그램의 효과와 비용이 사회집단 간에 공평하게 배분되었는가와 관련된다. 즉, 프로그램이 필요한 대상자에게 그 프로그램에 참여할 기회나 혜택이 공평하게 분배되었는가와 같은 가치 실현에 초점을 둔다. 따라서 형평성은 프로그램 참여자를 결정하는 데 있어서 프로그램 시행 전에 반드시 명확한 자격기준이 공지되고 선발되는 과정이 공정하게 이루어지는 노력이 필요하다.

(8) 적절성(appropriateness)

적절성은 프로그램에 참여한 대상자들의 특성이나 상황을 고려하여 서비스를 제공하고 있는가와 관련된다. 프로그램 개발에서 목적과 목표를 설정하더라도 프로그램 참여자의 특성을 고려하여 목표를 조정하면서 프로그램을 운영하는 것이다.

(9) 영향(impact)

영향은 프로그램 참여로 인해 주어진 목표에 대한 성과들이 모여 프로그램이 원래 의도했던 사회문제나 욕구와 관련된 것이 어느 정도의 영향을 미쳤는지를 평가하는 것을 의미한다. 예를 들어, 사회복지조직과 관련된 대표적인 영향 평가에 활용될 수 있는 사회지표들은 일자리와 연관된 조직은 취업률, 창업건수, 청소년 관련 프로그램에서 청소년 비행률의 감소 등을 확인하는 것이다.

4 프로그램 계획서 작성 사례

다음은 프로그램 계획서 작성 사례로서, 사회복지공동모금회의 2020년 표준양식을 참고하여 작성한 '배분신청서 성과중심형 사업계획서'이다.

1. 사업명: 대상, 목적, 방법과 관련된 정보를 담은 사업명 작성

예) 아동 자녀를 둔 가정의 양육부담 지원 및 건강한 성장 지원을 위한 마을 육아공동체 사업

2. 사업내용 및 추진 전략

1) 사업 참여자 모집 전략

(1) 참여 대상 및 인원

구분	내용
핵심 참여자	– 성과를 측정하게 되는 대상은 누구이며, 인원은 몇 명입니까? (이 사업에 참여하게 함으로써 누구의 변화를 이끌어 내려고 하는 것입니까?) – 예) 미취학 아동 자녀 및 주양육자 30가정
주변 참여자	– 성과측정 대상은 아니지만 핵심 참여자의 변화를 이끌어 내는 데 중요한 역할을 하는 사람은 누구이며, 인원은 몇 명입니까? – 예) 미취학 아동을 둔 가족, 프로그램 참여 강사(4명) 및 자원봉사자(12명)

(2) 참여자 선정 기준

- 어떤 기준을 세워서 참여자를 모집하게 됩니까?

  예) 핵심 참여자: 참여신청서를 통한 선착순 모집

  주변 참여자: 핵심 참여자의 가족, 프로그램 참여 강사(관련 전문 자격 보유자), 자원봉사자

(3) 참여자 모집 방안

- 기준에 적합한 참여자를 어떻게 모집할 예정입니까?

– 예) 프로그램 안내문 작성 및 배포, 프로그램 현수막 게재, 홈페이지 공지사항 알림 등

2) 사업내용 및 사업 집행 전략

- 전체 사업을 몇 개의 세부 사업으로 분류하여 구성
- 세부 사업별 시행방법, 시행 시기 및 횟수, 사업 진행 일정 등 구체적인 정보 기술

예) 주요 사업내용 및 세부사업내용

아동지원 사업	정기 집단활동, 아동 발달을 위한 프로그램 운영
주양육자 상담	참여가정 상담 지원

프로그램명	주요 활동 내용	시행 시기	횟수	참여 인원
아동 프로그램	① 정기 프로그램 운영(전문 강사 진행) –아동별 놀이교육, 아동발달 지원 프로그램 주 2회 진행 ② 집단별 세부 프로그램 운영(주양육자 진행) –주양육자가 동화 읽기 등 프로그램 진행	3~6월	24회	30명
주양육자 상담	① 부모상담 –전문상담사와 참여가정 주양육자 상담 진행	3~5월	2회	10명

예) 사업진행 일정

주요 사업내용	3월	4월	5월	6월	7월	8월
아동지원사업	■	■	■	■		
주양육자 상담	■	■	■			

3) 기관 연계협력 전략

- 협력 기관이 세부 사업에서 어떤 역할을 담당하게 되는지, 그 때 신청기관의 역할은 무엇인지, 이러한 협력체계는 어떤 절차를 통해 진행되는지 등 기술

  예) 공공기관: 2개 동 복지행정센터(사업내용 홍보 및 참여자 추천 요청), 자원봉사센터(자원봉사자 모집 및 추천) 등

3. 예산 편성(예)

(단위: 원)

목	세목	세세목목	계계	산출근거	예산조달 계획				
					신청 금액	비율 (%)	자부담	비율 (%)	자부담 재원
총계									
사업비	집단 활동	아동 프로그램	12,000,000	강사비: 50,000원×24회×5그룹=6,000,000원 재료비: 50,000원×24회×5그룹=6,000,000원	12,000,000		0		
	상담 활동	주양육자 상담	2,000,000	상담사 인건비: 100,000원×20회 =2,000,000원	2,000,000		0		
	소계		14,000,000		14,000,000		0		

- 사업에 직접 투입되는 비용을 인건비, 사업비, 관리운영비로 구분하여 작성
  - **(인건비)** 해당사업을 직접적으로 수행하는 인력에게 투입되는 비용
  - **(사업비)** 프로그램 수행에 필요한 직접비용
  - **(관리운영비)** 프로그램의 수행에 필요한 간접비용(사업관리에 필요한 비용)
  - 예산 수립 시 예산편성기준표를 참고하여 주시기 바랍니다.
- 세목은 세부 사업별로 구분하고 단위가 큰 경우 세세목으로 구분하여 작성
- 산출근거는 실제 단가, 수량, 인원수, 건수, 횟수 등을 구체적으로 작성

4. 문제 의식(사업 필요성)

1) 사업 계획 배경

- 이 사업을 기획하게 된 배경, 귀 기관이 관심을 가지기 전에는 어떤 상태에 있었는지, 인근 다른 지역에도 유사한 상황이 있다면 어떻게 대응하고 있는지에 대해서도 기술

2) 기존 유사사업과의 차별성

- 기존의 시각이나 접근방식과 다른 점은 무엇인지 기술

3) 신청기관의 강점

- 이 사업을 신청기관에서 수행해야 하는 이유에 대해 사전조사 내용, 관련 분야 수행 경험 등을 포함하여 기재

5. 목표 및 평가

1) 산출목표(예)

세부 사업명	산출목표	모니터링 방법
아동 프로그램	– 만족도 평균 80점 이상(100점 기준) – 프로그램 참여율 80% 이상	– 만족도 조사지 – 프로그램 활동일지
주양육자 상담	– 만족도 평균 80점 이상(100점 기준)	– 만족도 조사지

- 성과목표를 달성하기 위해 이끌어 내야 하고 모니터링해야 하는 산출목표는 무엇인지 기술

2) 성과목표 및 평가 방법(예)

성과목표	평가 도구 및 방법	측정 시기
주양육자 양육 스트레스 경감	– 양육 스트레스 척도 사전–사후 평균점수 비교	3월, 6월

- (성과목표) 성과목표와 관련하여 작성
  – 핵심 참여자의 어떤 부분을 어느 수준까지 변화시키는 것이 목표인지
  – 성과목표가 이후에 기술되는 평가방법을 통해 달성 여부 확인 방법
- (평가 도구 및 방법/측정시기) 성과목표 달성 여부와 정도 평가방법
  – 성과목표 달성 여부와 정도를 판단하기 위한 성과지표 설정
  – 제시된 성과목표에 대한 평가계획(자료수집방법, 측정시기 등)

6. 사업 종료 후 지향점

1) 사업 수행으로 인한 기대 효과

• 이 사업이 성공적으로 수행된다면 기대되는 효과

2) 사업 결과의 활용 계획

• 사업의 효과로 나타난 결과 활용 계획
• 사업 결과를 통해 유사기관이나 지역사회에 알리고 싶은 이야기

SOCIAL WELFARE ADMINISTRATION

chapter 13

사회복지평가

1 사회복지평가의 이해

1) 사회복지평가의 개념

우리가 일반적으로 호칭하는 '평가'는 엄밀하게 말하면 '평가조사'를 줄여서 부르는 것이다. 평가조사는 영어로는 'evaluation research'를 의미하며, 이는 '사회조사(social research)'의 한 유형이라고 볼 수 있다. 따라서 '평가조사' 혹은 '평가'는 단순히 사회복지분야에서만 사용되는 용어라기보다는 사회조사가 그러하듯이 범사회과학적 용어로서, 공공행정, 환경, 교통, 보건, 교육 등의 분야에서 다양하게 사용되고 있다.

학술적인 차원에서의 평가 개념에 대해 Weiss(1998: 4)는 평가(evaluation research)를 '정책이나 프로그램의 개선을 목적으로 일련의 내재적 · 외재적 기준에 따라 효과성 혹은 시행상태를 체계적으로 사정하는 작업'으로 정의하고 있다. 또한 Rossi & Freeman(1993: 5)은 평가조사를 '사회개입 프로그램의 개념화 · 설계 · 시행 · 효용성을 사정하기 위해 사회조사방법을 체계적으로 응용하는 것'이라고 정의한다. 결국 평가는 효과성, 효율성 혹은 적절성 등이 측정되는 과정이다. 무엇보다 평가는 사회복지행정에서 이루어지는 기본적인 기능이기도 하며, 행정과정에서 필요한 기준의 설정, 성과에 대한 평가, 목표달성을 위한 변화 유도, 책무성의 개발과 같은 일반적인 기능의 한 유형에 해당된다.

김형식 등(2001: 341-342)은 평가란 한 기관의 전체 또는 선별될 프로그램의 효율, 효과 및 적절성을 철저하게 그리고 비평적으로 검토하는 과정이라고 하면서 첫째, 평가란 하나의 프로그램이 거쳐야 하는 각 발달과정에서 성취하게 되는 결과를 자원투입, 효과, 효율, 책무성, 이용자의 만족도 등을 기준으로 하여 체계적인 자료를 수집하고 분석하는 모든 행위를 포함한다. 둘째, 평가란 프로그램 전반에 걸친 결정을 하기 위한 총괄적인 정보수집 과정이다. 셋째, 평가란 프로그램의 가치, 장점, 단점 등에 대한 체계적인 분석적인 연구이다. 넷째, 평가는 프로그램의 가치, 질, 중요성, 타당성, 업무 수행에 관한 효과, 효율 및 책무성을 체계적으로 분석하는 데 필요한 것이라고 보다 구체적으로 평가의 개념을 정의하고 있다.

2) 사회복지평가의 목적

평가의 목적은 사회복지기관의 서비스 제공 능력을 향상시키는 데 있다. 그렇기 때문에 엄격한 평가방법을 사용하는 것도 중요하며, 또한 평가는 그 자체에 목적이 있는 것이 아니라 오히려 목적달성을 위한 수단이라는 점을 이해하는 것도 중요하다. 조직 및 기관 운영에 있어서 평가는 매우 중요하게 인식되고 있으나, 평가의 목적은 평가자의 의도에 따라 혹은 평가대상에 따라 다양하게 나타나기 때문에 평가목적을 획일적으로 제시하는 데에는 많은 어려움이 있다.

Rossi & Freeman(1993)은 평가대상으로서의 프로그램, 조직, 혹은 정책에 대한 가치판단, 개선, 효용성 판단, 운영의 효과성 증진, 책임성 제고, 정보제공 등을 제시한다. 그들은 평가의 기본적인 목적을 효과성을 측정하여 사업의 지속, 중단, 확대, 축소 등과 관련된 의사결정을 위한 정보를 제공하는 것이라고 주장한다(최재성, 1998 재인용).

사리(Sarri, 1987)는 평가결과의 활용성에 초점을 맞추어 평가목적을 다음과 같이 소개하고 있다(김형식, 1997).

① 사회복지조직의 업무 수행을 체계적인 방법으로 추적하며, 추적의 핵심은 표적집단의 욕구 충족을 위한 서비스, 정책 혹은 서비스 전달절차의 준수 여부, 업무 수행의 질과 양

② 체계적인 방법으로 업무 수행의 효과성 및 효율성을 추적

③ 사회복지기관에 관한 일반적인 법칙을 발견하기 위한 응용연구

④ 사회복지기관의 업무 수행 또는 표적집단에 관한 문제를 규명하기 위한 논리적이고 공정한 체계적인 연구

⑤ 합리적인 방법으로 자원 할당을 하기 위한 수단

⑥ 사회개혁 또는 사회혁신을 제도화시키기 위한 정치활동

⑦ 과학적 이론 또는 연구결과를 활용하여 개혁 또는 개입적 복지 프로그램의 시도를 시범할 수 있는 테크닉

⑧ 일반적인 문제해결의 첫 단계: 오리엔테이션, 평가와 규제

⑨ 다음 네 가지 목표와 관련된 체계화된 과정 즉, 예상했던 행동의 변화가 표적집단에서 발견되었는가의 측정, 변화를 가능하게 했던 요인의 규명, 변화에 소요된 비용의 산출, 다른 프로그램과 표적집단에 적용할 수 있는 일반화된 가능성 검토

또한 성규탁(1993: 187)은 평가의 목적을 세 가지로 제시하고 있다.

첫째, 프로그램 계획이나 운영과정에 필요한 정보를 제공하여 이 과정이 바람직하게 추진되도록 하는 것으로서 프로그램 과정상의 환류기능이라고 볼 수 있다.

둘째, 프로그램 담당자가 프로그램 과정에서 행하는 활동에 대하여 사회적 책임을 지도록 하는 것으로서 책임성 회복기능으로 볼 수 있다. 즉, 프로그램 과정상의 책임성 이행을 강조하는 것이다. 즉, 프로그램 과정은 사회복지제도의 가장 핵심적인 활동이 되고 있다. 사회복지제도의 관리는 사회에 대하여 책임을 이행해야 한다는 사회복지사업법에 입각하고 있는 것이다.

셋째, 보조적 목적으로서 프로그램 속에 내재된 변수 간의 인과관계를 검증하여 이론 형성에 기여하는 학문적 기능으로 볼 수 있다.

이러한 성규탁(1993)의 평가목적분류는 상호배타적 목적을 의미하지는 않는다. 일반적으로 평가연구는 앞에서 제시된 세 가지 목적이 복합적으로 설정되어 다목적적 성격을 갖는 경우도 있기 때문이다.

또한 사회복지시설 및 기관에 대한 평가의 목적은 다양하게 접근해 볼 수 있는데, 우리나라에 적합한 평가의 목적을 살펴보면 다음과 같다.

첫째, 사회복지시설 및 기관의 개선과 향상

둘째, 사회복지서비스 질적 수준의 제고와 효과성의 검증

셋째, 사회복지서비스의 책임성의 확보

넷째, 사회복지서비스의 전문성의 확보와 효율성의 검증

결국, 평가란 사회복지시설의 목적달성에 이바지할 수 있어야 하며, 이를 위해서는 평가의 결과는 충분한 활용 가능성을 가져야만 한다. 평가는 평가 그 자체에 목적이 있어서는 안 된다.

3) 사회복지평가의 필요성

평가(evaluation)는 프로그램(혹은 조직)이 의도된 목적을 적절히 실현하는지를 알기 위한 것으로 평가의 결과는 다양한 입장에 따라 달리 사용될 수 있다. 자원의 할당을 결정하는 기획의 입장(예: 민간 기관들에 자원을 제공하는 공공기관)에서 평가의 결과는 특정 프로그램에 대한 지원을 계속할 것인지 혹은 중단할 것인지, 또는 확대할 것인지 혹은 축소할 것인지 등에 관한 의사결정의 합리성을 높이는 데 사용된다. 서비스 기관이나 업무자들의 입장에서 평가 결과는 자신들의 업무 수행에 대한 피드백(feedback)으로 활용하여 프로그램의 개선, 서비스 전달체계와 조직구조의 변화 필요성과 방향을 파악하는 데 도움이 된다. 한편 클라이언트의 입장에서는 특정한 프로그램이나 기관이 자신들의 욕구에 적합하게 활동하고 있는지 등을 평가를 통해 파악하려 한다.

이러한 평가는 반드시 공식적이고 체계적으로 이루어지는 것은 아니며, 종종 비공식적으로, 혹은 의식적인 개입 없어도 이루어지는 경우가 많다.

평가란 단순히 수치나 자료들의 수집을 의미하는 것이 아니라 그러한 자료들을 조합하고 연결해서 유용한 정보를 도출해 내는 과정이다. 공식적이고 체계적인 평가가 필요한 이유도 바로 그 때문이다. 사회복지조직의 관점에서 체계적 평가가 필요한 구체적인 이유들은 다음과 같다.

① 경영통제(management control)

분권화된 조직이 전사적 목표달성을 위하여 효과적으로 업무를 수행하도록 하는 것이 경영통제의 역할이다. 통제 과정이 확실하게 기능하도록 하기 위해서는 적절한 관리 책임 단위의 설정과 관리 회계의 지식, 그리고 인간에 대한 깊은 통찰이 필요하다.

② 서비스 혁신(innovation)

평가의 정보는 서비스의 변화와 개선을 자극하는 데 유용하게 쓰인다. 클라이언트의 변화와 관련된 정보, 서비스 기술들 간의 우월성 비교, 불충족된 욕구들에 대한 자료 등을 통해서 새로운 서비스 전달의 양식을 찾게 하는 자극제의 작용을 한다.

③ 책임성(accountability) / 순응(compliance)

수행의 결과에 대한 책임감과 함께 조직의 효과성과 효율성을 위한 투입 단계에서부터 산출 단계까지의 과정에 있어서의 정당성을 갖추는 것을 말하며 프로그램을 수행하는 데 관련된 법이나 규제, 절차 등에 순응하고 있는지, 바람직한 성과의 도출에 대해 순응하고 있는지 등을 판단할 수 있게 한다.

④ 업무자들에 대한 피드백(feedback)

일선 업무자들에게 자신들의 실천활동을 되돌아볼 수 있게 하는 평가 정보를 제공한다. 이러한 정보는 또한 업무자들을 적재적소에 배치하는 데 효과적으로 사용될 수 있고, 슈퍼비전 활동을 통해 일선 업무자들에게 필요한 지식이나 기술의 부족 상태를 알려 주고 이를 지도하기 위한 목적으로 활용될 수 있다.

⑤ 대외관계(public relation)

평가 정보들은 프로그램의 성과를 외부 사회에 알리는 데 사용된다. 이것은 외부의 부당한 비난으로부터 프로그램을 방어하고, 외부로부터의 지지를 구축하는 데 요긴하게 쓰인다.

4) 사회복지평가의 방법

(1) 양적 평가와 질적 평가

평가하는 방식은 크게 양적 평가와 질적 평가로 분류할 수 있다. 이 두 가지 평가 방법은 사회복지 프로그램에 대한 평가뿐만 아니라 다른 분야의 평가에서도 많이 시도되고 있는 방법이다. 그러나 이 두 가지 평가에 대한 장 · 단점은 지금까지도 많은 논란이 되고 있으며 특정한 방법을 제시하기보다는 사업의 성격에 맞는 방법을 채택해야 할 것이다.

사회복지 프로그램 평가에 대한 양적 평가는 사전에 의도된 목표와 결과에 대한 인과적 관계를 양적 접근방법을 통하여 수량화하여 자료를 수집하고 분석, 해석하는 방법이다. 이러한 양적 평가방법에서는 양적인 측면에서 목표가 어느 정도 달성되었는지가 관심가가 된다.

반면에 프로그램 평가에 대한 질적 평가는 양적 평가방법이 안고 있는 문제점을 보완하는 방향에서 출발하였다. 즉, 단순한 양적인 측면보다는 사회복지의 전문성을 높이기 위한 질적 방법을 도입하고자 하는 목적에서 출발하였다.

그러나, 질적 평가는 주관적이고 개인적인 요소가 많이 포함되어 있으므로 객관적인 평가 지표를 개발하는 것이 전제되어야 한다.

질적 평가를 효과적으로 수행하기 위해서는 다음과 같은 사항을 고려하여야 한다.

첫째, 보관하고 있는 여러 기록과 제작물을 분석한다.

둘째, 자연적인 상황, 사건, 사람, 상호작용, 기타 행동을 관찰하여 자세히 문장으로 기술한다.

셋째, 프로그램에 참여하고 있는 사람들의 흥미, 경험, 태도, 신념, 사고, 요구, 관심 등을 관찰이나 대화를 통해 수집하여 직접 인용한다.

그런데 지금까지 대부분 평가는 양적인 방법에 의하여 이루어져 왔으나 근래에 와서는 질적인 방법도 많이 사용되고 있다. 이러한 시각의 변화는 관심의 대상인 사물이나 현상에 접근하는 방식뿐만 아니라 이들의 어떤 측면이 중요한가 하는 판단에까지도 영향을 미치기 때문에 평가 연구에서 아주 중요한 의미를 가진다.

(2) 절대평가와 상대평가

절대평가란 개인별로 설정된 목표 수준의 달성 정도를 평가하는 방법을 말하는 것으로 사회복지 프로그램에서 절대평가는 프로그램별로 계획상의 목표와 목표의 달성 정도를 평가하는 방식을 말한다. 절대평가는 계획했던 프로그램의 장단점을 평가해 주는 기능도 수행한다.

상대평가는 표준화된 검사를 통해 개인의 위치를 전체와 비교하여 개인이 전체에서 차지하는 상대적인 위치를 알아보는 평가 방법으로 상대평가는 전체 집단의 평균값 또는 중간값을 기준으로, 개인의 위치를 기준과 관련하여 서열화하는 평가 방법이다.

사회복지 프로그램의 경우도 일정한 기준하에 개별 프로그램을 점수화하여 서열을 정하여 우선순위를 결정할 수 있으므로 이 경우에는 상대평가가 활용된다.

2 사회복지평가의 조직이론적 접근

1) 목표달성모델

고전적 모델로서 설정된 프로그램의 목표와 실제 성취된 결과를 비교하여 그 성공 여부를 판단한다. 평가는 그 자체가 목적이 아니라 프로그램을 합리적으로 판단하기 위한 수단이다. 목표달성 접근방법에 따르면 조직체는 달성하고자 하는 목표를 세울 수 있고 조직체가 산출하는 것을 예측할 수 있으며 주어진 목표를 성취하기 위해 공식적 구조를 통해 인적 · 물적 자원을 조작할 수 있다는 것이다. 이 방법은 목표 성취를 강조함으로써 조직체의 탄생과 존재 이유를 정당화하는 장점이 있다.

그러나 일반적으로 사회복지조직의 경우 목표가 구체적이지 못하고 추상적이거나 포괄적이기도 하고, 다수의 목표를 동시에 추구하기도 한다. 따라서 목표체계 자체가 효과성 판단의 주요한 지표임에도 효과성 평가가 쉽지 않다는 약점도 있다.

이러한 목표달성모델의 약점에도 불구하고 연구자들은 이 측정방법을 효과성 평가에 매우 유용한 것으로 간주하고 있다. 기본적으로 조직의 존속을 위해 조직이 지향하는 목표가 있으며, 또한 조직성원들도 목표달성의 측면에 관심을 기울이고 있음을 전제한다. 또한 이 방법은 밖으로 드러나지 않은 목표갈등이나 모호한 목표를 명확하게 해 줄 수도 있다. 결국 목표달성모델은 조직이 측정 가능하거나 관찰 가능하고 상대적으로 단순하며 많은 사람이 동의하는 목표를 가지는 조직에서 가장 유용하다고 할 것이다.

2) 체계모델

체계모델은 목표나 산출 그 자체보다는 목표달성을 위해 필요로 하는 수단과 과정에 초점을 두고 있으며 프로그램 혹은 조직효과성 평가는 주요 기능 간의 상호독립성을 강조하고 있다. 조직평가의 경우 모든 조직을 상호연관적인 하위체계들로 이루어진 사회적 체계로 보며, 각 조직은 외부환경으로부터 투입요소를 받아들여 조직 내의 변환과정을 거쳐서 환경으로 산출을 내보내는 과정을 지속함으로써 조직의 생존과 성장이 보장된다고 전제하는 것이다(권기성 · 나운환, 1995; 전혜승 · 최재성, 1999).

사회복지조직은 사회로부터 인적 · 물적 자원을 제공받아 조직 내의 프로그램 등의 개입과정을 거쳐서 클라이언트의 변화를 도모하고자 만들어진 사회기관이며, 이 과정을 도식화하여 제시하면 [그림 13-1]과 같다.

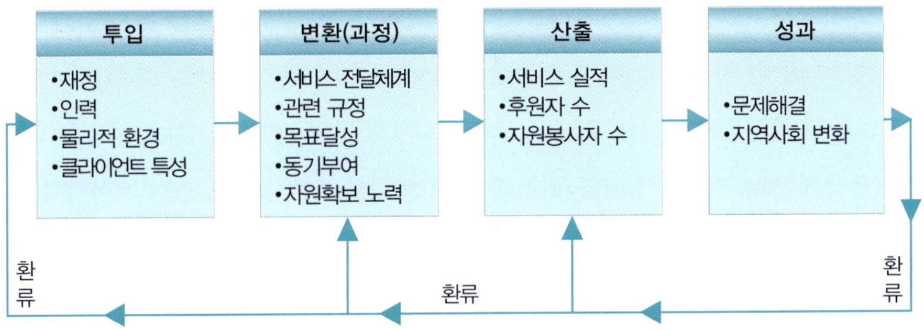

[그림 13-1] 사회복지기관의 투입–변환–산출과정

3 사회복지시설 평가

1) 사회복지시설 평가의 실시배경과 목적

사회복지시설 평가제도는 사회복지사업법에서 규정하는 사회복지시설을 평가대상으로 하고 있다. 사회복지시설은 '사회복지사업을 행할 목적으로 설치된 시설(사회복지사업법 제2조 4)'로 규정된다.

우리나라에서 사회복지시설 평가에 대한 관심이 고조된 것은 1990년대에 들어서면서 지속적으로 나타난 사회복지서비스 공급의 양적 팽창이 계기가 되었다. 이는 곧 책임성 검증의 압력으로 나타났으며, 사회복지사업에 할당된 자원이 효과성 있게 사용되고 있는가에 대한 전문가 및 사회의 관심이 증가되었다.

또한 사회복지 패러다임의 전환으로 인해 공급자 중심의 복지에서 수요자 중심의 복지서비스와 인권 중시에 적응하게 되는 측면도 존재하였다. 이에 따라 사회복지시설 운영 개선을 요구하는 목소리가 증대하였으며 이는 정부로 하여금 시설 평가의 전면적인 실시를 가져오게 했다.

구체적으로 사회복지시설 평가는 사회복지사업법 제43조의 2(시설의 평가) 및 동법 시행규칙 제27조의 2(시설의 평가)에 의해 보건복지부장관 및 시 · 도지사가 3년마다 1회 이상 시설에 대한 평가를 실시해야 한다고 규정하고 있어, 사회복지사업법을 적용받는 모든 사회복지조직은 이 법에 적용받게 되어 있다. 1기(1999~ 2001년, 1기는 3년 주기)를 시작으로 그동안 7기(2017~2019년)의 평가를 통해 점차 정착되어 가고 있으며, 현재 8기 평가(2020~2022년)가 진행되고 있다.

사회복지시설 평가의 목적은 첫째, 사회복지시설의 투명성 제고와 서비스 질 향상을 통한 사회복지시설 이용자와 국민의 복지수준 향상에 기여하고, 둘째, 평가결과를 반영한 예산집행의 효율성과 합리성을 유도하고 사회복지시설 운영의 선진화를 지향함으로서 서비스 수준의 상향에 기여한다. 셋째, 사회복지시설의 평가결과 정보를 복지대상자 및 일반 국민에게 정확하게 제공하여 국민에게 서비스 및 시설 선택에 관한 기초 자료로 활용하게 하며 마지막으로 사회복지시설 운영수준에 대한 지역 및 시설종별 차이를 파악하여 사회복지시설의 균형적 발전에 이바지하는 데 있다(사회보장정보원, '사회복지시설평가결과보고서', 2020).

2) 사회복지시설 평가의 필요성

사회복지시설 평가는 고객 만족, 효율, 효과성과 같은 시장경제의 가치관이 사회복지에 적용되는 등의 사회적 분위기의 변화에 따라, 사회복지 분야에서도 모든 프로그램을 책임성, 효율성, 효과성에 대한 자료를 바탕으로 예산을 측정하고 기획하여야 하는 현실에서 등장하였다(이선우 · 최상미, 2002).

이러한 사회복지시설 평가의 가장 중요한 점은 입소자 중심의 서비스 질을 보장해 주는 것이다(이영철, 2006).

따라서 시설 평가자는 첫째, 사회복지시설의 기본방향이 시설 내 입소자의 욕구에 기초하여 획일적인 서비스가 아니라 입소자의 요구를 충족시켜 줄 수 있는 다양한 서비스가 제공되어야 한다.

둘째, 입소자들에게 최고의 서비스를 제공하여야 한다.

셋째, 입소자가 시설 내에서 학대나 부당한 처우를 당하지 않고 편안함을 느낄 수 있는 만족할 만한 수준에 이르러야 한다.

넷째, 시설 내 종사자가 서비스를 함에 있어서 양질의 서비스를 수행하기 위한 최선의 배려를 해야 한다.

다섯째, 평가기관의 전체적인 효율성을 높이기 위한 것이어야 한다. 이러한 시설 평가의 기본이념은 서비스의 원리, 상호작용의 원리, 합리성의 원리, 학습의 원리, 참여성의 원리에 입각하여 시행되어야 한다.

시설 평가는 기관이 자원을 확보할 수 있는 능력을 강화시키며, 자원을 보다 효율적으로 활용할 수 있게 한다. 그렇기 때문에 기관이 보다 효과적이고 체계적이며 지속적으로 변화할 수 있도록 한다. 즉, 시설의 운영자와 관리자의 경우 평가를 통해서 운영, 인력 관리, 프로그램의 현황에 대해서 진단을 하고 앞으로 개선되어야 할 방향을 제시할 수 있다.

3) 사회복지시설 평가의 원칙

다양한 사회복지시설을 대상으로 실시된 평가의 전체 과정, 즉 평가기준, 지표 개발, 평가의 시행과 결과에 대한 조치 등에서 반영되었던 기본원칙은 ① 서비스의 질 향상의 원칙, ② 평가 절차의 투명성 원칙, ③ 평가 참여의 원칙, ④ 기본선 확보의 원칙, ⑤ 이용자 중심의 원칙, ⑥ 지역사회 관계의 원칙 등이다. 이를 구체적으로 살펴보면 다음과 같다(변재관 · 변용찬, 2001: 29).

첫째, 사회복지시설 평가는 시설 운영의 개선 및 서비스의 질 제고를 유도하는 수단으로 작용해야 한다. 즉, 서비스 질 중시의 환경 변화에 따라 전 직원의 참여와 지속적인 개선에 의해 서비스의 질을 중시하는 다양한 기법과 실천들이 적용되어야 한다.

둘째, 평가기준은 평가 지표 개발의 의도하는 바를 모든 사람이 이해하고 수행할 수 있도록 상세하고 쉽게 구성하며, 평가기준과 평가과정을 사전에 공개하여 평가 지표에 대한 이해를 명료하게 인지시킴으로써 평가절차의 투명성을 확보하여야 한다.

셋째, 평가대상 시설이 평가과정에 참여하는 참여자로서 평가과정 속에서 스스로 시설의 문제점을 객관적으로 인식하고 개선 노력을 기울일 수 있도록 하여야 한다. 이것은 사회복지시설 평가가 기존의 감사와는 달리 시설이 참여하여 평가하며, 평가를 통하여 긍정적인 발전의 기회를 갖도록 하는 평가의 목적을 수행하도록 한다.

넷째, 평가의 목적은 최고의 시설을 선정하는 것이 아니라, 사회복지시설이 전체적으로 기본적인 수준 이상을 견지할 수 있도록 유도하는 것을 기본 목표로 한다.

다섯째, 사회복지시설을 이용하는 이용자 중심의 평가로서, 이용자 만족도와 서비스의 질을 고려하지 않으면 좋은 평가를 받을 수 없도록 한다. 즉, 사회복지시설은 기존의 서비스 제공자 중심의 시설에서 이용자 중심의 서비스 제공이 이루어질 수 있도록 한다.

여섯째, 사회복지시설이 지역사회 내에서 융화될 수 있도록 한다. 즉, 사회복지시설이 지역사회와의 원활한 상호관계를 유도하는 방향으로 이루어지도록 한다.

그 밖에 부산복지개발원에서는 과거 중앙정부 중심의 평가체제에서 각 지역단위의 평가가 강조되면서, 최근 들어 지역적 특수성 및 지역주민의 욕구 반영을 통한 프로그램의 내실화와 지역자원 간의 네트워크를 추구하기 위한 지역성의 원칙을 강조하고 있다.

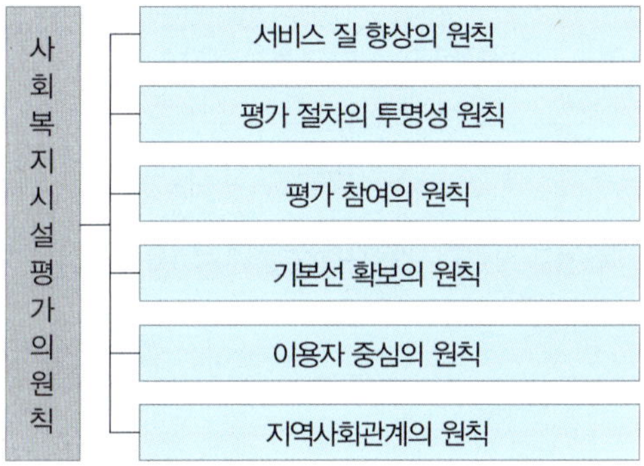

[그림 13-2] 사회복지시설 평가의 원칙

4) 사회복지시설 평가대상 및 체계

사회복지시설에 대한 평가대상 시설은 설립한 지 3년 이상이 된 11개 유형의 사회복지시설(사회복지관, 노인복지관, 장애인복지관, 아동복지시설, 노인양로시설, 한부모가족 복지시설, 장애인거주시설, 정신요양시설, 사회복귀시설, 장애인직업재활시설, 노숙인복지시설)이며, 2018년부터는 보조금 지원 여부와 관계없이 평가를 하도록 되어 있다(보건복지부, 2018).

사회복지시설에 대한 평가체계는 [그림 13-3], 추진체계는 〈표 13-1〉과 같다.

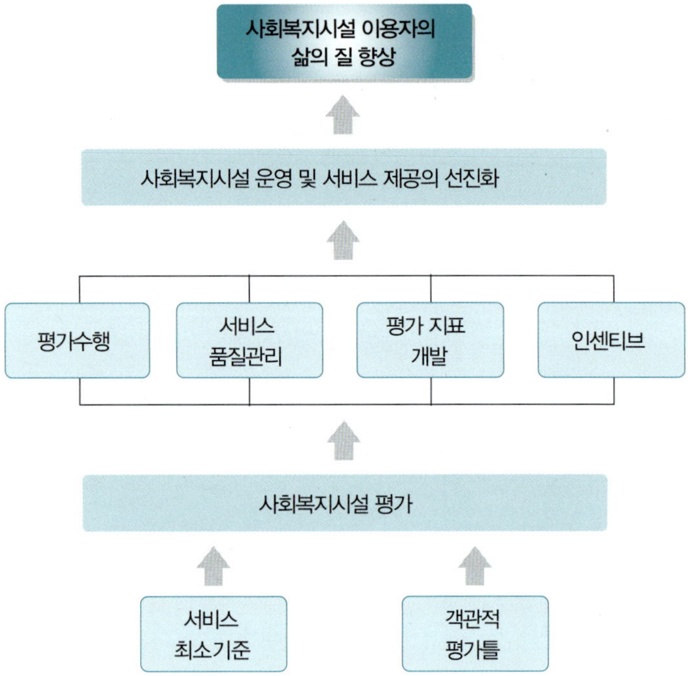

[그림 13-3] 사회복지시설 평가체계

출처: 사회서비스원 사회복지시설평가 (www.w4c.go.kr/favl/index.do).

〈표 13-1〉 사회복지시설 평가 추진체계

수행기관(단체)	수행내용
보건복지부(사회서비스자원과)	시설 평가정책 수립 총괄
중앙사회서비스원 (사회서비스시설평가부)	시설 평가사업 운영 · 관리
사회복지시설평가위원회	시설평가 주요사항 심의
자문단	유형별 현장전문가
현장평가단	현장평가위원
품질관리단	서비스품질관리위원

출처: 사회서비스원 사회복지시설평가 (www.w4c.go.kr/favl/index.do).

5) 사회복지시설 평가 지표

사회보장정보원에서는 학계 전문가, 관계 공무원, 현장실무자 등으로 이루어진 평가단을 구성하여 시설종별 지표의 수정·보완과 현장평가위원 교육 및 사회복지시설 평가담당자 교육을 진행하고 있다. 특히 각 시설별 평가 지표의 수정과 보완 과정에서 현장실무자들의 의견이 적극적으로 수렴될 수 있도록 공청회를 통하여 지표의 수정과 보완을 진행하고 있다.

사회복지시설 평가에서 사용하는 평가 지표는 2022년 시설 및 환경, 재정 및 조직운영, 프로그램 및 서비스, 이용자의 권리(인권), 지역사회관계, 평가 전반 등 여섯 가지로 구성되어 있다. 예를 들면, 2022년도 장애인거주시설 평가 지표 수 및 배점은 〈표 13-2〉와 같으며 세부 평가 지표는 사회보장정보원에서 매년 공시하고 있다(사회보장정보원, 2021).

〈표 13-2〉 2022년도 유형별 평가 지표 수 및 배점

평가 영역	배점(%)	시설 유형별 지표 수(개)		
		지체·지적·중증 요양·시각·청각 언어	장애영유아	공동지표
A. 시설 및 환경	10	5(25)	5(25)	3
B. 재정 및 조직운영	25	14(45)	14(45)	12
C. 프로그램 및 서비스	35	11(44)	11(44)	0
D. 이용자의 권리	15	7(32)	6(25)	6
E. 지역사회관계	10	4(14)	4(14)	3
F. 시설운영 전반	5	3(3)	3(3)	3
총계	100	44(163)	43(156)	27

출처: 사회보장정보원(www.ssis.or.kr).

6) 사회복지시설 평가 경과

사회복지시설 평가는 1999년부터 3년마다 1회 이상 평가하는 것이 의무화됨에 따라 3년을 주기로 평가가 시행된다. 1999~2004년까지는 한국보건사회연구원에서 정부의 연구용역으로 시행되었고, 2005~2016년까지는 한국사회복지협의회에서 위탁업무로 시행되었으며, 2017년부터는 사회보장정보원에서 위탁수행 하였으며 2022년 3월 25일부터 중앙사회서비스원에서 위탁수행하고 있다(사회보장정보원, 2022).

전체 사회복지시설(결핵시설 등 일부 제외)에 대하여 평가 지표를 개발하여 7기에 걸쳐 평가를 완료하였고, 2020~2022년까지는 8기 평가를 시행하고 있으며 세부 내용은 〈표 13-3〉의 기수별 평가추진 현황과 같다.

〈표 13-3〉 기수별 평가추진 현황

<table>
<tr><th colspan="2">기수</th><th>연도</th><th>평가대상 시설(개소)</th><th>계</th><th>시행 기관</th></tr>
<tr><td colspan="4">계</td><td>15,809</td><td></td></tr>
<tr><td rowspan="3">1기</td><td rowspan="3">개별시설평가 지표 개발</td><td>1999</td><td>장애인복지관(36), 정신요양시설(59)</td><td>95</td><td rowspan="6">보건 사회 연구원</td></tr>
<tr><td>2000</td><td>아동복지시설(28), 노인요양시설(60), 여성생활시설(61), 정신지체생활시설(52), 노숙인(부랑인)시설(33), 사회복지관(285)</td><td>519</td></tr>
<tr><td>2001</td><td>노인양로시설(79), 아동복지시설(243), 장애인복지시설(130)</td><td>452</td></tr>
<tr><td rowspan="3">2기</td><td rowspan="3">1기 평가 시 개발 못한 일부 평가지표 추가 개발</td><td>2002</td><td>정신요양시설(55), 노숙인(부랑인)시설(33), 장애인복지관(56)</td><td>144</td></tr>
<tr><td>2003</td><td>노인복지시설(261), 모자복지시설(56), 사회복지관(334)</td><td>651</td></tr>
<tr><td>2004</td><td>아동복지시설(261), 장애인생활시설(199)</td><td>460</td></tr>
<tr><td rowspan="3">3기</td><td rowspan="3">사회복지 현장을 반영한 평가지표 완성도 제고 및 영역별 지표 확대 개발</td><td>2005</td><td>정신요양시설(55), 사회복귀시설(74),노숙인(부랑인)복지시설(37), 장애인복지관(83)</td><td>249</td><td rowspan="3">한국 사회 복지 협의회</td></tr>
<tr><td>2006</td><td>사회복지관(351), 노인생활시설(224), 노인복지회관(74), 모 · 부자복지시설(75)</td><td>724</td></tr>
<tr><td>2007</td><td>아동복지시설(260), 장애인생활시설(231)</td><td>491</td></tr>
</table>

기수		연도	평가대상 시설(개소)	계	시행기관
계				15,809	
4기	이용자 · 생활인의 인권지표 강화 및 사회복지시설 서비스 최소 기준안 반영	2008	정신요양시설(55), 사회복귀시설(113), 노숙인(부랑인) 복지시설(36), 장애인복지관(119)	323	한국사회복지협의회
		2009	사회복지관(295), 노인생활시설(62), 노인복지회관(139), 모 · 부자복지시설(80)	576	
		2010	아동복지시설(266), 장애인생활시설(292), 공동생활가정(330)	888	
5기	전체 공통지표, 생활시설 공통지표, 이용시설 공통지표 구분 개발	2011	정신요양시설(59), 사회복귀시설(163), 노숙인(부랑인) 복지시설(37), 장애인복지관(152)	411	
		2012	노인복지관(190), 양로시설(63), 사회복지관(412), 한부모가족복지시설(100)	765	
		2013	아동복지시설(275), 장애인거주시설(372), 장애인직업재활시설(367)	1,014	
6기	평가지표 간소화, 현장의 평가부담 완화, 평가의 실효성 제고 중심으로 보완 및 개선	2014	정신요양시설(59), 사회복귀시설(220), 노숙인복지시설(37), 장애인복지관(182)	498	
		2015	노인복지관(248), 양로시설(66), 사회복지관(429), 한부모가족복지시설(96)	839	
		2016	아동복지시설(286), 장애인거주시설(447), 장애인단기거주시설(116), 장애인공동생활가정(571), 장애인직업재활시설(461)	1,881	
7기	객관적이고 합리적인 평가지표 개발, 평가결과 환류체계 강화	2017	정신요양시설(59), 사회복귀시설(285), 노숙인복지시설(113), 장애인복지관(203)	660	사회보장정보원
		2018	노인복지관(246), 양로시설(105), 사회복지관(341), 한부모가족복지시설(114) ※ 노인 · 사회복지관 서울 소재 132개소 별도 평가	806	
		2019	아동생활시설(285), 장애인거주시설(735), 장애인단기거주시설(133), 장애인직업재활시설(555) ※ 장애인직업재활시설 서울 · 경기 소재 211개소 별도평가	1,364	
8기	안전 및 인권강화, 서비스 질 평가 도입, 사회복지시설 정보시스템 정보 활용을 통한 시설 종사자의 부담완화 및 이용자(생활인) 삶의 질 향상	2020	노숙인생활시설(107), 장애인복지관(144), 정신요양시설(59), 정신재활시설(151), 아동공동생활가정(467), 장애인공동생활가정(659), 정신재활공동생활가정(158) ※ 장애인복지관 서울, 경기 소재 79개소 별도 평가	1,745	
		2021	양로시설(137), 한부모가족복지시설(74), 한부모공동생활가정(43)	254	
		2022	노인복지관, 사회복지관, 아동생활시설, 장애인거주시설, 장애인단기거주시설, 장애인직업재활시설	–	중앙사회서비스원

출처: 사회서비스원 사회복지시설평가 (www.w4c.go.kr/favl/index.do).

7) 사회복지시설 평가절차

사회복지시설 평가절차는 ① 자체평가, ② 현장평가, ③ 이의신청 확인 및 1차 결과 분석, ④ 확인평가 및 결과 확정, ⑤ 평가 종료의 순으로 진행되며 세부 평가 절차 및 내용은 〈표 13-4〉와 같다.

시설 자체평가는 평가의 대상이 되는 시설이 평가의 주체가 되는 것으로서, 평가대상 시설별로 평가 지표에 의해 자체적인 평가를 실시하여 평가자료를 인터넷 상의 평가자료 입력 사이트에 기입하는 방식이다. 현장평가는 중앙사회서비스원 평가위원이 평가의 주체가 되어 시설 자체평가의 결과를 기초로 평가대상 시설에 대한 현장평가를 실시하는 방식이다. 이후 이의신청 확인 및 1차 결과분석을 거쳐 확인평가 및 결과를 확정하고 평가를 종료한다.

〈표 13-4〉 사회복지시설 평가절차

절차	내용	역할
자체평가	• 사회복지시설정보시스템을 통한 해당 시설의 자체 평가서 입력(완료)	해당시설
현장평가	• 현장평가 7일 전에 일정 통보(현장평가위원→시설) • 해당 시설에 방문하여 현장평가 실시	평가위원
이의신청 확인 / 1차 결과분석	• 현장평가 이의신청 접수(현장평가일 기준 7일 이내) 및 확인 • 평가팀별, 지역별 평가결과 편차 등 분석	중앙사회 서비스원
확인평가 및 결과 확정	• 확인평가대상 선정 • 해당 시설 확인평가 실시	중앙사회 서비스원
평가 종료	• 확인평가 결과 취합 및 평가결과 확정 • 평가결과보고서 작성	중앙사회 서비스원

출처: 사회서비스원 사회복지시설평가 (www.w4c.go.kr/favl/index.do).

8) 사회복지시설 평가결과 및 품질관리

사회복지시설 평가결과에 대한 등급은 100점을 기준으로 5등급(A~F등급)으로 구분하며 세부 점수별 등급은 〈표 13-5〉와 같다.

〈표 13-5〉 사회복지시설 평가결과 등급

등급	A	B	C	D	F
점수	90점 이상	80~90점 미만	70~80점 미만	60~70점 미만	60점 미만

출처: 사회서비스원 사회복지시설평가 (www.w4c.go.kr/favl/index.do).

사회복지시설 평가결과 운영개선이 필요한 시설에 대하여 컨설팅 지원 등을 통해 시설의 품질 수준을 제고할 수 있도록 2009년부터 서비스 품질관리를 실시하고 있다. 서비스 품질관리의 대상은 전년도 시설 평가결과 미흡시설 및 품질관리를 희망하는 신규시설이다.

사회복지시설 서비스품질관리란 사회복지시설 평가결과를 기초로 시설운영에 대한 지원이 필요한 시설에 대하여 전문적인 시설운영 개선방안에 대한 컨설팅을 제공함으로써 시설 서비스 수준 향상 및 시설운영의 선진화를 도모하고, 이와 함께 컨설팅 과정 및 결과에 대한 체계적인 연구를 통하여 시설운영 및 서비스 개선을 위한 정책제언을 하는 것이다.

서비스품질관리의 대상이 되면 평가우수시설 관계자, 관련 학계 전문가, 해당 시설협회 관계자 등이 대상 시설의 취약 요인을 분석하여 맞춤형 컨설팅을 제공하고, 대상 시설 종사자에게는 평가우수시설을 방문할 기회가 제공되며, 시설환경 개선 등의 지원이 가능하다. 이 과정을 도식화하여 제시하면 품질관리체계는 [그림 13-4], 품질관리 개입절차는 [그림 13-5]와 같다.

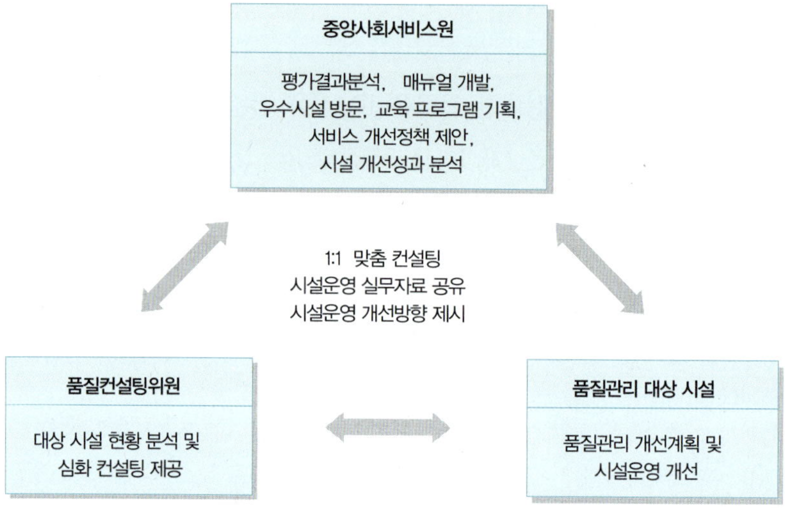

[그림 13-4] 품질관리 체계

출처: 사회서비스원 사회복지시설평가 (www.w4c.go.kr/favl/index.do).

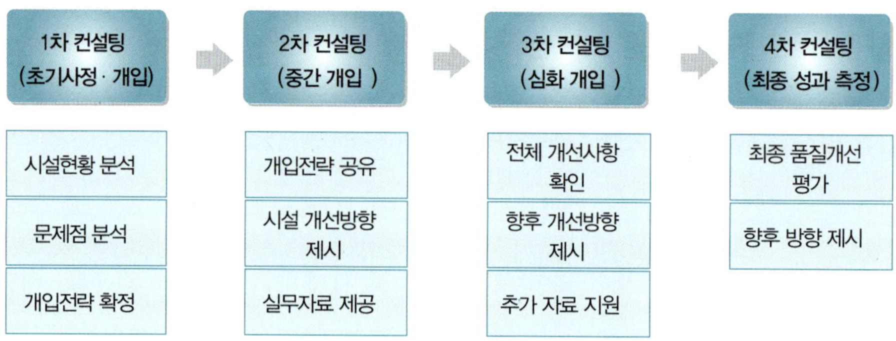

[그림 13-5] 품질관리 개입 절차

출처: 사회서비스원 사회복지시설평가 (www.w4c.go.kr/favl/index.do).

9) 사회복지시설 평가제도의 과제 및 개선방향

(1) 사회복지시설 평가제도의 과제

1999년 실시된 장애인복지관과 정신요양시설을 대상으로 첫 평가를 실시한 이후 지난 10여 년간 진행된 사회복지시설 평가는 예산 부족, 평가인력의 문제 등 평가 과정상의 시행착오 속에서도 어느 정도 성과를 가져 왔다. 사회복지시설의 투명성과 책임성 향상에 긍정적인 기여를 하였고, 전문성 향상을 통한 사회복지서비스 질의 개선에도 변화를 가져 왔다.

이러한 성과에도 불구하고 그동안의 사회복지시설 평가제도가 많은 한계점과 문제점을 나타내었는데, 향후 개선되어야 할 중요한 몇 가지 과제를 살펴보면 다음과 같다(사회복지교육연구센터, 2017).

첫째, 평가 지표 문항과 기준의 정교화 및 자의적 판단의 가능성을 최소화해야 한다. 이는 평가 지표를 일반적, 객관적으로 수량화할 수 있도록 각각의 영역에서 정교화를 시도해야 하며, 현실적으로 수준이 너무 높거나 낮은 평가항목의 내용은 수정할 필요가 있다.

둘째, 이용자, 거주자 또는 그 보호자의 참여 보장 및 확대이다. 시설 평가에 있어서 이용자, 거주자의 만족도 조사의 결과는 시설 및 사업의 효과성을 판단할 근거가 될 수 있다는 점에서 확대되어야 한다.

셋째, 평가 지표의 세분화이다. 서로 다른 시설에서 최대한 동일한 지표를 사용할 수 있는 시설은 평가 지표를 단일화하고, 그렇지 않은 시설에 대해 별도의 평가 지침을 개발 및 보완해야 한다.

넷째, 시설 평가 중심에서 사업(프로그램) 평가 중심으로 변화해야 한다. 시설 평가 중심이 아닌 프로그램 평가를 통해서 개별 프로그램의 효과성과 효율성에 대한 평가가 이루어져야 한다.

다섯째, 실무자에 대한 지속적인 교육이 필요하다. 시설 평가는 등급을 나누는 것이 목적이 아니라 서비스 수준을 높이는 것이므로 부족한 부분을 발견하고 이에 필요한 교육을 시설운영자 및 직원들에게 지속적으로 실시하는 것이 중요하다.

(2) 사회복지시설 평가제도의 개선방향

사회복지시설 평가제도의 개선방향으로는 한국보건사회연구원에서 보건복지부의 용역을 받아 수행한 '사회복지시설 평가제도 개선방안 연구'에서 다음과 같이 제시하고 있다(한국보건사회연구원, 2018).

현재 시행 중인 시설 평가제도 역시 시설 평가의 형식을 취하고는 있지만 대다수 평가내용은 법규 준수사항이며, 일부 프로그램 및 서비스 제공에서 준수해야 할 기본적인 사항이다. 일부 평가항목을 제외하고는 시설 운영에 필요한 기본적인 사항을 평가하는 것으로서, 사실상 시설 규제 및 관리 · 감독과 큰 차이가 없다. 이로써 현재 평가 목적인 '시설 운영의 효율화' 및 '서비스 질의 제고', '국민의 선택권, 확장권 보장', '사회복지시설의 기능 강화'에는 부합하지 않게 제도가 운영되고 있음을 알 수 있다. 단, 국고보조사업을 중심으로 평가가 이루어지므로 보조금과 같은 공적 자금 사용과 관련한 복지시설의 책무성을 확보하려는 의도가 크다고 볼 수 있다.

그동안 역사적으로 형성되어 온 복지시설의 운영 환경을 배경으로 시설 평가를 포함하여 시설 관리를 어떤 방식으로 개편하는 것이 합리적일까? 시설 관리제도는 크게 두 가지 방향에서 고민하여야 할 것이다.

첫째, 시설 설치 신고제에 따라 복지시설 운영 수준이 운영 주체와 규모별로 이질적이므로 복지시설 유형별 최저 운영 수준을 유지하는 문제는 복지시설 정책에 있어 우선적으로 관리되어야 한다.

둘째, 시설 서비스의 품질 개선 문제도 동시에 고려되어야 한다. 지금까지는 시설 서비스의 품질 개선을 위한 별도의 관리제도는 없다. 다만, 품질 개선을 위한 시설 평가가 시행되고 있지만, 전체 복지시설을 대상으로 하지 않을 뿐만이 아니라 평가내용도 서비스의 질적 개선보다는 서비스 제공의 최저 기준을 평가하는 수준에 머물러 있다. 복지시설 운영 개선과 프로그램 및 서비스 품질 개선을 별도의 정책을 통해 운영하는 것이 바람직하다.

아울러 시설 평가결과 산정 방식이 점수 방식에서 등급 방식으로 바뀌면서 평가

결과에 대한 정량적 분석이 곤란하였다. 향후 평가결과의 정량적 분석을 통해 현재의 평가결과의 변별력과 이것이 관리 성과에 미치는 영향까지 분석하는 것도 향후 평가제도 개선방안을 마련하는 데 유용할 것이다.

참고문헌

강용규 · 김희성 · 배은영 · 양정하 · 오종희 · 유용식 · 주익수(2007). 사회복지행정론. 공동체.

강종수(2011). 사회복지행정론. 학지사.

강혜규 · 남영진(2018. 1). 복지행정 부문의 현황과 과제, 보건복지포럼.

강흥구(2001). 조직문화가 조직유효성에 미치는 영향에 관한 연구. 한국사회복지학, 47, 7-33.

구자헌(1984). 한국사회복지사. 홍익재.

권기성 · 나운환(1995). 장애인복지기관의 조직효과성 지표에 관한 연구. 한국사회복지학, 27, 9-33.

권육상 · 전대성 · 홍석자 · 서상범 · 조미영 · 홍전희(2004). 사회복지행정론. 유풍사.

김경우 · 신상수 · 이승현 · 김재경(2013). 사회복지행정론. 동문사.

김경희(2007). 사회복지행정론. 청목출판사.

김규정(2002). 행정학원론. 법문사.

김성옥 · 김봉화 · 조현호 · 김재호 · 임채욱 · 정창호(2012). 사회복지행정론. 양서원.

김영종(2000). 복지서비스 체계변화에 따른 지역사회복지서비스 조직들의 과제, 부산사회복지포럼 2000. 부산광역시사회복지협의회.

김영종(2001). 사회복지행정론. 학지사.

______(2002). 복지행정론. 형설.

______(2003). 사회복지행정. 학지사.

______(2010). 사회복지행정. 학지사.

김익균 · 이창수 · 이현기 · 이형진(2011). 사회복지행정론. 정민사.

김인혁 · 김정기 · 문수열 · 유태완 · 이은정 · 장유미(2012). 사회복지행정론. 양서원.

김형모 · 유정원(2010). 경기도 사회복지시설평가의 현황과 발전방향. 한국사회연구, 13(1), 경기대학교 사회과학연구소.

김형식 · 이영철 · 신준섭(2001). 사회복지행정론. 동인.

__________________(2007). 사회복지행정론. 양서원.

__________________(2009). 사회복지행정론. 양서원.

김형식(1997). 사회복지프로그램평가기법. 아시아미디어리서치.

남세진(1979). 한국 사회사업 교과과정 개발을 위한 연구. 사회사업학회지, 창간호.

남일재 · 문영주 · 오주(2011). 현대 사회복지행정의 이해. 정민사.

박경일(1997). 아동복지행정과 전달체계. 아산사회복지사업재단. 아동복지편람.

_____(2005). 사회복지행정학 교재를 통해서 본 사회복지행정 교육의 방향-교재 및 관련저서의 검토를 중심으로-. 한국사회복지행정학회. 2005년 춘계학술대회 전환기의 사회복지행정.

_____(2007). 사회복지서비스 전달체계 계획. 부산광역시 지역사회복지계획.

박선태 · 최병태 · 서보준 · 김우호 · 김영숙 · 김학란(2012). 사회복지행정론. 정민사.

박연호(1995). 행정학신론. 박영사.

박용순 · 김성철 · 김세원 · 이명남(2011). 사회복지행정론. 창지사.

박재린(1998). 현대조직론의 이해. 무역경영사.

박종팔 · 구재란 · 김명근 · 박용권 · 조국행 · 송노원 · 이양호(2013). 사회복지행정론. 양서원.

박차상 · 이경철 · 오세영(2010). 사회복지행정론. 창지사.

배은영 · 류기덕 · 김남수 · 조당호 · 조대흥 · 권도국(2012). 사회복지행정론. 공동체.

변재관 · 변용찬(2001). 2000년 사회복지시설평가. 한국보건사회연구원.

보건복지부 · 한국사회복지협의회. 2013, 2012년 사회복지시설평가.

사회복지교육연구센터(2017). 사회복지행정론 1급 기본서.

서상목 · 최일섭 · 김상균(1988). 사회복지전달체계의 개선과 전문인력 활용방안. 한국개발연구원.

서인해 · 공계순(2004). 욕구조사의 이론과 실제. 나남출판.

성규탁(1993). 사회복지행정론. 법문사.

신복기(1984). 사회사업행정의 발달과정에 관한 연구. 사회과학논총, 3(1), 219-240. 부산대학교 사회과학대학.

신복기 · 박경일 · 이명현(2008). 사회복지행정론. 공동체.

__________________(2010). 사회복지행정론. 공동체.

__________________(2012). 사회복지행정론. 공동체.

__________________(2013). 사회복지행정론. 공동체.

신복기 · 박경일 · 장중탁 · 이명현(2002). 사회복지행정론. 양서원.

안운석 · 장형섭(2003). 마케팅의 이해. 두남.

양난주(2014). 사회복지시설평가제도에 대한 비판적 고찰. 한국사회복지행정학, 16(3), 493-517.

양승일 · 정혁진(2009). 사회복지행정론. 동문사.

양승일(2014). 사회복지행정론. 양서원.

오세영(2009). 사회복지행정론. 신정.

_____(2018). 사회복지행정론. 신정

_____(2019). 사회복지행정론. 신정.

우수명(2007). 프로그램 개발과 평가. 인간과복지.

우종모 · 김재호 · 조당호(2004). 사회복지행정론. 양서원.

원석조(2012). 사회복지행정론. 양서원.

유기현(1998). 경영학원론. 무역경영사.

윤권종(2014). 함께하는 행복한 복지사회. 사회복지행정론. 박영사.

이봉주 · 이선우 · 백종만(2012). 사회복지행정론. 나남출판.

이선우 · 최상미(2002). 사회복지시설평가의 현실과 개선 방안. 한국사회복지정책학회. 사회복지정책 제15집 135면.

이수도(1999). 인간관계론. 형설.

이영철(2006). 사회복지시설평가. 질적향상과 안정적 관리운영에 긍정적 기여. Social Worker. 42면.

이정호(1987). 한국 사회복지행정 조직체계의 개선 방안에 관한 연구. 경희대학교 박사학위논문.

이종복 · 이상구 · 전남련 · 나예원 · 최홍성 · 박주선 · 김정애 · 이유선(2014). 사회복지행정론. 정민사.

이준영(2019). 사회복지행정론(2판). 학지사.

이진(2009). 한국 사회복지전달체계 개선 방안에 관한 연구–지방정부 역할을 중심으로–. 국민대학교 행정학과 박사학위논문.

임상록 · 박주현(2010). 사회복지행정론. 창지사.

임정문 · 나직균 · 송기영 · 안원철(2017). 사회복지행정론. 동문사.

임종민(2001). "인터넷 마케팅을 활용한 후원자 개발에 관한 연구". 서울가톨릭대학교 사회복지대학원 석사논문.

장동일(2010). 사회복지행정론. 동문사.

장인협 · 이정호(1993). 사회복지행정. 서울대학교 출판부.

장인협 역(1984). 사회복지조직론. 집문당.

장천식(2006). 사회복지행정의 이해. 창지사.

장천식(2007). 사회복지행정의 이해. 창지사.

전혜승 · 최재성(1999). 부랑인시설의 조직 효과성 분석–체계이론과 목표달성모델을 중심으로. 한국사회복지행정학. 창간호, 119–156.

정무성(2007). 2007년 사회복지시설평가방향과 과제. 월간복지동향, 105, 21–23.

정수진 · 김양호(2005). 현대조직행동론. 삼우사.

정원주(2007). 보육시설 평가인증제도의 문제점과 개선 방안. 한국영유아보육학, 51. 한국영유아보육학회. 48–50.

최덕경 · 강도명 · 김준환 · 김태동 · 박주현 · 이은경 · 전영록(2014). 사회복지행정론. 창지사.

최병호(2014). 우리나라 복지정책의 변천과 과제. 예산정책연구, 3(1), 89–129.

최성재 · 남기민(1993). 사회복지행정론. 나남출판.

______(2000). 사회복지행정론. 나남출판.

______(2002). 사회복지행정론. 나남출판.

______(2006). 사회복지행정론. 나남출판.

최창호(2002). 새행정학. 삼영사.

한국보건사회연구원(2018). 사회복지시설 평가제도 개선 방안 연구.

한국사회복지관협회(2004). 2004 사회복지관백서.

한국사회복지협의회 · 보건복지부(2012). 2012년 사회복지시설평가.

한동일 · 전해황 · 김종명 · 박상도 · 송낙길 · 이승현 · 이장희 · 장정순(2011). 사회복지행정론. 양서원.

______(2012). 사회복지행정론. 양서원.

한신애 · 권붕 · 김진수 · 박선태 · 박옥신 · 손홍재 · 양철수 · 이의용 · 이척희 · 정해분(2018). 사회복지행정론. 수양재.

홍봉수 · 임현진 · 장승전 · 임안나 · 황영희 · 김한덕 · 이순자 · 오현숙 · 정경수 · 홍민선 · 배진서(2012). 사회복지행정론. 공동체.

______(2013). 사회복지행정론. 공동체.

홍현미라 · 정진경 · 이은정 · 심선경 · 김가율 · 함수연(2014). 사회복지행정론. 공동체.

황성철 · 정무성 · 강철의 · 최재성(2009). 사회복지행정론. 학현사.

______(2010). 사회복지행정론. 학현사.

______(2014). 사회복지행정론. 정민사.

황진수(2004). 현대복지행정론. 대영문화사.

Austin, D.(2000). Management Overview. *Encyclopedia of Social Welfare*(19th ed.). Vol 2.

Bass, B.(1985). *Leadership and Performance beyond Expectation*. Free Press.

Burns, J.(1978). *Leadership*. Happer & Row.

Daft, R.(1992). *Organization theory and design*(4th ed.). West Publishing.

______(1999). *Leadership: Theory and Practice*. The Dryden Press.

Day, P.(2007). *A New History of Social Welfare*. Needham Heights, Allyn & Bacon.

Deal, T. E., & Kennedy, A. A.(1982). Corporate Cultures: The Rites and Rituals of Corporate Life. Addison Wesley.

Denison, D. R.(1990). Corporate Culture and Organizational Effectiveness. John Weiley & Sons.

Deshpande, R. & Webster, F.(1993). Corporate Culture, Customer Orientation and Innovativeness in Japanese Firms: A Quadrad Analysis. *Journal of Marketing*, 57, 23–37.

Dunham, A.(1962). *Community Welfare Organization: Principles and Practice*, Thomas Y. Crowell Company.

Etzioni, A.(1961). *A Comparative Analysis of Complex Organization*. The Free Press.

________(1964). *Modern Organization*. Prentice–Hall.

Fiedler, F. E.(1972). Personality, motivational systems, and behavior of high and low LPC persons. *Human Relations*, *25*(5), 391–412.

Freeman, J., & Hannan, M. T.(1983). Niche width and the dynamics of organizational populations. *American Journal of Sociology*, *88*(6), 1116–1145.

Friedlander, W. A.(1980). *Introduction to Social Welfare*. Prentice–Hall.

Gate, B. L.(1980). *Social Program Administration the Implementation & Social Policy*. Prentics–Hall.

Gilbert, N., & Specht, H.(1986). *Dimensions of Social Welfare Policy*(2nd ed.). Prentics–Hall.

Greenleaf, R.(1977). *Servant Leadership*. Paulist Press.

Gutknecht, D., & Miller, J.(1986). *The Organizational and Human Resources sourcebook*. University Press of America. Inc.

Handy, C.(1978). *Gods of Management*. Souvenir Press.

Harleigh Trecker(1971). *Social Work Administration: Principles & Practices*. Association Press.

Harrison, R.(1972). Understanding your organization's character. *Harvard Business Review*, May/June, 119–128.

__________(1983). *Human Service Organization*. Prentice–Hall.

Hasenfeld, Y.(1985). 사회복지행정조직론. 성규탁 역. 박영사.

__________(1992). *Human services as Complex Organizations*. Sage Publications.

__________(1996). The administration of human services: What lies ahead. In Rattoul, P. R. and MeNeece, C. A.(Eds.). *Future issues for social work practice. Allyn and Bacon*. 191–202.

Howard, M.(1997). *Management Essentials, Concepts and Applications*. Science Research Association, Inc.

Hoy, W. K., & Miskel, C. G.(1987). *Educational adminstraion: theory, research, and practice*. Random House.

Kettner, P., & Martin, L.(1993). Performance, accountability, and purchase of service contracting. *Administration in Social Work*, *17*(1), 61-79.

Lewis, J. A., Lewis, M. D., Packard, T., & Souflee, F. S. Jr.(2001). *Management of Human Service Programs*. Wadsworth. com.

Lohmann, R.(1980). *Breaking Even: Financial Managment in Human Service Organizations*. Temple University Press.

Lubove, R.(1965). *The Professional Altruist*. Harvard Univ. Press.

Manz, C.(1986). Self-leadership: Toward an expanded theory of self-influence processes in organizations. *Academy of Management Review*, *11*, 585-600.

Martin, Lawrence L.(1993). *Total Quality Management in Human Service Organization*. SAGE Publications.

Mayo, E.(1933). *The human problems of an industrial civilization*. Macmillan.

McLaughlin, T. A.(1995). *Streetsmart financial basics for nonprofit managers*. John Wiley & Sons, Inc.

McNutt, P.(1995). *The Economics of Public Choice*. NPG books.

Narver, J. C., & Slater, S. F.(1990). The Effect of a Market Orientation on Business Profitability. *Journal of Marketing*, *54*, 20-25.

Neugeboren, B.(1985). *Organiation, Policy and Practice in the Human Service*. Longman.

Patti, R. J.(1983). *Social Welfare Administration: Managing Social Programs in a Developmental Context*. Prentice-Hall.

Quinn, R. E., & Rohrbaugh, J.(1983). A Spatial Model of Effectiveness Criteria: Toward a Competing Values Approach to Organizational Analysis. *Management Science*, *29*(3), 363-377.

Robbin, S.(1984). *Essentials of Organizational Behavior*. Prentice-Hall.

Sarri, R.(1987). Administration in Social Welfare. *Encyclopedia of Social Work*(18th ed.). I, 27-40.

Senge, P.(1990). *The Fifth Discipline: the Art and Practice of Learning Organition*, Double day Currency.

Shortell, S., & Kaluzny. A.(1994). *Health care management: Organizational design and behavior*(3rd ed.). Albany. Delmar Publishers, Inc.

Simon, H. A.(1987). The Proverbs of Administration(1946). in Jay M. Schafritz & Albert C. Hyde, Classics of Public Administration. The Dorsey Press.

Skidmore, R. A.(1983). *Social Work Administration: Dynamic Management and Human Relationship*. Prentice-Hall.

_____________(1990). *Social Work Administration: Dynamic Management and Human Relationship*(2nd ed.). Prentice-Hall.

_____________(1995). *Social Work Administration: Dynamic Management and Human Relationships*(3rd ed.). Needham Heights, Allyn & Bacon.

Smircich, L.(1983). *Concepts of Culture and Organizational Analysis. Administrative Science Quarterly, 28*, 339-358.

Spears, L.(1998). *Insights on leadership: Service, stewardship, spirit and servant-leadership*. John Wiley & Sons.

Stahl, O.(1971). Public Service Ethics in a Democracy.

Stogdill, R.(1974). *Handbook of Leadership: A Survey of Theory and Research*. The free Press.

Taylor, F. W.(1911). *The Principles of Scientific Management*. Harper. Bros.

Terry(1998). Administrative Leadership, Neo-Managerialism, and the Public Management Movement. *Public Administration Review, 58*(3), 194-200.

Thomas, D. L.(1979). *Public Budgeting in America*. Prentice-Hall, Inc.

Trecker, H. B.(1977). *Social Work Administration: Principles and Practices*. Association Press.

Walter A. Friedlander., & Robert Z.(1974). Apte, *Introduction to Social Welfare*.Prentice-Hall.

Weinbach, M. E.(1990). *Human Services Management: Analysis and Application*(2nd ed.). Wadworth.

Weinbach, R. W.(1990). *The Social Worker as Manager: Theory and Practice*. Longman.

Weiner, M. E.(1990). *Human Services Management: Analysis and Application*(2nd ed.). Wadworth.

Weiner, Y.(1988). Form of Value systems: A Focus on Organizational Effectiveness and Culture Change and Maintenance. *Academy of Management Review, 13*, 534-545.

Weiss, C. H.(1998). *Evaluation*(2nd ed.). Prentice-Hall, Inc.

Whitmore, J.(2007). 성과 향상을 위한 코칭 리더십. 김영순 역. 김영사.

Wilensky, H. L., & Lebeaux, C. N.(1965). *Industrial Society and Social Welfare*. The Free Press.

Xenikou, A., & Furnham, A.(1996). *Human Realations*, Vol. 49, 349-71.

Yukl, G.(1998). *Leadership in organizations*. Prentice Hall.

공동모금회. http://www.chest.or.kr

보건복지부. www.mohw.go.kr

복지로. https://www.bokjiro.go.kr/

사회보장정보원. www.ssis.or.kr

사회복지시설정보시스템. http://www.w4c.go.kr

서울시 복지재단 홈페이지 내 복지시설인증. http://welfare.seoul.kr/business/accreditation/process.jsp

중앙사회서비스원. www.kcpass.or.kr

한국보건복지정보개발원. http://www.khwis.or.kr

한국사회보장정보원 사회복지시설평가. http://www.w4c.go.kr/favl/index.do

profile 저자소개

이덕희 동의과학대학교 사회복지요양서비스과 교수

김 구 대덕대학교 사회복지과 교수

박서영 신구대학교 사회복지과 교수

박서춘 부산경상대학교 사회복지행정과 교수

이은영 강동대학교 사회복지과 교수

이진용 한국영상대학교 사회복지과 교수

한승협 부산여자대학교 사회복지상담과 교수

제3판

사회복지행정론

초 판 1쇄 발행 2015년 2월 27일
초 판 3쇄 발행 2017년 8월 18일
개 정 1쇄 발행 2019년 8월 23일
제3판 2쇄 발행 2025년 2월 5일

지 은 이 | 이덕희 · 김 구 · 박서영 · 박서춘 · 이은영 · 이진용 · 한승협
펴 낸 이 | 김기섭
편 집 인 | 김민수 · 이상희
펴 낸 곳 | 창지사 www.changjisa.com
08589 서울시 금천구 가산디지털 1로 83 파트너스타워 1차 9층
전화 (02)719-2211~3
팩스 (02)701-9386
등 록 | 1977년 4월 28일 · 제1-421호

ⓒ 이덕희 외 6인 2015, 2019, 2022
• 이 책 내용의 전부 또는 일부를 재사용하려면 반드시 저작권자와 창지사 양측의 동의를 받아야 합니다.
• 저자와 협의하여 인지는 생략합니다.
• 출판물 불법 복사, 불법 북스캔은 저작권 위반으로 처벌받을 수 있습니다. 불법 제본으로 처벌될 경우(전과기록됨) 취업 불이익이나 해외유학과 이민 등 비자발급이 거부되는 불이익이 발생할 수 있습니다.

ISBN 978-89-426-1550-6 (93330)

값 20,000원